초등 국어 수업 디자인:

교육과정부터 수업까지 1~2학년군

한국초등국어교육연구소 미래엔 국어수업연구총서 ❶
초등 국어 수업 디자인: 교육과정부터 수업까지 1~2학년군

초판 1쇄 발행 | 2025년 9월 1일

지은이 | 이창근, 김상한, 김윤옥, 신윤경, 이경남, 전제응, 최규홍

펴낸이 | 신광수

편집 | 송은미, 김영만

디자인 | 김병석, 유성아

펴낸 곳 | ㈜미래엔

등록 | 1950년 11월 1일(제16-67호)

주소 | 06532 서울특별시 서초구 신반포로 321

전화 | 02-3475-4092(영업) 1800-8890(고객센터)

팩스 | 02-541-8179

홈페이지 | www.mirae-n.com

ISBN 979-11-7347-971-7

한국초등국어교육연구소
미래엔 국어수업연구총서 ❶

초등 국어 수업 디자인:

교육과정부터 수업까지 1~2학년군

이창근
김상한
김윤옥
신윤경
이경남
전제응
최규홍

머리말

초등학교 선생님들과 국어 수업에 관한 이야기를 하다 보면, 가르칠 내용에 관한 전문 지식을 확인할 수 있는 서적을 찾기 어렵다는 말을 자주 듣게 됩니다. 국어과 교육과정 문서와 해설을 읽어도 쉽게 파악하기 어렵다고 합니다. 이러한 이유는 교육과정 문서는 가르칠 내용을 집약해 놓은 것이기 때문입니다. 이런 상황 때문에 국어 수업을 하고 나서 잘 가르친 것인지 의문이 생기는 경우가 종종 있다고 합니다. 이 책은 이러한 어려움에 도움을 주기 위한 목적으로 쓰게 되었습니다. 즉, 초등학교 선생님들이 국어 수업에 관한 전문 지식을 쉽게 이해할 수 있도록 엮은 것입니다.

집필진은 초등학교 교사로서 학생들을 가르친 경험과 초등 국어 교육을 전공한 박사 학위 연구자로서 탐구한 내용을 바탕으로, 초등 국어 수업을 개선하는 데 이바지할 수 있는 양질의 자료를 담아내고자 노력하였습니다. 또한, 집필진은 국정 초등 국어 교과용 도서 기획·집필진으로서 과업을 수행한 경험을 바탕으로, 초등 국어 교과용 도서의 단원 지도 내용과 관련된 지식을 충분히 제공하고자 노력하였습니다.

집필진은 국어 수업에서 어려움을 겪는 근본적인 원인이 활동이나 자료의 부족이 아니라 지식의 부족에 있다는 데 인식을 같이하였습니다. 이에 '국어 수업을 위한 지식'을 전달하는 데 초점을 맞추어 이 책을 구성하였습니다. 참고 자료도 성취기준에 포함된 명제적 지식·절차적 지식을 전달하는 내용으로 구성하였기에, 이 책을 한 문장으로 표현하면 '지식 기반 국어 수업을 위한 교재 연구용 자료'라고 할 수 있습니다.

이 책은 처음부터 끝까지 전체를 읽어도 되고, 중간중간 필요한 부분만 골라서 읽어도 됩니다. 새 학년 수업을 준비하는 상황이라면 처음부터 끝까지 전체를 읽는 것을 추천합니다. 전체를 읽으면 각 영역에 담긴 내용과 영역 간 관련성을 파악하여 1~2학년군 국어과의 내용을 전체적으로 이해하는 데 도움이 될 것입니다. 초등 국어 교과서는 몇 개의 성취기준을 모아서 하나의 단원을 구성하므로, 특정 단원의 교재 연구를 하는 상황이라면 해당 성취기준에 대한 내용만 골라서 읽을 수도 있습니다. 이렇게 필요한 성취기준만 골라서 읽을 수 있도록 각 성취기준별로 내용을 구성하였습니다. 다만, 태도 관련 성취기준은 다루지 않았습니다. 그 이유는 태도는 하위 학습 요소를 가르쳐서 형성되지도 않고, 짧은 기간에 학습되지도 않는, 오랜 시간 영역별로 학습한 결과로 얻어지는 것이기 때문입니다.

이 책은 초등 국어 교육과 관련된 여러 분야에서 활용할 수 있습니다. 우선, 초등학교 선생님이 국어 수업 교재 연구를 할 때 활용할 수 있습니다. 또, 초등 국어 교육 관련 연구·개발자가 교육과정이나 교과서를 연구·개발할 때에도 활용할 수 있습니다. 아울러 예비 교사가 지도안 작성 과제를 수행할 때, 교육청 등에서 교사 연수 교재를 준비할 때, 일선 학교에서 장학 자료를 준비할 때 등 초등 국어 교육과 관련된 여러 분야에서 다양하게 활용할 수 있습니다.

이 책이 나올 수 있게 된 데에는 대학원에서 필자들을 지도해 주신 두 분 교수님의 공이 큽니다. 지극정성으로 제자들의 앞날을 걱정하고, 지지하고, 기도해 주신 신헌재 교수님께 감사드립니다. 또, 넘치는 열정으로 후배와 제자들을 늘 응원해 주시고, 교과용 도서 개발 과정에 함께할 수 있는 기회를 주신 이경화 교수님께 감사드립니다. 교과용 도서 개발 과정에 참여한 경험이 이 책을 발간하는 데 큰 힘이 되었습니다.

끝으로 초등 국어 교육의 발전을 위하여 이 책을 발간할 수 있도록 도와주신 ㈜미래엔 신광수 대표님과 김훈범 교과서연구소 연구소장님께도 감사 인사를 드립니다.

2025. 8.
저자 일동

차례

1부

성취기준 내용 상세화의 필요성과 의의

1장 성취기준 상세화의 의미와 필요성

01. 성취기준 상세화의 의미

성취기준 상세화란 무엇을 의미하는 것일까요? 표준국어대사전에서 '상세'는 '상세하다'의 어근으로 풀이되어 있습니다. '상세하다'의 뜻풀이는 "낱낱이 자세하다."입니다. '자세하다'를 찾아보면 "사소한 부분까지 아주 구체적이고 분명하다."로 뜻풀이되어 있습니다. 학술 논문에서는 성취기준 상세화의 개념을 어떻게 정의하고 있을까요? 이재승(2020: 105)에서는 '개별 성취기준을 작은 부분으로 나누는 작업' 정도로 뜻풀이하고 있습니다. 전제응(2023: 282)에서는 교육 내용의 범위와 수준을 명료하게 설정하고 하위 요소로 구분하는 일련의 과정을 성취기준 상세화로 정의하고 있습니다. 이근영 외(2022: 263)에서는 해당 성취기준을 낱낱이 분석하여 여러 학습 요소로 쪼개는 과정을 성취기준 상세화로 보고 있습니다. '작게 나누는 것'을 공통으로 포함하는 것으로 보아, 성취기준 상세화에 대한 사전의 뜻풀이나 국어 교육 관련 학술 자료에서 정의하는 바가 크게 차이가 나지는 않는 것으로 보입니다.

이런 의미가 있는 성취기준 상세화는 언제, 어떤 목적으로 하는 것일까요? 그 과정을 간단히 살펴보겠습니다. 학교에서 국어 수업이 이루어지기까지 수업 내용과 관련하여 어떤 세부 과정이 있는지 살펴봅시다. 교육 내용의 근간은 교육과정입니다. 교육과정은 국가 수준에서 개발됩니다. 이 교육과정을 토대로 교과서가 개발되어 일선 초등학교로 배부됩니다. 이 과정은 다음과 같이 도식화할 수 있습니다.

교육과정 개발 → 교과서 개발 → 수업

위의 과정에서 교과서 개발자들은 교육과정 문서를 해석하여 교육과정의 정신을 살리는 교과서를 개발하게 되는데, 교과서 내용에 직접적인 영향을 끼치는 것은 교육과정에 제시된 성취기준입니다. 그런데 이 성취기준은 주로 한 문장으로 진술되어 있습니다. 이렇게 한 문장으로 진술된 성취기준에서 교과서에 구현할 내용의 범위와 수준을 추출해야 합니다. 이 과정에서 성취기준 상세화가 필요합니다. 즉, 교과서를 개발할 때, 학습 내용의 수준과 범위를 설정하기 위해 성취기준 상세화를 합니다.

성취기준 내용 상세화가 필요한 또 다른 상황은 교사가 교재 연구를 할 때입니다. 교과서를 개발할 때 교과서 개발자가 성취기준 상세화를 한 결과와 담임 교사가 수업을 위해 교재를 연구한 결과는 서로 같을 수도 있고 다를 수도 있습니다. 교과서를 개발할 때 수행한 성취기준 상세화는 교과서에 구현된 단원 학습 목표나 차시 학습 목표, 구성된 차시의 활동을 통해 유추할 수 있을 뿐이고 별도로 정리된 결과물은 제공되지 않습니다. 그러므로 수업을 설계하는 교사가 자신의 주관을 가지고 자신의 학급 상황에 맞게 성취기준 상세화를 할 수밖에 없습니다. 그 결과를 토대로 수업을 설계하는데 이것은 교재 재구성의 한 부분이면서 초등 교사의 전문성에도 포함되는 부분입니다.

02. 성취기준 상세화의 필요성

앞에서 성취기준 상세화의 의미를 살펴보았습니다. 그렇다면 성취기준 상세화를 해야 하는 이유는 무엇일까요? 다음에서 설명하는 내용들은 서로 엄격하게 분리되는 것이 아니라 서로 연결된 것들입니다. 다만 그 초점이 다를 뿐입니다. 성취기준 상세화의 필요성을 다음과 같이 정리해 볼 수 있습니다.

첫째, 성취기준이 교과서 단원 내용 구성의 근거가 되기 때문에 성취기준 상세화가 필요합니다. 초등 국어 수업에 가장 많이 사용되는 교재는 아마 초등 국어 교과서일 것입니다.(물론 교과서대로 수업한다는 의미는 아닙니다.) 초등 국어 교과서가 개발되는 과정과 성취기준 상세화는 서로 관련이 있습니다. 그러므로 국어 교과서가 개발되는 과정을 살펴 성취기준 상세화와 서로 어떻게 연결되는지 알아봅시다. 교과서 개발의 기본 단위는 '단원'입니다. 차시를 모아서 단원을 만드는 것이 아니라, 단원 학습 목표에 도달할 수 있는 내용을 차시 목표로 세분화합니다. 그 후에 차시 목표에 도달할 수 있도록 활동을 구성합니다. 교과서를 개발할 때 단원 학습 목표와 차시 학습 목표를 설정하는 것은 교과서 개발 기획 단계에 해당하며, 이 작업은 주로 교과서 개발 기획진에서 담당합니다. 실제 교과서 단원 집필은 차시 학습 목표 도달을 위한 활동 구성이 중심이 됩니다. 이 작업은 주로 교과서 단원 집필자가 담당합니다. 이 과정을 보면, 교과서 개발의 기본 단위는 단원입니다. 단원의 내용 구성 근거는 [그림 1-1]과 같이 성취기준입니다.

대단원명	단원 성취기준	단원 학습 목표	차시 학습 목표		『국어활동』 학습 요소
3. 내용을 살펴요 비판적·창의적 사고 역량 (언어 사용 판단)	[2국02-03] 글을 읽고 중심 내용을 확인한다. [2국03-03] 주변 소재에 대해 소개하는 글을 쓴다. [2국03-04] 겪은 일을 표현하는 글을 자유롭게 쓰고, 쓴 글을 함께 읽고 생각이나 느낌을 나눈다.	주변의 사물을 설명하는 글 쓰기	준비	1~2. 배울 내용을 살펴볼 수 있다.	• 실력 키우기 • 스스로 읽기 (「사랑이 뭘까?」)
			1. 글을 읽고 중심 내용 파악하기	3~4. 글을 읽고 중심 내용을 파악하는 방법을 안다.	
				5~6. 글을 읽고 내용을 간추릴 수 있다.	
			2. 사물을 설명하는 글 쓰기	7~8. 사물을 설명하는 글을 쓰는 방법을 안다.	
				9~10. 자신이 좋아하는 사물을 설명하는 글을 쓸 수 있다.	
			실천	11~13. 배운 내용을 실천할 수 있다. <활동 주제> 주제를 정해 설명하는 글 쓰기	
				14~15. 배운 내용을 마무리할 수 있다.	

[그림 1-1] 2022 개정 초등 국어 교과서의 단원별 학습 목표 체제 예시

[그림 1-1]은 2022 개정 국어과 교육과정에 의한 2학년 2학기 『국어』 교과서의 단원별 학습 목표 체제의 일부입니다. [그림 1-1]과 교과서 단원 개발 과정을 연결해 살펴보겠습니다. 3단원을 예시로 들면, 3단원은 [2국02-03]과 [2국03-03], [2국03-04] 성취기준을 근거로 하여 구성되었다는 것을 알 수 있습니다. 성취기준 세 개를 근거로 하여 단원 학습 목표인 '주변의 사물을 설명하는 글 쓰기'를 설정하고, 이 단원 학습 목표를 세분화하여 3차시부터 10차시까지의 차시 학습 목표를 설정합니다. 그리고 차시 학습 목표 도달을 위해 활동을 구성하여 하나의 단원이 개발됩니다. 이 과정을 보면 단원의 내용 구성 근거는 성취기준입니다. "교과서를 가르치는 것이 아니라 교과서로 가르친다."라는 말이 있습니다. 이 말이 맞다면 '교과서로 무엇을 가르치는가?'라는 질문이 생길 수 있습니다. 답은 바로 '교육

과정'입니다. 이때의 교육과정은 성취기준을 의미합니다. 그러므로 수업을 준비할 때는 성취기준의 내용을 꼼꼼히 살피는 것이 필요합니다.

둘째, 지식 기반 국어 수업을 위하여 성취기준 상세화가 필요합니다. 학습 내용의 위계성이 약하다는 것을 국어 과목의 특성으로 이야기하는 경우가 많습니다. 어느 정도는 맞는 말입니다. 그러나 학습 내용 간에 위계를 갖추려는 노력을 게을리한 것은 아닐까요? 수학 과목 정도의 위계성은 아니더라도 어느 정도는 위계성을 갖출 수 있을 것입니다. 감(感)에 의한 수업이 아니라 지식을 기반으로 한 국어 수업을 위해서는 수업 내용의 근간을 이루는 성취기준에 대한 상세화가 필요합니다. 다음 자료를 통해 성취기준 상세화가 잘 이루어진 상태에서 작성된 지도안과 그렇지 못한 상태에서 작성된 지도안을 비교·대조해 보겠습니다.

[그림 1-2]는 J 교육대학교 3학년 학생이 작성한 국어과 지도안입니다. 대상 단원은 2015 개정 국어과 교육과정[1]에 의한 4학년 2학기 『국어』 교과서 9단원 '감동을 나누며 읽어요'의 3/10 차시입니다. 이 단원 내용 구성의 근거가 된 성취기준은 "[4국05-04] 작품을 듣거나 읽거나 보고 떠오른 느낌과 생각을 다양하게 표현한다."와 "[4국02-05] 읽기 경험과 느낌을 다른 사람과 나누는 태도를 지닌다."입니다.

[4국05-04] 작품을 듣거나 읽거나 보고 떠오른 느낌과 생각을 다양하게 표현한다.

- 느낌: 몸의 감각이나 마음으로 깨달아 아는 기운이나 감정.(국립국어원 표준국어대사전) / 어떤 대상이나 상태, 생각 등에 대한 반응이나 지각으로 마음속에 일어나는 기분이나 감정.(고려대한국어대사전)

설명하는 사람에 따라 뜻이 조금씩 달라지지만, 교과서의 활동으로 보아 “어떤 대상이나 상태, 생각 등에 대한 반응이나 지각으로 마음속에 일어나는 기분이나 감정.”이 성취기준에 더 적절한 설명이다. 유의어로는 기분, 감정, 마음, 분위기 등이 있다.

- 표현: 생각이나 느낌 따위를 언어나 몸짓 따위의 형상으로 드러내어 나타냄.(국립국어원 표준국어대사전)

  이 설명을 통해 표현은 ‘언어’와 ‘몸짓’ 등 다양한 형식으로 이루어질 수 있다는 것을 알 수 있다. 교과서에서도 작품을 읽은 후 느낌과 생각을 낭독하기, 역할극 하기, 그림으로 나타내기 등 다양한 방법으로 표현하기를 제시하고 있다.
- 창의적 표현을 중심으로 학습자의 창의적 사고를 계발하도록 하고, 다양한 삶에 대한 간접 경험을 통해 타자에 대한 이해의 폭을 넓힘으로써 인성 함양에도 기여하도록 한다.(‘2015 개정 국어과 교육과정 교수·학습 방법 및 유의 사항’ 중)
- 학생들은 이 단원의 활동을 통해 작품을 더 깊이 이해하며 감상하고, 자신의 감상을 창의적으로 표현하며 창의적 사고를 기를 수 있다.

[그림 1-2] 성취기준 상세화의 예시

[그림 1-2]는 3차시 수업에 직접적으로 관련되는 [4국05-04] 성취기준에 대한 상세화의 예시입니다. 이 지도안을 작성한 학생이 성취기준 상세화를 한 수준을 보면 상식 수준임을 알 수 있습니다. 우선 성취기준 상세화의 내용을 보면, 진술된 성취기준에 포함된 용어의 정의를 제시하고 있습니다. 그 용어는 ‘느낌’, ‘표현’입니다. 또한 용어의 정의를 위해 참고한 자료가 국어사전입니다. ‘느낌’과 ‘표현’에 대한 뜻풀이도 상식 수준의 내용임을 알 수 있습니다.

[그림 1-2]의 내용에 이어진 교수·학습 과정안은 [그림 1-3]과 같습니다. 이 지도안은 반응 중심 학습 모형이 적용된 지도안입니다.

단계	학습요항	교수 · 학습 활동 (교사[○], 학생[-])	시간 (분)	자료(『』) 및 유의사항(※)
반응 준비하기	동기유발 A B	◎ 짧은 시를 읽고 느낌 말하기 ○ 「강아지풀」 읽기 ○ 시를 읽으니 어떤 장면이 떠오르나요? - 강아지가 꼬리를 흔드는 모습이 떠오릅니다. - 강아지풀이 흔들리는 모습이 떠오릅니다. ○ 이 시에는 살살거리며, 컹컹거리며, 꼬리 흔들며 등 여러분이 장면을 떠올릴만한 표현이 사용되었습니다. 표현을 보니 어떤 느낌이 떠오르나요? - 흔들거리는 느낌이 떠오릅니다. - 강아지가 뛰어다니는 듯한 느낌이 떠오릅니다.	3′	시 『1』

[그림 1-3] 교수·학습 과정안의 '반응 준비하기' 단계

[그림 1-3]을 보면 A 부분은 시를 읽고 떠오르는 장면이 무엇인가에 대한 답이고, B 부분은 시를 읽고 떠오르는 느낌이 무엇인가에 대한 답인데, 두 답이 거의 유사합니다. 이 지도안을 작성한 예비 교사는 교재 연구 단계에서 해당 성취기준에 대한 상세화를 상식 수준 정도로 준비하였기에 실제 교수·학습 과정안에서 장면과 느낌을 구분하지 못하는 모습을 보이고 있습니다.

다음의 [그림 1-4]는 앞의 지도안에서 '반응 명료화하기' 단계를 옮겨 온 것입니다.

반응 명료화하 기	작품에 대한 개인 반응 정리	◎ 시에 대한 느낌을 떠올리기 ○ 시를 읽고 어떤 느낌이 떠오르나요? - 아빠께서 차를 찾는 장면에서 다급한 느낌이 떠오릅니다. - 아빠께서 들려주신 이야기에서 생생한 느낌이 떠오릅니다.	5′	

[그림 1-4] 교수·학습 과정안의 '반응 명료화하기' 단계

[그림 1-4]에서 점선으로 표시한 부분도 마찬가지입니다. '느낌'이라는 표현을 사용하기는 하였으나 세분화한 내용을 드러내지 못하고 '다급한 느낌', '생생한 느낌' 등 뭉뚱그린 표현을 사용하고 있습니다.

다음의 [그림 1-5]는 수정한 성취기준 상세화와 이를 바탕으로 수정한 교수·학습 과정안입니다.

[4국05-04] 작품을 듣거나 읽거나 보고 떠오른 느낌과 생각을 다양하게 표현한다.

- 느낌: 몸의 감각이나 마음으로 깨달아 아는 기운이나 감정.(국립국어원 표준국어대사전) / 어떤 대상이나 상태, 생각 등에 대한 반응이나 지각으로 마음속에 일어나는 기분이나 감정.(고려대한국어대사전)

  '느낌'은 일상생활에서도 널리 사용되며 교수·학습 상황에서 다른 학습의 언어적 도구로 사용되는 용어이다. 일상에서 널리 사용되기 때문에 교수·학습에서 사용되기에는 의미역의 제한이 명료하게 규정되지 않는 면이 있다.(김지남, 2017: 90)

  '감정'은 어떤 대상을 대할 때 느끼는 쾌감, 불쾌감을 주로 하는 희로애락의 온갖 주관적 반응을 말한다, 이는 생리적인 것과 전혀 무관한 것은 아니지만, 근본적으로 심리적인 의식 작용이라는 성격을 지닌다.(서울대학교 국어교육연구소, 『국어교육학사전』, 대교출판, 13)
- 표현: 1) 발신자가 자신의 판단을 의도적인 행위로 나타내는 것이다.
  2) 자신의 감정이나 사상을 밖으로 드러내는 언어 행위이다.(서울대학교 국어교육연구소, 『국어교육학사전』, 대교출판, 764)

본 성취기준에서의 '표현'은 어떠한 판단을 의도적으로 전달하는 데 목적을 두기보다는 생각과 느낌을 떠올리고 겉으로 드러내어 공유하는 것에 초점을 두기 때문에 '자신의 감정이나 사상을 밖으로 드러내는 언어 행위'로 정의하는 것이 적절하다. 표현은 '언어'와 '몸짓' 등 다양한 형식으로 이루어질 수 있다. 교과서에서도 작품을 읽은 후 느낌과 생각을 낭독하기, 역할극 하기, 그림으로 나타내기 등 다양한 방법으로 표현하기를 제시하고 있다. 다양한 방법으로 표현한다는 것은 학생들의 창의적 표현을 적극적으로 권장한다는 뜻이며, 이를 통해 학습자는 창의적 사고를 계발할 수 있다.

따라서 본 성취기준에서는 '표현'을 '학생들이 작품을 감상하고 떠오른 느낌과 감정을 글이나 말, 몸짓, 매체 등 다양한 형식과 방법으로 드러내는 행위'라고 정의할 수 있다.

문학 교육의 목표는 문학 교육을 받는 주체가 삶에 대한 통찰과 이해가 깊어지며, 언어 예술의 아름다움을 체험하여 문학을 삶 속에서 즐길 수 있는 능력이나 성향을 길러 주는 것이라고 할 수 있다.(이경화 외, 2024, 『초등 국어과 교육론』, 박이정, 241) 작품 감상 후 표현하는 법을 학습하는 것은 이러한 문학 교육의 목표를 달성하는 데에 큰 영향을 줄 수 있다. 자신의 생각을 표현하며 작품에 담긴 의미를 다시금 생각해 볼 수 있고, 이는 곧 삶에 대한 통찰로 연결된다. 문학을 읽고 감상을 표현하는 법을 학습한다면, 일상에서도 감상 후 자신의 의견을 표현하는 것에 자연스러워지고, 최종적으로는 주체적으로 문학을 즐기는 태도를 지닐 수 있을 것이다.

학생들은 이 단원의 활동을 통해 작품을 더 깊이 이해하고 감상하며 문화 향유 역량을 기르고, 자신의 감상을 창의적으로 표현하며 창의적 사고를 기를 수 있다.

[그림 1-5] 수정한 성취기준 상세화의 예[2)]

[그림 1-5]를 보면 [그림 1-2]와 동일한 성취기준에 대하여 상세화가 달라졌음을 알 수 있습니다. 밑줄 친 부분과 같이 성취기준 상세화를 위해 참고한 자료가 국어사전에서 전문 학술 자료로 확대되었고, 내용도 보강되었음을 알 수 있습니다. 이에 따른 교수·학습 과정안의 변화를 살펴보겠습니다.

다음의 [그림 1-6]은 수정된 지도안의 '반응 심화하기' 단계에 구성된 내용입니다.

반응 심화하기	다른 작품과 관련짓기	◎ 다른 시를 읽고 느낌 말하기 ○ 이번에는 「발차기」를 읽고 떠오르는 느낌을 말해봅시다. - 시원한 느낌이 떠오릅니다. - 활기찬 느낌이 떠오릅니다.	5′	시 『3』

[그림 1-6] 수정한 교수·학습 과정안의 '반응 심화하기' 단계

[그림 1-6]을 [그림 1-3]과 비교해 보면 [그림 1-3]에서는 장면과 느낌이 구분되지 않았는데, [그림 1-6]에서는 구분되었음을 알 수 있습니다. 다음의 [그림 1-7]과 같이 '반응 준비하기' 단계에도 변화가 있다는 것을 확인할 수 있습니다.

반응 준비하기	동기유발 A B	◎ 그림책의 장면을 보고 생각 나누기 ○ 「훌짝훌짝 호로록」의 한 장면을 살펴봅시다. ○ 누가 등장하나요? - 강아지와 고양이, 오리가 등장합니다. ○ 동물들이 무엇을 하고 있나요? - 뛰어다니고 있습니다. - 과일을 던지고 있습니다. ○ '우당탕'이라는 표현과 그림을 보면 어떤 느낌이 떠오르나요? - 즐거운 느낌이 떠오릅니다. - 활기찬 느낌이 떠오릅니다.	4′	그림 『1』

[그림 1-7] 수정한 교수·학습 과정안의 '반응 준비하기' 단계

앞의 [그림 1-3]에서 B에 진술된 '흔들거리는 느낌'과 '강아지가 뛰어다니는 듯한 느낌'이 '즐거운 느낌'과 '활기찬 느낌'으로 더욱더 느낌에 가까운 표현으로 바뀌었음을 알 수 있습니다.

이처럼 성취기준 상세화는 상식 수준과 감(感)에 의한 수업 설계를 넘어 전문적 수준과 지식에 의한 수업 설계를 가능하게 해 줍니

다. 그러므로 성취기준 상세화가 필요합니다.

셋째, 지도 내용을 명확히 하기 위하여 성취기준 상세화가 필요합니다. 성취기준은 한 문장으로 진술되어 있습니다. 표현된 성취기준은 한 문장 정도이지만 그 성취기준이 담고 있는 내용은 드러난 것보다 많은 경우가 대부분입니다. 물론 성취기준 해설이 제공되는 경우도 있으나 그것의 분량도 한 문단 정도인 경우가 대부분입니다. 그 정도 분량으로도 성취기준이 담고 있는 내용을 드러내기에는 부족합니다. 그래서 수업 준비를 위해서는 성취기준에 대한 상세화를 해야 합니다. 성취기준 상세화의 수준 차이에 따라 수업 설계가 어떻게 달라지는지 다음 자료를 통해 확인해 봅시다.

다음의 [그림 1-8]은 교육대학교 3학년 학생이 작성한 국어과 지도안입니다. 대상 단원은 2015 개정 국어과 교육과정[3]에 의한 6학년 1학기 『국어』 교과서 1단원 '비유하는 표현'의 4/8 차시입니다. 차시 학습 목표는 '비유하는 표현을 생각하며 시를 읽을 수 있다.'입니다. 이 단원의 내용 구성에 근거가 된 성취기준은 "[6국05-01] 문학은 가치 있는 내용을 언어로 표현하여 아름다움을 느끼게 하는 활동임을 이해하고 문학 활동을 한다."와 "[6국05-03] 비유적 표현의 특성과 효과를 살려 생각과 느낌을 다양하게 표현한다."입니다.

[6국05-03] 비유적 표현의 특성과 효과를 살려 생각과 느낌을 다양하게 표현한다.

- 비유: 어떤 현상이나 사물을 직접 설명하지 아니하고 다른 비슷한 현상이나 사물에 빗대어서 설명하는 일.

이 단원에서는 아름다움을 느끼게 하는 표현으로 비유적 표현을 핵심으로 하고 있다. 학습자에게 비유적 표현이 나타난 문학 작품을 다양하게 제시해야 한다. 이를 통해 다양한 작품 속 비유적 표현들을 파악하며 비유적 표현의 특성과 효과를 학습할 수 있어야 한다. 또한 자신의 생각과 느낌을 다양하게 표현하기 위해 자기중심적인 편협한 관점이 아닌 감상의 논리를 갖춰야 한다. 이를 위해 학습자 간 생각과 느낌을 공유하며 건설적 토의가 되도록 지도해야 한다.

따라서 이 단원을 학습할 때 교사는 풍부한 학습 자료를 제공하며 학습자 간의 의견 공유가 원활히 이루어지도록 조력자로서 도움을 주어야 한다.

[그림 1-8] 성취기준 상세화의 예시

[그림 1-8]은 4차시 수업에 직접적으로 관련되는 [6국05-03] 성취기준에 대한 상세화의 예시입니다. 이 지도안을 작성한 학생이 성취기준 상세화를 한 수준을 보면 상식 수준임을 알 수 있습니다. 우선, 성취기준 상세화의 내용을 보면 진술된 성취기준에 포함된 용어의 정의를 제시하고 있습니다. 그 용어는 '비유'인데, 뜻풀이의 출처를 밝히고 있지는 않으나 진술된 내용을 보면 국어사전의 뜻풀이를 옮긴 것으로 보입니다. 또한 진술된 내용은 성취기준이 담고 있는 내용에 초점이 맞춰져 있다기보다는 지도 방안 혹은 지도의 유의점에 대한 내용이 대부분을 차지하고 있습니다. 또한, 이 성취기준에서는 '비유'보다는 '비유적 표현의 특성'과 '비유적 표현의 효과'가 더 중요함을 인식해야 하지만 이에 대한 상세화는 이루어지지 않고 있습니다.

성취기준 상세화의 수준이 이러하다 보니 교수·학습 과정안도 충실하지 못한 모습을 확인할 수 있습니다. 다음의 [그림 1-9]는 [그림 1-8]의 내용에 이어진 교수·학습 과정안이며, 이 지도안은 반응 중심 학습 모형이 적용된 지도안입니다.

반응 심화하기	학습 내용 정리하기	◎ 학습 내용 정리하기 ○ 비유하는 표현 정리하기 - 「풀잎과 바람」에 나타난 비유하는 표현을 정리해 봅시다. - 비유하는 표현에 대한 생각이나 느낌의 특징을 말해 봅시다.		

[그림 1-9] 교수·학습 과정안의 '반응 심화하기' 단계

[그림 1-9]를 보면 '비유하는 표현의 특징과 효과'에 대해 학생들이 발표를 하도록 설계하고 있습니다. 그러나 학생들은 그 이전 단계에서 이것을 배운 적이 없습니다. 학생들이 배운 적이 없는 내용을 스스로 수행할 수는 없습니다. 이 활동은 지도 교사가 설명하거나 다른 자료를 활용하여 학습자가 이해할 수 있도록 하고, 작품을 활용하여 학습자가 비유하는 표현을 찾고 비유하는 표현의 특징이 무엇인지 인식하도록 지도해야 합니다. 그러나 이 지도안에는 그런 과정이 드러나 있지 않습니다. 상황이 이렇게 된 데에는 수업 설계자가 해당 성취기준의 상세화를 제대로 수행하지 않은 영향이 클 것입니다.

다음의 [그림 1-10]은 수정한 교수·학습 과정안의 성취기준 상세화 부분입니다.

[6국05-03] 비유적 표현의 특성과 효과를 살려 생각과 느낌을 다양하게 표현한다.

• 비유: 어떤 현상이나 사물을 직접 설명하지 아니하고 다른 비슷한 현상이나 사물에 빗대어서 설명하는 일.

이 단원에서는 아름다움을 느끼게 하는 표현으로 비유적 표현을 핵심으로 하고 있다. ① 비유적 표현에 노출됨으로써 학습자의 감각은 간접적으로 자극된다. 학습자는 시 감상 활동을 통해 시어에 표현된 대상이나 세계를 학습자의 의식 속에 감각적으로 형상화하는 작업을 하게 된다. ⓐ(김서정(2022), 「시 감상 관련 성취기준 구현의 비판적 고찰 - 2015 초등『국어』교과서를 중심으로 -」, 공주교육대학교 교육대학원 석사 학위 논문. 충청남도)

이로 인해 주변의 대상을 자신만의 이미지로 구체화하게 되고 이를 표현하고자 하는 의지를 가질 수 있게 된다. 이때 이미지를 언어로 표현할 경우에는 마음에 떠오른 형상을 가장 근접하게 표현할 수 있는 이미지로서의 대상(對象)을 선택하게 된다. ⓑ(김혜진(2018), 「학습자 정서 표현을 통한 시 감상 교육 연구」, 서울대학교 대학원 석사 학위 논문. 서울) 학습자가 선택할 수 있는 대상의 범위의 확장은 여러 작품 속 다양한 비유적 표현을 파악하며 비유적 표현의 특성과 효과를 이해하는 과정을 필요로 한다. 또한 학습자는 자신의 생각과 느낌을 창의적으로 표현하기 위해 자기중심적인 편협한 관점이 아닌 감상의 논리를 갖춰야 한다. 이는 학습자 간 생각과 느낌을 공유하며 건설적 토의를 할 경우에 가능해진다.

따라서 이 단원을 학습할 때 교사는 다양한 발문으로 학생들의 창의력을 자극해 학습자의 언어적 표현이 원활하게 이루어지도록 도움을 주어야 하며, 풍부한 학습 자료를 제공하여 학습자 간의 의견 공유가 원활히 이루어지도록 조력자로서 도움을 주어야 한다.

[그림 1-10] 수정한 성취기준 상세화의 예시

[그림 1-10]의 ⓐ, ⓑ를 보면, 국어사전이 아니라 전문 학술 자료를 참고했음을 알 수 있습니다. 또 ①을 통해 비유적 표현의 효과에 대한 내용을 중요하게 인식했음을 짐작할 수 있습니다. 성취기준 상세화 정도가 이렇게 변함에 따라 실제 교수·학습 과정안은 어떻게 변하였는지 비교해 봅시다.

반응 심화하기	학습 내용 정리하기	◎ 학습 내용 정리하기 ○ 이번 시간에 무엇을 공부했는지 말해 봅시다. - 「풀잎과 바람」이라는 시를 읽고 비유하는 표현을 찾아보았습니다. - 비유하는 표현의 효과를 생각하며 시를 감상했습니다. ○ 시에 사용된 비유하는 표현은 어떤 효과를 주는지 복습해 봅시다. - 비유하는 표현을 사용하면 익숙한 대상도 새롭게 느껴집니다. - 비유하는 표현이 대상을 더욱 실감 나게 느끼게 만들어 줍니다.	3′	

[그림 1-11] 수정한 교수·학습 과정안의 '반응 심화하기' 단계

[그림 1-11]을 보면 비유하는 표현의 '특징'과 '효과'를 분명하게 인식하고 있음을 알 수 있습니다. 이 차시의 학습을 정리하는 단계에서 정리할 내용으로 비유하는 표현의 효과가 포함되었다는 것에서 수업 설계자가 이 부분을 분명하게 인식하고 있다는 것을 유추할 수 있습니다. 이런 변화는 성취기준 상세화의 깊이와 관련이 있습니다.

이처럼 성취기준 상세화는 지도 내용을 명확하게 인식하도록 해주므로 꼭 수행해야 합니다.

2장 성취기준 내용 상세화의 이론적 근거[4)]

01. 국어과 성취기준 상세화에 대한 문제 인식과 관여자

국어 교육과정 성취기준 상세화는 교육 내용의 범위와 수준을 명료하게 설정하고 하위 요소로 구분하는 일련의 과정을 일컫습니다. 국어과 교육과정 성취기준에 대한 기존 논의는 성취기준 진술문, 제시 방식, 구성 요소, 기준의 개념 등에 관한 것으로 나눠 볼 수 있습니다. 이러한 논의에서 공통된 문제 인식은 '성취기준'의 '명료성'과 '구체성'에 대한 것으로, 이는 본 책에서 다루고자 하는 성취기준 상세화와 그 맥을 같이하고 있습니다. 성취기준의 명료성은 내용 요소를 분명하게 파악할 수 있는가의 문제로, 성취기준의 구체성은 하위 내용 요소들을 얼마나 담아낼 수 있는가의 문제로 귀결됩니다.

기존 여러 논의에서 '상세화'라는 동일한 용어를 사용하고 있지만, 그 의미역은 동일하지 않았습니다. 교육과정 개발자 관점에서는 활동 중심이나 주제 중심으로 성취기준을 제시할 경우 명료성과 구체성이 떨어진다고 보는 반면, 수업 실천자 관점에서는 활동 중심이나 주제 중심으로 성취기준을 제시할 경우 명료성과 구체성이 높아진다고 보았습니다. 성취기준 상세화에 대한 관점이 혼재되어 서로 전혀 다른 입장을 취하고 있음을 확인하였습니다. 이것은 [그림 1-12]에서 보는 바와 같이, 성취기준 상세화 관여자의 위치가 국어과 교육과정[curriculum] 쪽에 위치하는가, 아니면 국어과 수업[instruction] 쪽에 위치하는가에 따라 성취기준 상세화의 기준이 달라지고 있음을 의미합니다.

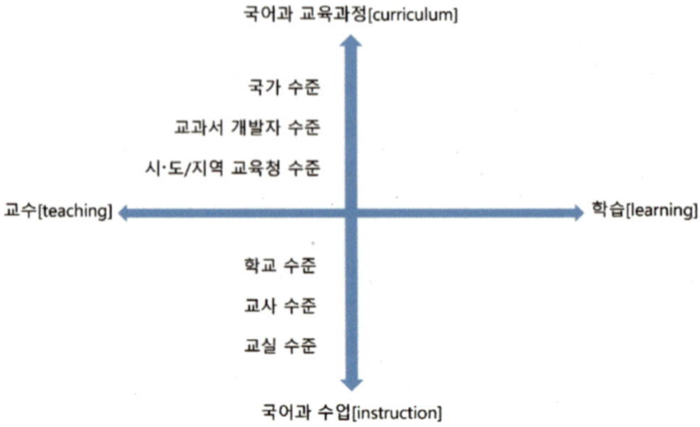

[그림 1-12] 관여자의 위치와 성취기준 상세화 기준

이러한 현상이 나타나는 것은 관여자의 성취기준 상세화 목적이 다르기 때문입니다.[5] 수업 실천자는 교수·학습을 위한 성취기준 상세화를 지향하는 반면, 교육과정 개발자는 교육과정 내용의 논리를 지향하고 있다는 해석이 가능합니다. 서로 대비되는 서영진(2013)과 황현미(2016)의 논의를 통해 이를 확인할 수 있습니다. 서영진(2013)에서는 국어과 교육과정 성취기준 진술문 분석 기준을 내용 중심 성취기준, 활동 중심 성취기준, 수행 능력 중심으로 나눈 후 2011 개정 국어과 교육과정 성취기준을 분석하였습니다. 그는 이러한 분석을 통해 성취기준이 단순 활동만을 제시하거나 추상적인 진술을 하거나 주제만 제시하는 것은 지양해야 함을 강조하였습니다. '단순 활동'만을 제시하는 성취기준, '추상적인 진술'을 제시하는 성취기준, '주제'만을 제시하는 성취기준 등은 가르쳐야 할 내용 요소가 빠지거나 학생이 수행 후 도달해야 할 기준이 빠진 것이라 보았습니다. 이러한 시각은 내용 요소의 기준 또는 학생의 수행 능력을 평가할 수 있는 도달 기준의 잣대 역할을 성취기준이 해야 하고, 수업

실천자나 교과서 개발자의 관점은 배제되어야 함을 강조한 것이라 할 수 있습니다. 이 경우 성취기준의 명료성은 '교육 내용 요소'가 성취기준에 포함되어 있는가의 여부에, 구체성은 '교육 내용 요소'가 쪼개어 제시되어 있는가의 여부에 따라 결정된다고 보았습니다.

반면에 황현미(2016)는 수업 실천자의 관점에서 국어과 교육과정 성취기준 제시 방식의 개선 방안을 제안하였습니다. 그는 교육과정 구현에 필요한 성취기준 요소를 '핵심 요소'와 '지원 요소'로 구분한 후, 모든 성취기준에 핵심 요소와 지원 요소를 포함해야 한다고 강조하였습니다. 교사가 국어과 교육과정 재구성에 어려움을 겪는 원인은 성취기준 진술문에 핵심 요소와 지원 요소가 일관되게 기술되어 있지 않기 때문이고, 따라서 교사의 수업 실천을 위한 지원 요소가 성취기준에 더 많이 추가될 필요가 있으며, 성취기준 상세화에 대해 자세히 설명한 성취기준 해설이나 해설서가 요구된다는 것입니다.

지금까지 살펴본 기존 논의에서 성취기준을 대하는 시각이 상이함을 확인하였습니다. 모든 논의에서 성취기준 내용 상세화를 강조하지만, 국어과 교육과정 개발자의 시각인가, 국어과 교과서 개발자의 시각인가, 국어과 수업 실천자의 시각인가에 따라 성취기준 내용에 대한 명료성과 구체성이 동일하지 않음을 알 수 있습니다. 성취기준 내용의 모호함과 명료함, 애매함과 구체적임이 시각에 따라 흔들리고 있습니다. 이처럼 국어과 성취기준 상세화에 대한 시각이 다양한 것은 [그림 1-12]에서 보듯이 다양한 관여자가 국가 수준의 국어과 교육과정 문서를 '지금 여기'에서 각자 다르게 상세화하기 때문입니다. 따라서 국어과 수업 실천자의 관점에서 국어과 성취기준 상세화의 개념과 범위를 설정하고 설명할 필요가 있습니다.

02. 국어과 성취기준 상세화의 개념

성취기준은 학생이 성취해야 할 능력 혹은 도달해야 할 능력을 의미하며, 교과서의 내용이나 학습 활동을 결정하는 중요한 요소입니다. 국어과 교육과정에서 '성취기준'은 2007 개정 국어과 교육과정에서 처음 도입되었습니다. 제7차 교육과정에서 '학습 요소(내용)'에 해당했던 부분이 2007 개정 국어과 교육과정에는 '성취기준[achievement standards]'으로 전환된 것입니다. 그러나 성취기준으로의 전환은 용어상의 변화만을 의미하지는 않습니다. 그동안의 교육과정에서 기술되었던 내용이 각 학년과 영역에서 가르쳐야 할 것들을 제시하는 성격을 갖는다면, 성취기준이란 학습자가 도달해야 하는 목표이자 도달할 것이라고 기대하는 결과를 의미하기 때문입니다. 즉, 교육과정에 기술된 성취기준은 해당 교과에서 학생들이 배워야 할 내용을 상세화하여 제시한 기준이라고 볼 수 있습니다.

본래 '상세화(詳細化)하다'는 "낱낱이 자세하게 하다."라는 사전적 의미를 가지고 있습니다. '좋아하는 것'을 예로 들어 상세화 과정을 설명한다면, 먼저 내가 좋아하는 것이 무엇인지 떠올려야 합니다. 그리고 떠올린 것 중에서 하나를 특정해야 합니다. 예를 들어, 내가 좋아하는 것 중에서 음악을 골랐다면, 어떤 장르의 음악, 어떤 가수의 노래인지 세부적으로 떠올리는 과정으로 이어질 것입니다. 즉, '좋아하는 것 → 음악 → 댄스 장르 → BTS'로 이어지는 과정을 통해 '좋아하는 것'이 'BTS'로 상세화되었다고 할 수 있습니다. 이경화·김혜선(2008: 526)에서는 교육과정 내용이 교과서의 단원 목표, 차시 목표, 학습 활동으로 구체화되는 방식이 바로 교육과정 내용의 상세화라고 보았습니다. 따라서 성취기준의 상세화는 해당 성취기준을 낱낱이 분석하여 여러 학습 요소로 쪼개는 과정이라고 할 수 있습니다. 즉, 학년군별, 영역별로 제시된 개별 성취기준에서 학습자가 도달해야 할 목표를 명확히 하고, 이에 도달하기 위해 가르쳐야 하는 학습 요소를 추출하고, 추출한 학습 요소를 다루기 위해 선행적으로 가르쳐야 하는 학습 요소를 다시 선정하여 가르칠 내용을 세부 학습 요소로 낱낱이 쪼개는 과정이 곧 성취기준 상세화인 것입니다.

예를 들면, 2015 개정 국어과 교육과정의 1~2학년군 읽기 영역 성취기준인 "(1) 글자, 낱말, 문장을 소리 내어 읽는다."를 '글자를 소리 내어 읽기', '낱말을 소리 내어 읽기', '문장을 소리 내어 읽기'의 학습 요소로 다시 세분화하는 과정이 곧 성취기준의 상세화라고 할 수 있습니다. 예시로 든 성취기준의 경우에는 '글자', '낱말', '문장'이라는 언어의 단위로 상세화하였지만, 어떤 성취기준에서는 '이야기하기', '글쓰기'로 나눌 수 있으며, '그림책 감상하기', '시 감상하기', '이야기 감상하기' 등 장르별로 나눌 수도 있을 것입니다.

이처럼 성취기준 상세화는 하나의 성취기준에서 학습 요소를 세분화하여 이를 각 단원에 배치하고, 단원별 차시 학습 목표와 학습 활동을 계획하는 것에 영향을 줄 수 있기 때문에, 성취기준 상세화의 범위를 구분할 필요가 있습니다. 엄밀한 의미에서 본다면, '성취기준 상세화'는 성취기준의 내용 그 자체에 대한 상세화만 가리킬 수도 있습니다. 그러나 성취기준에서 다루는 내용의 폭과 깊이를 결정하는 것 그 자체만을 성취기준 상세화로 한정하는 것은 성취기준이 실제 교수·학습의 국면에서 가시화되는 과정을 포함하지 못할 수 있습니다. 따라서 성취기준 상세화의 범위는 성취기준의 내용을 쪼개는 과정과 단원 및 차시 학습 목표, 학습 활동 구성 및 평가 방법을 선정하는 과정까지 그 범위가 확장될 수 있어야 합니다.

03. 국어과 성취기준 내용 상세화의 원리

국어과 성취기준 내용 상세화의 원리는 통합적인 시각에서 접근해야 합니다. 여기에서 제시하는 '양가성의 원리', '순차성의 원리', '동시성의 원리'가 서로 연계되어 있습니다. 초등학교 교실에서 수업을 담당하는 교사는 [그림 1-12]의 어느 지점에 위치하더라도 두 축을 좌표로 하는 공간 위의 한 점에 위치하게 됩니다. 단순히 교육과정 개발자의 관점, 교과서 개발자의 관점, 수업 실천자의 관점으로 고정되는 것이 아니라, '국어과 교육과정-국어 수업' 축과 '교수-학습' 축으로 형성된 위상 공간 위의 한 지점을 선택하는 것입니다. 그리고 이 선택한 지점 또한 고정되는 것이 아니라 상세화의 조건에 따라 다른 위치로 이동이 가능하다는 것입니다. 이러한 유연성과 우연성을 인정하는 접근이 통합적인 시각의 접근입니다. 통합적 접근을 위한 몇 가지 원리를 제시하면 다음과 같습니다

첫째, 양가성의 원리입니다. 양가성은 두 가지의 속성을 동시에 가지고 있던 것이 특정한 상황에서 '하나'가 드러나면 '다른 것'이 사라지고, 다른 상황에서 '다른 것'이 드러나면 이전 것 '하나'가 사라지는 특성을 말합니다. 다시 말해 '잠재된[virtualizing] 상태'와 '현활된[actualizing] 상태'를 상황에 따라 오간다는 것입니다. 가령, 어느 성취기준 내용 요소가 [그림 1-12]의 어느 지점에서는 명료하고 구체적이라고 말해지지만, 또 다른 지점에서는 명료하지 못하고 구체적이지 못하다고 말해지는 경우가 이를 잘 설명해 주고 있습니다.

둘째, 순차성 원리입니다. 교육과정 성취기준 내용에 대한 상세화는 순차적으로 상세화 과정을 거칩니다. 1차적 접근(국어과 교육과정 설계자) → 2차적 접근(국어과 교과서 설계자) → 3차적 접근(국

어과 수업 설계자) 순으로 상세화 과정을 거칩니다. 이는 물리적 시간의 흐름에 따른 구분입니다. 국어과 교육과정 성취기준 개발 → 국어과 교과서 개발 → 국어과 수업 실천이라는 절차적인 흐름과 맥을 같이합니다. 그간 성취기준 내용에 대한 상세화는 이러한 물리적 흐름이나 절차의 과정에 따라 고착된 시각이 팽배하였음을 부인하기 어렵습니다. 다가올 미래에는 이러한 고착에서 벗어날 필요가 있음을 동시성의 원리는 말해 주고 있습니다.

셋째, 동시성의 원리입니다. 이는 시간이라는 물리적 흐름을 벗어난 상태에서는 1차적 접근, 2차적 접근, 3차적 접근이 순차적으로 진행되는 것이 아니라 동시에 진행된다는 것입니다. 다소 이상하고 낯설게 들릴 수 있습니다. 2차적 접근을 예시로 들어 보겠습니다. 국어 교과서 개발을 위한 성취기준 내용 상세화 과정이지만, 교육과정 개발자의 상세화 결과는 교과서 개발자의 '지금, 여기'에 영향을 미치고 있습니다. 교과서 개발자가 1차적 접근의 결과를 분석하고 재해석하는 과정이 이를 말해 줍니다. 또한 수업 실천자의 상세화 결과는 교과서 개발자가 수업 실천자의 기대를 예상하거나 짐작함으로써 영향을 미치고 있습니다. 교과서 개발자가 3차적 접근의 결과를 예상하거나 짐작하는 과정이 이를 말해 줍니다. 동시성의 원리는 모든 성취기준의 요소가 동시에 작동하거나 작동할 수 있음을 강조하는 원리입니다. 이 원리는 교육과정 문서에서 드러나지 않은 요소가 교과서 개발 과정에서 드러날 수 있고, 교과서 개발 과정에서도 드러나지 않은 것이 교수·학습 실천 과정에서 드러날 수 있다는 사실을 강조한다는 점에서 의의가 있습니다.

2부

영역별 성취기준 내용 상세화

1장 듣기·말하기 영역

01. 듣기·말하기 영역 성취기준 개관

2022 개정 국어과 교육과정에 따르면, 국어과 공통 교육과정의 '핵심 아이디어'는 국어과 영역을 아우르면서 영역의 학습을 통해 일반화할 수 있는 내용을 핵심적으로 진술한 것으로, 내용 체계의 설계를 위한 핵심 조직자입니다. '핵심 아이디어'는 국어 학습을 통해 학습자들이 성취하기를 기대하는 결과이면서 교수·학습 과정에서 지속적으로 주목하여야 할 내용으로 구성하였습니다. 이러한 지향에 따라 학습자를 언어 주체로 보고 국어 활동을 수행하는 언어 주체의 역할에 주목하여 핵심 아이디어를 영역별로 3~4개의 문장으로 기술하였습니다.

국어과 공통 교육과정의 '내용 체계'는 '지식·이해', '과정·기능', '가치·태도'의 세 범주로 구분하여 설정하였습니다. 듣기·말하기, 읽기, 쓰기, 매체 영역의 경우, '지식·이해'는 의사소통의 맥락과 유형, '과정·기능'은 의사소통의 과정과 전략, '가치·태도'는 흥미, 효능감 등과 같은 정의적 요소를 중심으로 내용 요소를 구성하였음을 밝히고 있습니다.

2022 개정 국어과 교육과정의 듣기·말하기 영역 내용 체계표는 [표 2-1]과 같습니다.

[표 2-1] 2022 개정 국어과 교육과정의 듣기·말하기 영역 내용 체계표

<table>
<tr><td colspan="2">핵심 아이디어</td><td colspan="4">• 듣기·말하기는 언어, 준언어, 비언어, 매체 등을 활용하여 서로의 생각과 감정을 주고받는 행위이다.
• 화자와 청자는 상황 맥락 및 사회·문화적 맥락 속에서 의사소통 목적을 달성하기 위하여 다양한 유형의 담화를 듣고 말한다.
• 화자와 청자는 의사소통 과정에 협력적으로 참여하고 듣기·말하기 과정에서의 문제를 해결하기 위해 적절한 전략을 사용하여 듣고 말한다.
• 화자와 청자는 듣기·말하기에 흥미를 가지고 적극적으로 참여하면서 담화 공동체 구성원으로 성장하고, 상호 존중하고 공감하는 소통 문화를 만들어 간다.</td></tr>
<tr><td colspan="2" rowspan="3">범주</td><td colspan="4">내용 요소</td></tr>
<tr><td colspan="3">초등학교</td><td>중학교</td></tr>
<tr><td>1~2학년</td><td>3~4학년</td><td>5~6학년</td><td>1~3학년</td></tr>
<tr><td rowspan="2">지식·이해</td><td>듣기·말하기 맥락</td><td colspan="2">• 상황 맥락</td><td colspan="2">• 상황 맥락
• 사회·문화적 맥락</td></tr>
<tr><td>담화 유형</td><td>• 대화
• 발표</td><td>• 대화
• 발표
• 토의</td><td>• 대화 • 면담
• 발표 • 토의
• 토론</td><td>• 대화 • 면담
• 발표 • 연설
• 토의 • 토론</td></tr>
<tr><td rowspan="2">과정·기능</td><td>내용 확인·추론·평가</td><td>• 집중하기
• 중요한 내용 확인하기
• 일이 일어난 순서 파악하기</td><td>• 중요한 내용과 주제 파악하기
• 내용 요약하기
• 원인과 결과 파악하기
• 내용 예측하기</td><td>• 생략된 내용 추론하기
• 주장, 이유, 근거가 타당한지 평가하기</td><td>• 의도와 관점 추론하기
• 논증이 타당한지 평가하기
• 설득 전략 평가하기</td></tr>
<tr><td>내용 생성·조직·표현과 전달</td><td>• 경험과 배경지식 활용하기
• 일이 일어난 순서에 따라 조직하기
• 바르고 고운 말로 표현하기
• 바른 자세로 말하기</td><td>• 목적과 주제 고려하기
• 자료 정리하기
• 원인과 결과 구조에 따라 조직하기
• 주제에 적절한 의견과 이유 제시하기
• 준언어·비언어적 표현 활용하기</td><td>• 청자와 매체 고려하기
• 자료 선별하기
• 핵심 정보 중심으로 내용 구성하기
• 주장, 이유, 근거로 내용 구성하기
• 매체 활용하여 전달하기</td><td>• 담화 공동체 고려하기
• 자료 재구성하기
• 체계적으로 내용 구성하기
• 반론 고려하여 논증 구성하기
• 상호 존중하며 표현하기
• 말하기 불안에 대처하기</td></tr>
</table>

과정·기능	상호작용	• 말차례 지키기 • 감정 나누기	• 상황과 상대의 입장 이해하기 • 예의를 지키며 듣고 말하기 • 의견 교환하기	• 궁금한 내용 질문하기 • 절차와 규칙 준수하기 • 협력적으로 참여하기 • 의견 비교하기 및 조정하기	• 목적과 상대에 맞는 질문하기 • 듣기·말하기 방식의 다양성 고려하기 • 경청과 공감적 반응하기 • 대안 탐색하기 • 갈등 조정하기
	점검과 조정		• 듣기·말하기 과정과 전략에 대해 점검·조정하기		
가치·태도		• 듣기·말하기에 대한 흥미	• 듣기·말하기 효능감	• 듣기·말하기에 적극적 참여	• 듣기·말하기에 대한 성찰 • 공감적 소통 문화 형성

2022 개정 국어과 교육과정에서 내용 체계는 언어 자료로서 글의 유형과 맥락을 '지식·이해' 관련 주요 내용으로 두고 '과정과 전략'과 관련된 교육 내용을 강조한 것으로 볼 수 있습니다. 내용 체계표를 자세히 살펴보면 다음과 같습니다.

첫째, '핵심 아이디어'에는 네 가지가 제시되어 있는데, 첫 번째 핵심 아이디어는 '듣기·말하기'의 의미 진술이며, 두 번째 핵심 아이디어는 '담화 유형'에 대한 진술입니다. 세 번째 핵심 아이디어는 듣기·말하기의 과정과 전략에 관련된 진술이며, 네 번째 핵심 아이디어는 '가치·태도'와 대응하는 진술입니다.

둘째, 과정·기능 범주에서 듣기와 말하기를 구분하여 제시했습니다. 언어 사용상 듣기와 말하기는 이해와 표현으로 구분됩니다. 따라서 듣기의 과정·기능은 읽기 영역과 같이 '내용 확인·추론·평가'로 제시하고, 말하기의 과정·기능은 쓰기 영역과 같이 '내용 생성·조직·

표현과 전달'로 제시하였습니다. 듣기·말하기의 공통 과정·기능은 '상호 작용'과 '점검과 조정'으로 제시하였습니다.

셋째, 2022 개정 국어과 교육과정 담화 유형에서는 인사말과 회의가 삭제되었으며, 면담이 초등학교 5~6학년군에도 제시되었습니다. 2022 개정 국어과 교육과정에서는 전 학년에 걸쳐 대화와 발표가 제시되어 있습니다.

교육부(2021)는 '2022 개정 교과 교육과정 개발 관련 지침'에서 성취기준 진술 지침을 안내하고 있습니다. 성취기준을 개발할 때에는 내용 체계와 성취기준 간의 연계성을 강화하고, 학년군별 수준이 드러나도록 하며, 지식·이해, 과정·기능뿐만 아니라 가치·태도 등을 포함한 다면적인 성격의 성취기준으로 진술하도록 하였습니다. 성취기준은 '영역별 내용 요소(지식·이해, 과정·기능, 가치·태도)를 학습한 결과, 학생들이 궁극적으로 할 수 있거나 할 수 있기를 기대하는 도달점'으로 학년군별로 제시하는 것을 원칙으로 합니다.

특징적인 것은, 성취기준의 진술은 내용 체계표의 [지식·이해], [과정·기능], [가치·태도]의 세 가지 범주 중 두 가지 이상의 범주를 정합하는 방식으로 진술하되, 성취기준의 수가 지나치게 많아지지 않도록 합니다. 그리고 내용 체계의 내용 요소와 성취기준이 연계성을 가질 수 있도록 진술하며, 학습량 적정화 계획에 따라 성취기준의 수를 조정하여 개발하되, 하나의 성취기준에 지나치게 많은 내용이 포함되지 않도록 합니다. 초·중학교의 경우 수업량 유연화 방안에 따라 한 학기 17주 기준 수업 시수를 16주로 개발하여 학습량이 적정화될 수 있도록 하였습니다. 학생의 성장과 발달에 따라 성취기준의 수준이 드러나게 진술하도록 안내하였습니다.

초등학교 듣기·말하기 영역의 1~2학년군의 성취기준은 다음과 같습니다.

- [2국01-01] 중요한 내용이나 일이 일어난 순서를 고려하며 듣고 말한다.
- [2국01-02] 바르고 고운 말로 서로의 감정을 나누며 듣고 말한다.
- [2국01-03] 상대의 말을 집중하여 듣고 말차례를 지키며 대화한다.
- [2국01-04] 자신의 경험이나 생각을 바른 자세로 발표한다.
- [2국01-05] 듣기와 말하기에 관심과 흥미를 가진다.

02. 듣기·말하기 영역 성취기준 내용 상세화

[2국01-01] 중요한 내용이나 일이 일어난 순서를 고려하며 듣고 말한다.

가 성취기준 개요

이 성취기준은 대화를 나눌 때 상대방의 말을 듣고, 상대방이 하는 말의 내용을 이해하고 일이 일어난 순서를 파악하는 능력을 기르기 위해 마련된 성취기준입니다. 말하는 내용을 이해하는 것은 기초적인 의사소통의 능력이며 앞으로 진행될 대화 과정에서 필요한 요소입니다. 중요한 내용을 알기 위해서는 상대방이 하는 말을 잘 들어야 합니다. 이 요소는 상대를 배려하며 듣는 태도와 언어 예절과도 관계가 있습니다. 일의 순서나 절차에 따라 말하는 것은 논리적으로 말하기 방법에서 중요합니다. 사건의 순서에 따라 듣고, 말하게 함으로써 서사적 듣기와 말하기의 기초 능력을 향상할 수 있습니다. 이 성취기준을 좀 더 깊게 들여다볼까요?

듣기·말하기 영역의 내용 체계표에서 꼼꼼하게 살펴보기

[표 2-2]와 같이 2022 개정 국어과 교육과정의 듣기·말하기 영역 내용 체계표에서 [2국01-01] 성취기준의 내용 요소를 자세히 살펴볼까요?

[표 2-2] 2022 개정 국어과 교육과정의 내용 체계표에서 관련 내용 요소 살펴보기

범주		내용 요소
		초등학교
		1~2학년
지식·이해	듣기·말하기 맥락	• 상황 맥락
	담화 유형	• 대화 • 발표
과정·기능	내용 확인·추론·평가	• 집중하기 • 중요한 내용 확인하기 • 일이 일어난 순서 파악하기
	내용 생성·조직·표현과 전달	• 경험과 배경지식 활용하기 • 일이 일어난 순서에 따라 조직하기 • 바르고 고운 말로 표현하기 • 바른 자세로 말하기
	상호 작용	• 말차례 지키기 • 감정 나누기
	점검과 조정	
가치·태도		• 듣기·말하기에 대한 흥미

듣기·말하기 영역의 1~2학년군 내용 요소를 보면 이 성취기준은 듣기·말하기 영역 내용 체계에서 지식·이해 범주의 하위 범주인 듣기·말하기 맥락에 속하는 '상황 맥락' 항목과 담화 유형에 속하는 '대화' 항목과 관련됩니다. 과정·기능 범주의 하위 범주인 내용 확인·추론·평가에 속하는 '중요한 내용 확인하기' 항목과 '일이 일어난 순서 파악하기' 항목과 관련됩니다. 내용 생성·조직·표현과 전달 범주의 하위 범주인 '일이 일어난 순서에 따라 조직하기' 항목과 관련됩니다. 이 성취기준은 3~4학년군의 "[4국01-01] 중요한 내용과 주제를 파악하며 듣고 그 내용을 요약한다."와 "[4국01-02] 원인과 결과의 관계를 고려하여 내용을 예측하며 듣고 말한다."로 이어집니다.

여기서 잠깐! 듣기·말하기 영역, [2국01-01] 성취기준의 발자취는?

이 성취기준은 2009 개정 국어과 교육과정 1~2학년군 듣기·말하기 영역에 "(1) 다른 사람의 말이나 이야기를 귀 기울여 들으며 내용을 확인한다."와 "(4) 일이 일어난 차례를 생각하며 듣고 말한다."로 제시되었으며, 2015 개정 국어과 교육과정 1~2학년군 듣기·말하기 영역에 "[2국01-05] 말하는 이와 말의 내용에 집중하며 듣는다."로 제시되었던 성취기준과 관련됩니다.

나 성취기준과 관련된 배경지식

2022 개정 국어과 교육과정에는 이 성취기준에 대한 해설이 제공되지 않습니다. 그래서 2015 개정 국어과 교육과정에 제시된 해설을 참고해 볼 수 있습니다.

성취기준 해설에서 단서 찾기

- **[2국01-05] 말하는 이와 말의 내용에 집중하며 듣는다.**(2015 개정 국어과 교육과정 1~2학년군 듣기·말하기 영역 성취기준)

  이 성취기준은 바른 듣기 방법과 태도를 배우고 연습함으로써 말하는 이를 존중하고 말의 내용을 정확하게 이해하는 능력을 기르기 위해 설정하였다. 말하는 이와 말의 내용에 주의를 집중하여 듣는 것은 내용을 이해하기 위해서 필요할 뿐 아니라, 상대를 배려하며 듣는 태도의 문제이며 언어 예절과도 관계가 있다. 눈 맞춤, 고개 끄덕임 등의 반응을 보임으로써 상대방의 말에 집중하며 듣고 있음을 상대가 알도록 하는 데 중점을 둔다.

일이 일어난 순서에 대한 설명은 2009 개정 국어과 교육과정 설명에서 찾아볼 수 있습니다.

- **(4) 일이 일어난 차례를 생각하며 듣고 말한다.**(2009 개정 국어과 교육과정 1~2학년군 듣기·말하기 영역 성취기준)

  일의 순서나 절차에 따라 말하는 것은 논리적으로 말하는 중요한 한 방법이다. 대화를 듣거나 말할 때, 사건의 순서에 따라 듣고, 말하게 함으로써 서사적 듣기와 말하기의 기초 능력을 향상시킬 수 있다. 직접 겪은 일이나 듣거나 읽은 이야기의 내용을 일이 일어난 차례에 따라 순서대로 정리하도록 한다. 일이 일어난 차례는 '어제, 토요일에, 주말에, 아침에, 저녁에' 등과 같은 시간 표현과 '처음에, 그 다음에, 그 후, ~하고, 그래서, 그리고, 그러니까, 그러다가, 결국' 등과 같은 접속 표현을 사용하여 나타낼 수 있다. 이야기를 할 때에는 정리한 내용의 순서에 유의하면서 실감 나게 표현하도록 한다.

이 성취기준이 담고 있는 내용의 핵심은 말하는 이가 말한 내용 중에서 중요한 내용 확인하기와 일이 일어난 순서 파악하기입니다. 말하는 이가 한 말에서 중요한 내용은 어떤 것을 의미할까요? 말하는 이의 의도를 파악하는 것이 핵심이지만 우선 듣는 이는 말하는 이가 말한 내용에서 '누가, 언제, 무엇을, 왜 했는지'에 해당하는 것들을 확인해야 합니다. 말하는 이가 했던 말의 내용을 정확하게 이해하는 것은 의사소통 과정에서 기본이 됩니다. 이 성취기준에서 살펴볼 핵심어는 '중요한 내용, 일이 일어난 순서, 순서를 나타내는 말'입니다.

성취기준에 포함된 핵심어, 차근차근 풀어 가기

이 성취기준이 담고 있는 핵심어는 '중요한 내용', '일이 일어난 순서', '순서를 나타내는 말'로 볼 수 있습니다. 이들 각각에 대하여 자세히 살펴보겠습니다.

'중요한 내용'은 의미를 명확하기 규정하기가 어려우며, 말하기 상황 맥락과 말하는 이의 의도에 따라 달라질 수 있습니다. 성취기준에서 의도하는 바에 따르면, '말하는 이가 말한 내용에서 중요하다고 생각한 내용, 핵심 내용'을 의미합니다. 듣기는 들려오는 모든 정보를 있는 그대로 수용하는 것이 아니라 편향적으로 특정 정보만을 선택적으로 지각해서 자신의 경험이나 지식과 관련지어 의미를 재구성하는 인지적 과정입니다. 말하는 이가 하는 말을 들으면서, 말하는 이의 의도를 파악하고 내용을 정확하게 이해하는 것이 중요합니다. 초등학교 1~2학년 학생들에게 중요한 내용은 들은 내용의 언어적 메시지를 정확하게 이해하는 것과 연관됩니다. 언어적 메시지를 정확하게 이해하기 위해서는 누가, 언제, 무엇을, 왜 하였는지를 파악하는 것이 필요합니다. 초등학교 저학년 학생은 내용을 정확하게 이해한 다음에 이를 토대로 말하는 이가 하고 싶은 말을 찾을 수 있습니다. '순서'는 '정하여진 기준에서 말하는 전후, 좌우, 상하 따위의 차례 관계'를 의미하며 '언제'와 관련됩니다. '일이 일어난 순서'는 '일이 일어난 앞뒤 차례 관계'를 의미합니다. 여기에서 일은 중요한 사건을 의미합니다. 일이 일어난 순서는 '어제, 토요일에, 주말에, 아침에, 저녁에' 등과 같은 시간 표현과 '처음에, 그다음에, 그 후, ~하고, 그래서, 그리고, 그러니까, 그러다가, 결국' 등과 같은 접속 표현을 사용하여 나타낼 수 있습니다.

여기서 잠깐! 중요한 내용과 중심 내용은 같은 말일까?

중요한 내용과 중심 내용은 의미가 비슷합니다. 중심 내용은 읽기 영역에서 자주 등장하는 말입니다. 중심 생각은 중심 내용, 글의 중심 내용, 글의 의미, 글의 요지를 가리킵니다. 기초 단계의 독서 지도에서는 단어나 구의 형태로 제시되는 글의 중심 화제를 가리키기도 합니다. 그러나 중심 내용이 무엇인지에 관해 아직 일치된 의견이 없으며, 중심 생각 찾기를 요구할 때 다양한 용어가 쓰이고 있습니다. 중심 생각은 여러 생각의 뒷받침을 받아 결국 그 글을 통해 나타내고자 하는 주된 생각을 의미합니다. 중요한 내용도 의미를 명확하게 하기 어렵습니다. 초등학교 저학년에서 중요한 내용은 말이나 글로 표현된 내용의 의미를 이해하는 수준으로, 누가, 언제, 무엇을, 왜 하였는지에 해당한다고 볼 수 있습니다.

순서를 나타내는 말(시간 표현 부사)은 [표 2-3]과 같이 분류할 수 있습니다.

[표 2-3] 시간 표현 부사의 유형

구분		부사
시점	현재	지금, 이제, 오늘, 이번에, 아직
	과거	방금, 아까, 아까 전에, 벌써, 일찍(이), 원래, 접때, 저번에/지난번에, 어제, 어저께, 그제, 전에/일전에, 옛날에
	미래	후에, 뒤에, 훗날, 장차, 장래(에), 앞<으로>, 다음에/다음번에, 다음날, 조만간, 언젠가(는), 내일, 모레, 이따가, 나중에
과정의 순서		(처음, 나중, 마지막/끝)+<에, 으로> 먼저, 중간에, 도중에/중도에, 뒤늦게, 미리, 다음에
속도		금방, 즉시, 이내, 당장, 곧, 갑자기, 갑작스레, 별안간, 느닷없이, 돌연, 대뜸, 단박에, 빨리, 얼른, 천천히
반복	[-연속]	때때로, 틈틈이, 드문드문, 드물게, 빈번히, 종종, 가끔, 간혹, 이따금, 간간이, 어쩌다가, 또, 다시, 자주
	[+연속]	항상, 늘, 노상, 밤낮, 자꾸, 여전히, 날마다, 언제나/언제든지, 만날, 계속, 종시, 마냥, 줄곧, 계속적/지속적<으로>, 끝없이, 한없이, 하염없이, 영원히/영구히
기간		(한 시간, 하루, 이틀…)+<동안(간)>, 잠깐, 잠시, 조금, 오래/오랫동안, (온)종일, 내내, 겨우내, 한동안

순서를 나타내는 말은 한 시점을 기준으로 하여 그 앞뒤 시간이 서로 관련성을 갖고 나타나는 부사로서 시간적인 앞뒤 관계를 나타냅니다.

학생들이 '중요한 내용이나 일이 일어난 순서를 고려하며 듣고 말하기'를 왜 배워야 할까요?

말하는 이가 하는 말을 듣고 중요한 내용이나 일이 일어난 순서를 파악하는 것은 듣기의 기본 자세이며 말하는 이를 존중하는 방법이 됩니다. 또한 이를 바탕으로 하여 앞으로 의사소통이 어떻게 진행될지 결정할 수 있습니다. 흔히 듣기는 듣기 행위에 개입되는 사고 수준에 따라 소리 듣기, 의미 듣기, 청해로 분류됩니다. 소리 듣기는 문자 그대로 외부에서 들려오는 물리적인 소리만을 수동적으로 지각하는 활동으로, 자신의 사전 경험이나 언어적·상황적 배경 맥락을 고려하지 않고 들려오는 말을 축자적으로 이해하는 수준의 듣기입니다. 이에 비해 의미 듣기는 주의를 기울여 소리를 지각하고 자신이 알고 있는 배경지식과 관련하여 들은 정보를 조직화하고 해석하고 평가하는 일련의 인지적 과정이라 할 수 있습니다. 청해는 가장 높은 수준의 사고를 요하는 듣기 행위로, 듣기 과정의 처리 결과를 종합적으로 이해하고 해석하며, 여기에 청자 자신의 가치 판단이나 정의적 반응까지 요구되는 종합적인 과정이라 할 수 있습니다. 이 성취기준은 의미 듣기와 밀접하게 관련됩니다.

드비토(Devito, 2007)는 듣기의 과정을 다섯 단계로 나누어 설명합니다. 원활한 의사소통을 위해 반드시 필요한 진정한 듣기는 (1) 주의를 집중하면서 언어적 메시지와 비언어적 메시지를 수신하기, (2) 상대방 화자의 관점에서 발화의 의도와 핵심을 파악하기, (3) 중요한 내용을 기억하기, (4) 이해한 내용을 사실과 추론으로 구분하고, 편견 없이 객관적으로 판단하면서 듣기, (5) 적절하게 반응을 보이기 등과 같은 과정을 포함합니다.

말하기 내용에서 중요한 내용을 알기 위해서는 말하는 이가 하는 말의 언어적 의미와 말하는 이의 말하기 의도를 아는 것이 필요합니다. 또한, 말한 내용의 순서를 이해하는 것은 내용을 정확하게 파악하기 위해 필요합니다. 순서를 파악하기 위해서는 시간 표현 어휘를 이해하여야 합니다. 시간은 우리의 직접적인 경험에 관한 시간 속의 사건들 또는 사물들에 관련되어 있으나 초등학생같이 아직 발달 수준이 낮은 학생들의 입장에서는 이러한 것들을 경험하여도 받아들이지 못하는 경우가 많습니다. 초등학교 저학년 학생들은 자신들이 일상생활 속에서 경험하였거나 이야기에서 들어 본 말(어휘)을 사용하고 있습니다. 순서에 대한 학습으로 학생들은 시간 개념을 익혀서 경험을 더 넓게 표현할 수 있습니다.

학생들은 말하는 이가 전달하는 내용을 집중하여 듣고, 말하는 이의 의도와 말의 언어적 의미를 파악하는 것이 중요합니다. 언어적 의미를 제대로 파악하기 위해서는 순서를 나타내는 말을 알고 그 순서에 따라 중요한 내용을 정리하고 이해하는 것이 필요합니다. 상대방의 말을 올바로 이해하는 것은 의사소통 과정에서 중요합니다.

다 성취기준 내용 상세화

내용 상세화와 국어 수업 연결 따라 가기

성취기준 내용 상세화와 관련된 국어 수업 연결 따라 가기는 [표 2-4]와 같은 지도 내용으로 접근할 수 있습니다.

[표 2-4] 성취기준 내용 세분화

성취기준	내용	1차 세분화	2차 세분화
[2국01-01] 중요한 내용이나 일이 일어난 순서를 고려하며 듣고 말한다.	주의 기울여 듣고 중요한 내용 말하기	듣기의 바른 자세	• 들을 때의 바른 자세 알기 • 상대방에게 집중하기
		중요한 내용 알기	• 누가 무엇을 하였는지 찾기 • 누가 무엇을 왜 하였는지 찾기
		중요한 내용 말하기	• 들은 내용에서 중요한 내용 말하기 • 말하는 이가 말한 까닭 짐작하기
	이야기를 듣고 일이 일어난 순서 말하기	순서를 나타내는 말 알기	• 시간의 순서를 나타내는 말 알기 • 순서를 나타내는 말 정리하기

성취기준	내용	1차 세분화	2차 세분화
		이야기를 듣고 순서 알기	• 이야기를 듣고 누가 무엇을 했는지 알아보기 • 이야기를 듣고 일이 일어난 순서 알아보기
		순서에 맞게 이야기하기	• 순서에 따라 누가 언제 무엇을 왜 하였는지 이야기하기 • 순서에 따라 자기가 경험한 일 이야기하기

[표 2-4]의 내용 체계는 학습자들에게 가르칠 것이 아니라 교사가 이 성취기준에 의해 구성된 단원을 지도하기 위해서 알고 있어야 할 체계입니다. 중요한 내용이나 일이 일어난 순서를 고려하며 듣고 말하기는 주의 기울여 듣고 중요한 내용 말하기와 이야기를 듣고 중요한 내용 말하기로 구분해 볼 수 있습니다.

말하는 내용을 듣고 중요한 내용을 파악하기 위해서는 주의를 기울여 듣는 태도가 필요합니다. 주의를 기울여 듣고 말하기 위해서 필요한 것은 듣기의 바른 자세 알기, 중요한 내용 알기, 중요한 내용 말하기로 구분해 볼 수 있습니다. 듣기의 바른 자세는 상대방의 말에 주의를 기울이고 집중하여 듣기에 대한 내용으로 세분할 수 있습니다. 중요한 내용 알기는 누가 무엇을 하였는지 알기와 누가 무엇을 왜 하였는지 알기로 세분할 수 있습니다. 중요한 내용 말하기는 들은 내용에서 누가 무엇을 왜 하였는지를 이해하고 그 내용을 말하는 것으로 세분할 수 있습니다.

이야기를 듣고 일이 일어난 순서 말하기는 순서를 나타내는 말 알기와 이야기를 듣고 순서 알기, 순서에 맞게 이야기하기로 구분할 수 있습니다. 순서를 나타내는 말 알기는 순서를 나타내는 낱말(어휘)

학습으로 세분할 수 있고, 이야기를 듣고 순서 알기는 이야기를 듣고 순서를 나타내는 낱말을 찾아 일이 일어난 순서를 알아보기로 세분할 수 있습니다. 순서에 맞게 이야기하기는 순서에 따라 누가, 언제, 무엇을, 왜 하였는지 이해하고 순서에 따라 이야기하기와 순서에 따라 자신의 경험을 이야기하기로 세분할 수 있습니다.

초등학교 1~2학년 학생들이 중요한 내용이나 일이 일어난 순서를 고려하며 듣고 말하도록 지도하기 위해서는 어떻게 해야 할까요?

먼저, 학생들에게 주변의 이야기나 그림책, 옛이야기를 많이 들려주고 학생들이 주인공이 누구인지 찾아보는 활동을 하는 것이 필요합니다. '누가'는 행위의 주체이며, '누가'를 찾으면 어떤 행위를 하였는지 알 수 있습니다.

둘째, 이야기에서 '누가'를 찾았으면 무엇을 했는지를 찾아보는 활동이 필요합니다. '누가 무엇을 했다'는 것은 학생들이 내용을 이해하는 기본 구조이자 듣기의 내용이 됩니다. 여기에서 더 나아가 누가 무엇을 '왜' 하였는지 이유를 찾아보는 활동이 필요합니다. '왜'에서 말하는 이의 의도를 알 수 있으며, 말하는 이가 한 말에서 중요한 내용을 찾아 가는 핵심 단서가 됩니다.

셋째, 초등학교 저학년 학생들에게 전형적인 시간 개념은 현재 시점이라고 할 수 있습니다. 따라서 초등학교 저학년 학생들은 현재 시점을 기준으로 지도하는 것이 필요합니다. 저학년 학생들은 처음과 끝을 지시하는 양극적인 부사어를 먼저 습득[6]하므로 처음과 끝을 찾아본 다음 '중간에, 도중에'와 같은 도중의 시점을 나타내는 부사어를 지도하는 것이 필요합니다.

중요한 내용 파악과 순서를 나타내는 말의 학습은 국어 수업 시간뿐만 아니라 학교생활 전반에서 지도할 수 있습니다. 학생들과 대화하거나 이야기를 들려줄 때에 중요한 내용이 무엇인지 살피고, 학생들에게 시간을 나타내는 말을 제시하여 학생들이 낱말을 이해하고 실제 생활에서 사용할 수 있도록 지도하는 것이 필요합니다.

[2국01-01] 성취기준과 관련된 오개념 중재 방안 알아보기

이 성취기준과 관련된 오개념을 살펴보고자 합니다.

첫째, 일이 일어난 차례를 듣거나 말할 때에는 시간적 표현만 제시하면 된다는 것입니다. 학습자는 일어난 차례를 듣거나 말할 때 시간적 표현만 떠올리는 경우가 있습니다. 그래서 일이 일어난 차례를 듣거나 말할 때 오로지 시간의 차례에만 집중하고 사건의 인과 관계를 고려하지 않으면 이야기의 흐름이 자연스럽지 못할 수 있습니다. 따라서 교사는 학습자에게 시간을 나타내는 단어가 없는 이야기도 들려주어 시간적 표현이 없는 경우에도 이야기 흐름을 파악할 수 있도록 지도하는 것이 필요합니다.

둘째, 중요한 내용을 파악하기 위해서는 말하는 이가 말한 내용 모두를 기억해야 한다는 것입니다. 서사적 듣기와 말하기의 기초 능력을 향상하기 위한 것으로 '누가 무엇을 하였다', '누가 무엇을 왜 하였다'와 같은 수준에서 들은 내용의 주요 내용을 대략적으로 파악하는 것입니다. 따라서, 말하는 이가 어떤 말을 하는지 주의를 기울여 듣고 들은 내용에서 누가, 언제, 무엇을, 왜 하였는지에 대한 핵심적인 단어나 내용을 찾도록 하는 것이 필요합니다.

셋째, 다른 사람에게 이야기를 말하거나 다른 사람의 이야기를 들을 때 시간의 선후를 고려하지 않고 기억나는 대로 말해도 된다는 것입니다. 초등학교 저학년 학생들은 자기중심적 사고를 하므로 자신이 생각나는 대로 이야기를 해도 상대방이 충분히 알아듣고 이해한다고 생각할 수 있습니다. 따라서 교사는 시간에 따라 구성된 이야기와 그렇지 않은 이야기 등 다양한 이야기를 듣고 시간적 순서에 따라 들었을 때와 그렇지 않고 들었을 때를 비교해 보도록 지도합니다. 또한, 학생들이 어떤 이야기를 말할 때 시간의 선후 관계를 고려하여 말하도록 하면 시간 선후에 따라 내용 생성이 잘 되고 말하기 부담이 줄어든다는 것을 경험하도록 지도하는 것이 필요합니다.

[2국01-02] 바르고 고운 말로 서로의 감정을 나누며 듣고 말한다.

가 성취기준 개요

이 성취기준은 대화를 나눌 때 자신의 감정을 적절하게 표현함으로써 타인과의 관계를 형성하고 유지하며 발전시키는 능력을 기르기 위해 마련된 성취기준입니다. 자신이 느끼는 감정을 표현하는 과정에서 바르고 고운 말을 사용하는 것은 의사소통의 기본 자세입니다. 이 성취기준을 좀 더 깊게 들여다볼까요?

듣기·말하기 영역의 내용 체계표에서 꼼꼼하게 살펴보기

[표 2-5]와 같이 2022 개정 국어과 교육과정의 듣기·말하기 영역 내용 체계표에서 [2국01-02] 성취기준의 내용 요소를 자세히 살펴볼까요?

[표 2-5] 2022 개정 국어과 교육과정의 내용 체계표에서 관련 내용 요소 살펴보기

<table>
<tr><th colspan="2" rowspan="3">범주</th><th>내용 요소</th></tr>
<tr><th>초등학교</th></tr>
<tr><th>1~2학년</th></tr>
<tr><td rowspan="2">지식 · 이해</td><td>듣기·말하기 맥락</td><td>• 상황 맥락</td></tr>
<tr><td>담화 유형</td><td>• 대화
• 발표</td></tr>
<tr><td rowspan="4">과정 · 기능</td><td>내용 확인·추론·평가</td><td>• 집중하기
• 중요한 내용 확인하기
• 일이 일어난 순서 파악하기</td></tr>
<tr><td>내용 생성·조직·표현과 전달</td><td>• 경험과 배경지식 활용하기
• 일이 일어난 순서에 따라 조직하기
• 바르고 고운 말로 표현하기
• 바른 자세로 말하기</td></tr>
<tr><td>상호 작용</td><td>• 말차례 지키기
• 감정 나누기</td></tr>
<tr><td>점검과 조정</td><td></td></tr>
<tr><td colspan="2">가치·태도</td><td>• 듣기·말하기에 대한 흥미</td></tr>
</table>

듣기·말하기 영역의 1~2학년군 내용 요소를 보면 이 성취기준은 듣기·말하기 영역 내용 체계에서 지식·이해 범주의 하위 범주인 듣기·말하기 맥락에 속하는 '상황 맥락' 항목과 담화 유형에 속하는 '대화' 항목과 관련됩니다. 과정·기능 범주의 하위 범주인 내용 생성·조직·표현과 전달에 속하는 '바르고 고운 말로 표현하기' 항목과 상호 작용 범주의 하위 범주인 '감정 나누기' 항목과 관련됩니다. 이 성취기준은 3~4학년군의 "[4국01-03] 상황에 적절한 준언어·비언어적 표현을 활용하여 듣고 말한다."와 "[4국01-04] 상황과 상대의 입장을 이해하고 예의를 지키며 대화한다."로 이어집니다.

여기서 잠깐! 듣기·말하기 영역, [2국01-02] 성취기준의 발자취는?

이 성취기준은 제7차 교육과정 2학년 국어지식 영역에 "(3) 고운 말을 사용하려는 태도를 지닌다."와 3학년 국어지식 영역에 "(4) 바른 말을 사용하려는 태도를 가진다."로 제시되었으며, 2007 개정 국어과 교육과정 1학년 말하기 영역에 "【1-말-(3)】 감정을 나타내는 낱말을 알맞게 사용하면서 대화한다."와 2학년 듣기 영역에 "【2-듣-(2)】 칭찬이나 충고를 들으면서 말하는 이의 마음을 헤아린다."로 제시되었습니다. 2009 개정 국어과 교육과정 1~2학년군 듣기·말하기 영역에 "(2) 듣는 이를 고려하며 자신의 기분이나 느낌을 말로 표현한다."와 "(8) 고운 말, 바른말을 사용하는 태도를 지닌다."로 제시되었으며, 2015 개정 국어과 교육과정 1~2학년군 듣기·말하기 영역에 "[2국01-03] 자신의 감정을 표현하며 대화를 나눈다."와 "[2국01-06] 바르고 고운 말을 사용하여 말하는 태도를 지닌다."로 제시되었던 성취기준과 관련됩니다.

나 성취기준과 관련된 배경지식

성취기준 해설에서 단서 찾기

- **[2국01-02] 바르고 고운 말로 서로의 감정을 나누며 듣고 말한다.**

(2022 개정 국어과 교육과정 1~2학년군 듣기·말하기 영역 성취기준)

이 성취기준은 대화를 나눌 때 자신의 감정을 적절하게 표현함으로써 타인과의 관계를 형성하고 유지하며 발전시키는 능력을 기르기 위해 설정하였다. 기쁨, 슬픔, 사랑, 미움 등 다양한 감정과 관련된 표현 알기, 감정을 표현하는 과정에서 바르고 고운 말을 사용하기, 상대의 감정을 이해하고 수용하기 등을 학습한다.

바르고 고운 말에 대한 설명은 2009 개정 국어과 교육과정 설명에서 찾아볼 수 있습니다.

- **(8) 고운 말, 바른 말을 사용하는 태도를 지닌다.**(2009 개정 국어과 교육과정 1~2학년군 듣기·말하기 영역 성취기준)

  학생들은 거친 말이나 욕설 등 잘못된 말을 주변 사람들로부터 배워서 비판 의식 없이 그대로 사용하는 경우가 있다. 내가 하는 말이 상대방에게 마음의 상처를 줄 수 있다는 것을 알고 고운 말, 바른말을 사용하는 태도와 습관을 기르도록 한다. 험한 표현이나 욕설 등을 사용하는 것이 왜 나쁜지 정확하게 인식하고 또 그런 표현을 들었을 때 그것을 따라 하지 않으며, 화를 내지 않고 고운 말, 바른말로 바꾸어 말하려는 태도를 지니도록 지도한다. 고운 말, 바른말을 가르친다는 것이 잘못하여 오히려 욕설 등 나쁜 말을 가르치는 역효과가 나지 않도록 유의한다. 실제 학생들의 잘못된 대화 장면을 활용하거나 학생들이 즐겨 보는 만화, 동영상 등의 자료나 말 때문에 상처받은 이야기 등 다양한 자료를 이용하여 지도하고, 일방적 훈시가 되지 않도록 유의한다.

이 성취기준이 담고 있는 내용의 초점은 타인과의 관계를 향상하기 위해 자신의 감정을 바르고 고운 말을 사용하여 적절하게 표현하는 것입니다. 제7차 교육과정 국어지식 영역에서 제시되었던 바른 말, 고운 말이 2009 개정 국어과 교육과정에서 듣기·말하기 영역으로 제시된 것은 감정 표현과 더불어 상대방에게 상처를 주지 않고 대화하는 능력의 중요한 요소로 바르고 고운 말을 인식하고 있음을 알 수 있습니다.

이 성취기준에서 살펴볼 핵심어는 '바른말, 고운 말, 감정, 감정 표현'입니다.

성취기준에 포함된 핵심어, 차근차근 풀어 가기

이 성취기준이 담고 있는 핵심어는 '바른말', '고운 말', '감정', '감정 표현'으로 볼 수 있습니다. 이들 각각에 대하여 자세히 살펴보겠습니다. 바른말은 '이치에 맞는 말, 어법에 맞는 말', 고운 말은 '다른 사람의 마음을 헤아려 부드럽게 하는 말[7]'을 의미합니다. '바른말'과 '고운 말'은 '바르고 고운 말'로 함께 사용되어 '다양한 상황에서 상대방에게 상처를 주지 않고 배려하는 말'을 의미합니다. '감정'은 "어떤 현상이나 일에 대하여 일어나는 마음이나 느끼는 기분."을 의미하며, 감정은 사회적 의사소통의 중요한 형태로써 삶의 중요한 부분이 됩니다. '감정 표현'은 '자기의 감정을 이해하고 언어로 표현하는 것뿐만 아니라 상대방의 감정을 배려하며 비언어적 표현을 활용하여 표현하는 것'입니다.

2국
01
-
02

여기서 잠깐! 감정과 기분은 같은 말일까?

감정과 기분은 같은 말일까요? 감정의 사전적 의미는 "어떤 현상이나 일에 대해 일어나는 마음 또는 느끼는 기분."을 의미합니다. 사전적 의미에서는 감정, 마음, 기분을 거의 같은 의미로 보고 있습니다. 감정에 대한 개념을 명확히 하기 위해서 심리, 사고, 느낌, 감각 등의 용어를 살펴볼까요?

감정과 관련된 용어의 의미 폭[8)]

<table>
<tr><td rowspan="4">하위 구성 요소</td><td colspan="3">심리(≒마음)</td></tr>
<tr><td rowspan="3">사고(≒생각)</td><td colspan="2">느낌</td></tr>
<tr><td rowspan="2">감각</td><td>감정(≒정서)</td></tr>
<tr><td>정조, 정념, 기분 등</td></tr>
</table>

'마음'이라는 어휘는 "사람이 다른 사람이나 사물에 대하여 감정이나 의지, 생각 따위를 느끼거나 일으키는 작용이나 태도."라는 사전적 의미를 가지므로 감정이 마음의 하위 범주에 속한다는 것을 알 수 있습니다. '심리'는 "마음의 작용과 의식의 상태."라는 사전적 뜻을 갖고 있지만 언어학에서는 주로 인간이 정신의 작용을 통해 경험하는 일련의 상태, 즉 '사고, 감정, 감각'을 포괄하는 개념으로 봅니다. '정서'라는 어휘는 '감정'이라는 어휘와 혼용되어 사용되지만, '정서'는 단순히 개인적인 감정이나 인지 차원의 개념이 아니라 문화적인 개념입니다. '기분'이란 감정 상태가 지속되어야 나타나는 것으로 봅니다. 예를 들어 '오늘은 기분 좋은 날'이라고 표현하지 '오늘은 감정 좋은 날'이라고 표현하지 않습니다. 국어 교과서에서는 기분과 감정을 구분하지 않고 같은 개념으로 보고 사용하고 있습니다.

학생들이 '바르고 고운 말로 서로의 감정을 나누며 듣고 말하기'를 왜 배워야 할까요?

감정은 대화 참여자, 대화 상황과 맥락에 대한 이해를 도우며 자아 형성 과정에 영향을 미칩니다. 자신과 타인의 감정을 이해하는 능력은 원활한 대화를 가능하게 하며, 타인과 더 원만한 삶을 살게 합니다. 자신의 감정을 이해하고 언어로 표현할 수 있는 능력이 높을수록 의사소통 능력이 향상됩니다.

감정을 인식하고 표현하는 것은 자신에 대한 이해이자 상대방을 이해할 수 있는 기본 요소라 할 수 있습니다. 감정 표현은 상대방과의 관계성 향상과 의사소통 능력에서 중요합니다. 감정 표현하기 학습의 중요성을 중심으로 설명하겠습니다.

감정 표현의 의의는 다음과 같이 정리해 볼 수 있습니다.

첫째, 의사소통하면서 상대방과 관계를 형성하는 데 감정 표현이 중요합니다. 관계의 언어로서 감정은 주관적이면서 동시에 타자를 대상으로 합니다. 의사소통 상황에서 감정은 언어적 표현과 비언어적 표현으로 드러나는데, 자신의 감정을 이해하고 적절하게 표현하는 것은 상대방과의 의사소통을 원활하게 해 줍니다.

둘째, 감정 표현은 의사소통 과정에 도움을 주며, 상대방과의 의사소통의 질을 높일 수 있습니다. 관계성을 향상하기 위해서는 자신의 감정을 적절하게 표현할 수 있어야 합니다. 자신의 감정과 욕구를 표현하는 것은 본능적이고 상대방과 관계를 유지하는 데 필요한 일입니다. 자신의 감정이 어떤 상태인지 이해하고 자신의 감정을 감정 어휘로 적절하게 표현하는 것은 상대방에게 자신의 상태를 알려 주게 되어 의사소통 과정에 도움이 됩니다.

셋째, 감정을 바르고 고운 말로 표현하면서 상대방을 존중하고 배려하는 대화 학습을 할 수 있습니다. 바르고 고운 말 사용은 어휘 차원에서 학습하는 것을 넘어서 상대방을 존중하고 서로의 감정을 배려하면서 사용하는 언어 습관을 기를 수 있습니다. 자신의 감정을 거친 말이나 나쁜 말로 표현하지 않고 바르고 고운 말을 사용하여 상대방을 존중하면서 자신의 감정을 직접적으로 드러낼 수 있습니다.

넷째, 감정 표현 교육은 감정의 인식과 표현 연습을 통해 학습자의 자기 조절 능력을 증가시킵니다. 자신의 감정을 이해하고 상대방을 배려하면서 적절하게 표현하는 능력은 의사소통 능력 향상뿐만 아니라 인성 교육 면에서도 도움을 주어 상대방에게 상처를 주지 않고 서로 배려하면서 삶을 살아가는 태도를 형성할 수 있습니다.

다 성취기준 내용 상세화

● 내용 상세화와 국어 수업 연결 따라 가기

성취기준 내용 상세화와 관련된 국어 수업 연결 따라 가기는 [표 2-6]과 같은 지도 내용으로 접근할 수 있습니다.

[표 2-6] 성취기준 내용 세분화

성취기준	내용	1차 세분화	2차 세분화
[2국01-02] 바르고 고운 말로 서로의 감정을 나누며 듣고 말한다.	감정 나누기	관계 맺기	• 인사하기 • 인사말 알아보기
		다양한 감정과 관련된 표현 알기	• 감정을 나타내는 낱말 익히기 • 감정을 나타내는 비언어적 표현 알기
		감정 표현하기	• '나-전달법' 알아보기 • '나-전달법'으로 감정 표현하기

<table>
<tr><th>성취기준</th><th>내용</th><th>1차 세분화</th><th>2차 세분화</th></tr>
<tr><td rowspan="3">[2국01-02] 바르고 고운 말로 서로의 감정을 나누며 듣고 말한다.</td><td>감정 나누기</td><td>감정 이해하고 수용하기</td><td>• 감정 이해하기
• 감정 수용하기
• 감정 존중하기</td></tr>
<tr><td rowspan="2">바르고 고운 말 사용하기</td><td>바른말 알고 사용하기</td><td>• 바른말 의미 알기
• 바른말 사용하기</td></tr>
<tr><td>고운 말 알고 사용하기</td><td>• 고운 말 의미 알기
• 고운 말 사용하기</td></tr>
</table>

[표 2-6]의 내용 체계는 학습자들에게 가르칠 것이 아니라 교사가 이 성취기준에 의해 구성된 단원을 지도하기 위해서 알고 있어야 할 체계입니다. 바르고 고운 말로 서로의 감정을 나누며 듣고 말하기 지도 내용은 감정 표현하기 지도와 바르고 고운 말 사용하기로 나누어 볼 수 있습니다.

감정 나누기는 다른 사람들과의 관계 형성에서 중요합니다. 사람들은 다른 사람들과 관계를 맺고 살아가며, 관계 맺기는 인사하기로 시작합니다. 인사는 의사소통에서 관계 맺기의 기본이며, 언어문화를 익히는 중요한 내용으로 초등학교 저학년 학생들에게 필요한 학습 내용입니다.

감정 나누기와 관련된 내용은 관계 맺기, 다양한 감정과 관련된 표현 알기, 감정 표현하기, 감정 이해하고 수용하기로 세분할 수 있습니다. 관계 맺기는 인사하기와 인사말 알아보기로 더 세분할 수 있습니다. 다양한 감정과 관련된 표현 알기는 감정을 나타내는 낱말 익히기, 감정을 나타내는 비언어적 표현 알기로 더 세분할 수 있습니다. 감정을 나타내려면 자신의 감정을 이해하고 감정을 표현하는 낱말을 이해하는 것이 필요합니다. 감정은 언어적 표현뿐만 아니라 비언어적 표현으로도 나타납니다. 감정을 나타내는 비언어적 표현을 익혀서 자신의 감정을 언어적 표현과 비언어적 표현으로 풍부하게 표현할 수 있습니다.

감정 표현하기는 상대방에게 자신의 감정을 언어적, 비언어적으로 표현하는 것인데 여기에서 중요한 것은 자신의 감정뿐만 아니라 상대방의 감정도 중요하다는 것입니다. 상대방을 존중하면서 자신의 감정을 표현하는 방법에는 '나-전달법'이 있습니다. 자신의 감정이 생긴 이유를 알아보고 상대방의 감정을 존중하면서 '나'로 시작하여 자신의 감정을 표현하는 방법은 상대방에게 상처를 주지 않으면서 자신의 감정을 효과적으로 전달할 수 있는 방법입니다.

감정을 이해하고 수용하기는 감정 이해하기, 감정 수용하기, 감정 존중하기로 구분할 수 있습니다. 학습자들은 학교에서 공동체 생활을 하면서 서로 감정을 표현하고 의사소통하며 함께 성장해 나갑니다. 상대방에게 감정을 표현하는 방법을 익히고, 상대방이 감정을 표현하였을 때 반응하는 방법을 익히면서 감정 표현과 수용의 방법을 익힐 수 있습니다. 존중하기는 상대방의 입장과 처한 환경을 이해하고 상대방을 비난하지 않으면서 자신의 감정을 표현하는 방법과 상대방의 의도를 파악하여 감정을 이해하고 수용하는 방법으로 구분할 수 있습니다.

바르고 고운 말은 거친 말이나 욕설과 반대되는 개념으로, 타인과의 관계를 형성하고 유지하며 발전시키기 위해 의사소통 상황에서 중요합니다. 바르고 고운 말 사용하기는 바른말 알고 사용하기와 고운 말 알고 사용하기로 세분할 수 있습니다. 바른말 알고 사용하기는 바른말 의미 알기와 바른말 사용하기로 더 세분할 수 있습니다. 고운 말 알고 사용하기는 고운 말 의미 알기와 고운 말 사용하기로 더 세분할 수 있습니다.

초등학교 1~2학년 학생들이 바르고 고운 말을 사용하여 자신의 감정을 표현하도록 지도하기 위해서는 어떻게 해야 할까요?

감정 나누기를 하려면 감정을 나타내는 낱말에 대한 학습이 필요합니다. 감정 낱말만 익힌다고 해서 자연스럽게 감정 나누기로 연결되지는 않습니다. 학습자가 자신의 감정이 무엇인지 이해하고, 그 감정을 표현하는 언어적 표현 곧, 낱말을 익히는 것이 필요합니다. 감정 어휘에 관한 그림책이 많이 있습니다. 감정이 드는 상황을 설명하면서 그 상황에서 느끼는 감정들을 낱말로 제시하는 그림책이나 감정과 색깔을 연결 지어 설명하는 그림책을 활용하여 감정 낱말을 익힐 수 있습니다.

감정을 제대로 표현하기 위해서는 자신에 대한 이해가 필요합니다. 감정 낱말을 익혔으면 자신이 그 감정을 느끼는 이유나 까닭을 생각할 수 있습니다. 자신이 어떠한 상황에서 왜 그러한 감정이 드는지를 이해하고, 자신이 그 상황에서 느낀 감정을 표현하여 어떠한 결과를 얻고 싶은지, 상대방에게 바라는 바는 무엇인지를 생각하는 것도 필요합니다.

그런 다음 자신의 감정을 상대방에게 표현하는 방법을 생각해야 합니다. 자신의 감정을 정확하게 전달하면서도 주의할 점은 상대방의 감정을 존중해야 한다는 것입니다. 학습자들은 자신의 감정뿐만 아니라 상대방의 감정도 소중하다는 것을 알아야 합니다. 상대방과 관계성을 향상하고 자신의 감정을 효과적으로 전달하기 위해서는 상대방에게 상처를 주지 않아야 합니다.

바르고 고운 말을 사용하면서 적절한 비언어적 표현을 사용해야 합니다. 그리고 자신의 감정을 '나 전달법'으로 표현하는 것이 중요합니다. 의사소통에서 감정은 상대방에게 잘 전달됩니다. 자신이 감정을 느끼게 된 이유나 원인을 알게 되었으면 그 감정을 상대방에게 상처를 주지 않으면서 표현해야 하는데, 그렇게 하는 데에는 '나-전달법'이 효과적입니다.

감정 표현 방법은 국어 수업 시간뿐만 아니라 학교생활 전반에서 지도할 수 있는 의사소통 방법입니다. 국어 시간에 학습한 내용을 실제 생활에서 사용하면서 습관을 형성할 수 있도록 지도하는 것이 필요합니다.

[2국01-02] 성취기준과 관련된 오개념 중재 방안 알아보기

이 성취기준과 관련된 오개념을 살펴보고자 합니다.

첫째, 자신의 감정을 억제하는 것이 곧 타인을 배려하는 것이고 감정을 강하게 드러내는 것은 자기 통제력의 부족이라고 생각하는 것입니다. 감정을 표현하면서 관계를 유지하는 것은 어려울 수 있습니다. 하지만 타인을 배려하는 것이 자신의 감정을 숨기는 것은 아니므로 건강하게 소통하기 위해서는 상대방을 존중하면서 자신의 감정을 적절하게 표현하는 것이 필요합니다. 자신의 감정을 효과적으로 표현하고 상대방의 감정을 이해하고 수용하면서 서로 관계성을 향상하며 의사소통을 할 수 있습니다.

둘째, 감정 표현은 언어로만 한다고 생각하는 것입니다. 감정 표현은 언어뿐만 아니라 다양한 방법으로 가능합니다. 일상생활에서 언어뿐만 아니라 준언어적 표현, 비언어적 표현이 사용되는 상황을 제시하고 언어 이외에도 자신의 감정을 드러낼 수 있는 다양한 방법이 있음을 알게 합니다. 교사는 학습자가 언어가 아닌 표정이나 몸짓으로 마음을 나타낼 수 있음을 인식하도록 지도해야 합니다. 감정을 표현할 때 언어적 표현뿐만 아니라 비언어적 표현에도 관심을 가질 수 있도록 지도하는 것이 필요합니다.

셋째, 하나의 감정에는 하나의 감정 표현 낱말이 있다고 생각하는 것입니다. 감정을 나타내는 낱말은 다양하기 때문에 하나의 감정에도 여러 낱말을 사용할 수 있습니다. 기분이 좋을 때 '신나다'라는 말을 사용할 수 있지만, '기쁘다', '즐겁다', '행복하다' 등의 낱말도 사용할 수 있음을 지도하는 것이 필요합니다. 다양한 감정 표현 낱말을 활용하여 자신의 감정을 표현하면서 자신의 감정이 어떤 것인지 구체적으로 알 수 있습니다. 또한 감정에는 좋은 감정과 나쁜 감정이 따로 있지 않으며 상대방을 배려하며 감정을 적절하게 표현하는 방법이 중요하다는 것을 지도하는 것이 필요합니다.

넷째, 바르고 고운 말은 어떤 상황에서나 할 수 있다고 생각하는 것입니다. 어법에 맞는 말이라고 하여 상대방이 처한 상황이나 감정을 고려하지 않고 말할 수 있는 것은 아닙니다. 바르고 고운 말은 어법에 맞을 뿐만 아니라 상대방에게 상처를 주지 않는 말이라는 것을 아는 것이 중요합니다. 사람이 하는 말은 말의 내용뿐만 아니라 그 말을 어떻게 하는지에 따라서 그 의미가 달라집니다. 그러므로 말의 내용으로 바르고 고운 말을 사용하는 것도 중요하지만 그 내용을 표현하는 비언적 표현도 중요하다는 것을 지도하는 것이 필요합니다.

[2국01-03] 상대의 말을 집중하여 듣고 말차례를 지키며 대화한다.

가 성취기준 개요

이 성취기준은 구어 의사소통의 상호 교섭성을 인식하는 출발점으로, 대화 상황에서 상대의 말에 집중하여 그 내용을 이해하고 순서를 교대하며 구어 의사소통에 참여하는 기본 능력을 기르기 위해 설정하였습니다. 이 성취기준은 바른 듣기 방법과 태도를 배우고 연습함으로써 말하는 이를 존중하고 상대를 배려하며 듣는 태도의 문제이며 언어 예절과도 관계가 있습니다. 이 성취기준을 좀 더 깊게 들여다볼까요?

듣기·말하기 영역의 내용 체계표에서 꼼꼼하게 살펴보기

[표 2-7]과 같이 2022 개정 국어과 교육과정의 듣기·말하기 영역 내용 체계표에서 [2국01-03] 성취기준의 내용 요소를 자세히 살펴볼까요?

[표 2-7] 2022 개정 국어과 교육과정의 내용 체계표에서 관련 내용 요소 살펴보기

범주		내용 요소 초등학교 1~2학년
지식·이해	듣기·말하기 맥락	• 상황 맥락
	담화 유형	• 대화 • 발표

<table>
<tr><td rowspan="4">과정·기능</td><td>내용 확인·추론·평가</td><td>• 집중하기
• 중요한 내용 확인하기
• 일이 일어난 순서 파악하기</td></tr>
<tr><td>내용 생성·조직·표현과 전달</td><td>• 경험과 배경지식 활용하기
• 일이 일어난 순서에 따라 조직하기
• 바르고 고운 말로 표현하기
• 바른 자세로 말하기</td></tr>
<tr><td>상호 작용</td><td>• 말차례 지키기
• 감정 나누기</td></tr>
<tr><td>점검과 조정</td><td></td></tr>
<tr><td colspan="2">가치·태도</td><td>• 듣기·말하기에 대한 흥미</td></tr>
</table>

듣기·말하기 영역의 1~2학년군 내용 요소를 보면 이 성취기준은 듣기·말하기 영역 내용 체계에서 지식·이해 범주의 하위 범주인 듣기·말하기 맥락에 속하는 '상황 맥락' 항목과 담화 유형에 속하는 '대화' 항목과 관련됩니다. 과정·기능 범주의 하위 범주인 내용 확인·추론·평가에 속하는 '집중하기'와 상호 작용 범주의 하위 범주인 '말차례 지키기' 항목과 관련됩니다. 이 성취기준은 3~4학년군의 "[4국01-03] 상황에 적절한 준언어·비언어적 표현을 활용하여 듣고 말한다."와 "[4국01-04] 상황과 상대의 입장을 이해하고 예의를 지키며 대화한다."로 이어집니다.

여기서 잠깐! 듣기·말하기 영역, [2국01-03] 성취기준의 발자취는?

이 성취기준은 2009 개정 국어과 교육과정 1~2학년군 듣기·말하기 영역에 "(1) 다른 사람의 말이나 이야기를 귀 기울여 들으며 내용을 확인한다."와 "(8) 고운 말, 바른말을 사용하는 태도를 지닌다."

로 제시되었으며, 2015 개정 국어과 교육과정 1~2학년군 듣기·말하기 영역에 "[2국01-05] 말하는 이와 말의 내용에 집중하며 듣는다."로 제시되었던 성취기준과 관련됩니다.

나 성취기준과 관련된 배경지식

성취기준 해설에서 단서 찾기

• **[2국01-03] 상대의 말을 집중하여 듣고 말차례를 지키며 대화한다.**
(2022 개정 국어과 교육과정 1~2학년군 듣기·말하기 영역 성취기준)
이 성취기준은 구어 의사소통의 상호 교섭성을 인식하는 출발점으로, 대화 상황에서 상대의 말에 집중하여 그 내용을 이해하고 순서를 교대하며 구어 의사소통에 참여하는 기본 능력을 기르기 위해 설정하였다. 상대의 말을 집중하여 듣기, 다음 말할 사람을 선택하여 부르거나, 고갯짓, 시선, 억양 등의 말차례 교환 신호를 활용하여 다음 사람이 말차례를 알아차릴 수 있도록 하기, 말차례 교환 신호를 확인하여 자신의 말차례 지키기 등을 학습한다.

이 성취기준은 대화 상황에서 상대의 말에 집중하여 그 내용을 이해하고 순서를 교대하며 구어 의사소통에 참여하는 기본 능력을 기르기 위해 설정하였습니다. 초등학교 저학년 학생들은 다른 사람의 말을 귀 기울여 듣지 않는 경우가 많습니다. 자연스럽게 대화에 참여하여 상대방의 말을 귀 기울여 듣는 자세를 강조할 필요가 있습니다. 집중하여 듣는 것은 말하는 이를 존중하는 기본 태도이며, 의사소통을 원활하게 해 줍니다. 상대방을 존중하면서 집중하여 듣고 자신의 말차례를 지켜 대화에 참여하는 태도는 구어 의사소통의 상호교섭성을 인식하는 출발점이 됩니다. 눈 맞춤, 고개 끄덕임 등의 반응을 보임으로써 상대방의 말에 집중하며 듣고 있음을 상대가 알도록 반응하며, 말차례 교환 신호를 확인하여 자신의 말차례를 지켜 대화에 참여하는 태도는 의사소통의 기초가 됩니다.

이 성취기준에서 살펴볼 핵심어는 '집중하기, 말차례'입니다.

성취기준에 포함된 핵심어, 차근차근 풀어 가기

이 성취기준이 담고 있는 핵심어는 '집중하기', '말차례'로 볼 수 있습니다. 이들 각각에 대하여 자세히 살펴보겠습니다.

집중하기는 대화 시 상대방과 상대방이 하는 말에 대한 집중을 의미합니다. 상대방에 대한 관심과 집중은 상대방으로 하여금 마음을 열게 하는 가장 강력한 힘이 됩니다. 상대방이 전달하고자 하는 의미를 제대로 파악하고 의미 있는 대화를 하기 위해서는 우선 자신이 상대방에게 집중하고 있음을 말과 행동으로 표현하면서 적극적인 반응을 보여 주어야 합니다. 이러한 반응을 통해서 표현되는 관심은 상대로 하여금 자신이 가치 있는 존재로 존중받고 있다고 느끼게 함으로써 대화 참여자들이 서로 좋은 관계로 발전할 수 있게 해 줍니다.

말차례는 대화 중 화자 A에서 화자 B로 말하기 순서가 교체되는 현상을 말하는데, 순서 교대, 말 순서, 발화 순서 교체 등으로도 부릅니다. 모든 대화는 반드시 말하는 사람과 듣는 사람이 존재하며, 이 역할은 고정되어 있지 않고 화자가 청자가 되고, 청자가 다시 화자가 되기도 합니다. 말차례는 교체 적정 지점[Transition Relevance Place]에서 이루어지는데, 교체 적정 지점은 현재의 화자가 다음 화자를 선택하여 호칭하거나 고갯짓이나 시선, 억양과 같은 신호를 보냄으로써 말할 권한을 넘겨 주는 방식으로 이루어집니다.

여기서 잠깐! 말차례에 규칙이 있을까?

[규칙 1] 어떤 순서의 교체 적정 지점에서 적용됩니다.

(a) 만일 현재의 화자가 다음 화자를 선택하고 나면, 현재 화자는 말하기를 멈추어야 하며, 다음 화자가 말을 해야 합니다. 순서가 바뀌는 것은 다음 화자를 선택한 다음 처음 나타나는 교체 적정 지점에서 일어납니다.

> 예 선생님: 누가 이야기해 볼까요? 채아!
> 채아: 「강아지똥」에도 나와요.

(b) 만일 현재 화자가 다음 화자를 선택하지 않으면, 대화 참여자 가운데 누구라도 다음 화자로 나설 수가 있습니다. 제일 먼저 나선 화자가 다음 순서에 대한 권리를 갖습니다.

> 예 병원놀이를 준비하면서 친구들과 이야기하는 상황
> 다온: 이걸로 약을 만들면 되겠다.
> 하온: 아, 약은 약국에서 주면 되겠다. 약국도 만들자.

(c) 만일 현재 화자가 다음 화자를 선택하지 않고, 다른 사람이 아무도 나서지 않으면, 현재 화자는 말을 계속할 수 있습니다. 그러나 반드시 그래야만 하는 것은 아닙니다.

㉮ 승민: 이거 할 사람?

...

승민: 그럼 이건 어때? 아까 지율이가 했던 거야.

[규칙 2] 다음에 계속 이어지는 순서 교대는 모든 교체 적정 지점에서 적용됩니다. 현재 화자에 의해 규칙 1(c)가 적용되면, 다음 교체 적정 지점에서 규칙 1(a)~(c)가 적용되고, 또 다음 교체 적정 지점에서 순환적으로 적용되는데, 이 순환은 화자가 바뀔 때까지 반복됩니다.

학생들이 '상대의 말을 집중하여 듣고 말차례를 지키며 대화하기'를 왜 배워야 할까요?

의미 있는 대화는 상대방에 대한 집중에서 출발합니다. 상대방에게 관심을 가져 주는 일은 어떤 자세와 태도로 그 사람의 말을 들어 주는가에 달려 있다고 할 수 있습니다. 듣기에서는 자신이 상대방의 생각이나 느낌을 이해하고 받아들이려고 노력하고 있음을 인식시켜 줄 필요가 있습니다. 상대방이 하는 말을 집중해서 들어 주는 태도는 상대방의 닫힌 마음의 문을 열어 줄 수 있습니다. 집중하여 듣기는 편안하고 자연스러운 듣기 자세, 적절한 눈 맞춤, 미소 짓는 표정, 고개 끄덕임과 같은 신체적 반응과 맞장구쳐 주기 등의 비언어적인 몸동작과 즉각적인 언어적 응대로 표현됩니다. 집중하여 듣기는 상대방을 존중하는 표현으로, 앞으로의 관계를 증진하고 깊이 있는 의사소통이 진행되게 해 줍니다.

대화는 말하는 사람과 듣는 사람으로 이루어지는데, 이 역할은 고정된 것이 아니라 화자가 청자가 되고 청자가 화자가 되는 말차례에 의해 순환됩니다. 따라서 대화에서 가장 중요한 것은 누가 언제 말할 것인지 결정하는 기술입니다. 대화에서 말차례 교체를 원활하게 진행하기 위해서는 대화 규칙을 알아야 하고, 대화 상대방과 상황 맥락에 따라 대화가 달라질 수 있다는 점을 알아야 합니다. 아동의 말차례 교체는 대화 능력과 더불어 대화 참여자로서 요구되는 상호 작용 능력, 관계 유지 등의 사회 능력 발달에 중요한 역할을 합니다.

말차례 주고받기를 포함한 대화 능력은 학령기 학업 성취 능력에 결정적인 영향을 미치고 또래와의 상호 작용이나 관계 유지 등의 사회 능력 발달에 중요한 역할을 합니다. 말차례 주고받기와 같은 대화 기술에 어려움을 보이는 경우 적절한 사회적 관계를 형성하는 데 어려움을 가질 수 있으므로 지도가 필요합니다.

다 성취기준 내용 상세화

내용 상세화와 국어 수업 연결 따라 가기

성취기준 내용 상세화와 관련된 국어 수업 연결 따라 가기는 [표 2-8]과 같은 지도 내용으로 접근할 수 있습니다.

[표 2-8] 성취기준 내용 세분화

성취기준	내용	1차 세분화	2차 세분화
[2국01-03] 상대의 말을 집중하여 듣고 말차례를 지키며 대화한다.	집중하여 듣기	집중하여 듣기 이해하기	• 상대방에게 관심 갖기 • 집중하기 방법 알기
		집중하여 듣기 기술 익히기	• 집중하여 듣기 언어적 표현 익히기 • 집중하여 듣기 비언어적 표현 익히기
		집중하여 듣기	• 집중하여 듣기 방법 알기 • 집중하기 듣기 적용하기

<table>
<tr><th>성취기준</th><th>내용</th><th>1차 세분화</th><th>2차 세분화</th></tr>
<tr><td rowspan="3">[2국01-03] 상대의 말을 집중하여 듣고 말차례를 지키며 대화한다.</td><td rowspan="3">말차례 지키며 대화하기</td><td>말차례 이해하기</td><td>• 말차례 의미 알기
• 말차례 지키기와 대화 예절 알기</td></tr>
<tr><td>순서 교체 지점 알기</td><td>• 순서 교체 지점 이해하기
• 대화 규칙 알기</td></tr>
<tr><td>말차례 지키며 대화하기</td><td>• 말차례 지키며 대화 방법 알기
• 말차례 지키며 대화 적용하기</td></tr>
</table>

[표 2-8]의 내용 체계는 학습자들에게 가르칠 것이 아니라 교사가 이 성취기준에 의해 구성된 단원을 지도하기 위해서 알고 있어야 할 체계입니다. 상대의 말을 집중하여 듣고 말차례를 지키며 대화하기 지도 내용은 집중하여 듣기 지도와 말차례 지키며 대화하기로 나누어 볼 수 있습니다.

집중하여 듣기는 집중하여 듣기 이해하기, 집중하여 듣기 기술 익히기, 집중하여 듣기로 세분할 수 있습니다. 집중하여 듣기 이해하기는 상대방에게 관심 갖기, 집중하기 방법 알기로 더 세분할 수 있습니다. 집중하여 듣기 기술 익히기는 집중하여 듣기 언어적 표현 익히기, 집중하여 듣기 비언어적 표현 익히기로 더 세분할 수 있습니다. 집중하여 듣기는 집중하여 듣기 방법 알기와 집중하여 듣기 적용하기로 더 세분할 수 있습니다.

집중하기는 상대방에 대한 관심에서 시작됩니다. 집중하여 듣는다고 하여 말하는 사람보다 말하는 내용에만 관심을 기울이는 것은 올바른 집중하여 듣기가 아닙니다. 상대방에 대한 관심과 상대방이 하는 말에 관심을 가지고 듣는 것이 필요합니다. 상대방에 대한 집중은 말하는 사람에게 긍정적인 힘을 주어 말하는 사람이 원활하게 말할 수 있는 힘을 줍니다.

집중하기 기술은 듣는 사람의 시선은 말하는 사람을 쳐다보고, 몸은 말하는 사람을 향하는 것이 필요합니다. 또한, 들으면서 말하는 사람을 향해 미소를 짓거나, 고개를 끄덕이거나 맞장구를 치는 등의 비언어적 표현을 이해하는 것이 필요합니다. 그러므로 초등학교 저학년 학생들에게 집중하기의 언어적, 비언어적 표현을 지도하는 것이 필요합니다.

말차례 지키며 대화하기는 말차례 이해하기와 순서 교체 지점 알기, 말차례 지키며 대화하기로 세분할 수 있습니다. 말차례 이해하기는 말차례 의미 알기와 말차레 지키기와 대화 예절 알기로 더 세분할 수 있습니다. 순서 교체 지점 알기는 순서 교체 지점 이해하기와 대화 규칙 알기로 더 세분할 수 있습니다. 말차레 지키며 대화하기는 말차례 지키며 대화 방법 알기와 말차례 지키며 대화 적용하기로 더 세분할 수 있습니다.

말차례 주고받기는 대화 상황에서 화자와 청자가 서로 적절하게 말을 주고받는 기술을 말합니다. 이를 위해서는 상대방이 말하는 동안 상대방의 발화를 방해하지 않는 기술, 상대방의 발화에 대해 적절하게 반응해 주는 기술, 상대방이 시작한 대화 주제를 유지해서 말하는 기술 등이 요구됩니다.

말차례 주고받기를 원활하게 진행하기 위해서는 여러 가지 대화 규칙을 잘 사용하는 것뿐만 아니라, 의사소통이 대화 상대자나 상황 맥락에 따라 달라질 수도 있음을 인식하는 것이 필요합니다.

대화 참여자가 성공적으로 말차례를 가져오기 위해서는 상대방의 말차례 단위가 종결되는 시점을 정확하게 판단하는 것이 중요합니다. 보통, 말차례가 끝나는 지점은 문장이 완결되거나 운율 단서가 있습니다. 운율 단서의 예로는, 끝나는 말이 길게 끝나거나 휴지(이야기하다 멈추는 현상)가 생기거나 음높이가 낮아지거나 소리의 세기가 약해지는 것 등이 있습니다. 듣는 사람은 휴지를 말차례의 종결로 인식하는 경향이 있습니다.

초등학교 1~2학년 학생들이 상대의 말을 집중하여 듣고 말차례를 지키며 대화하도록 지도하기 위해서는 어떻게 해야 할까요?

첫째, 집중하여 듣기를 할 때 상대방을 바라보도록 지도하는 것이 필요합니다. 시선이 가는 곳에 집중하게 되므로 학생들이 말하는 이를 바라보면서 상대방에게 관심을 갖고 집중할 수 있도록 방법을 알려 주는 것이 필요합니다. 또한, 상대방의 말을 듣다가 생각나는 것이 있으면 메모하면서 들을 수 있다는 것도 알려 주면 도움이 됩니다.

둘째, 집중하여 들을 때에는 "아하!" 하고 맞장구치거나 고개를 끄덕이는 등의 비언어적 표현을 해야 한다는 것을 알려 줍니다. 학생들이 무표정한 상태로 들을 때와 반응하면서 들을 때의 차이점을 찾아보도록 한 후 비언어적 표현의 중요성을 인식하도록 지도합니다. 집중하여 듣기의 비언어적 표현은 학생들에게 내용을 설명하는 것뿐만 아니라 교사의 시범이 필요합니다. 교사는 학생들과 대화하면서 집중하여 듣기의 비언어적 표현을 시범 보여서 학생들이 따라 하며 체득할 수 있도록 지도합니다.

셋째, 어린 학생들의 경우 성인들과는 달리 말차례 교체 적정 지점을 제대로 파악하지 못해 우발적으로 말차례에 끼어 드는 행위가 자주 나타납니다. 상대방의 말이 아직 끝나지 않았는데 자기 말을 하거나 말하는 이가 잠깐 쉬는 지점에서 말이 끝난 줄 알고 끼어드는 경우입니다. 학생들이 말차례 교체 적정 지점을 알기 위해서는 친구들과 자주 대화하는 경험이 필요합니다. 대화하는 경험을 통해 학생들은 말차례 교체 적정 지점을 알아차릴 수 있습니다.

넷째, 대화 연습을 할 때에는 대화를 시작하는 사람을 정해 주거나 말하기 순서를 정해 주는 것이 학생들에게 도움을 줄 수 있습니다. 학생들은 자신의 말차례가 되었을 때 말하고 싶지 않거나 다음 기회에 하고 싶다면 다음번에 이야기하겠다고 표현할 수 있습니다. 자신의 말차례가 되었을 때 그 전에 말한 사람에게 말을 다 했는지 확인하거나 이제 자기가 말해도 되는지 물어볼 수도 있습니다. 이러한 활동으로 학생들이 대화에 익숙해지도록 계획하는 것도 도움이 됩니다.

[2국01-03] 성취기준과 관련된 오개념 중재 방안 알아보기

이 성취기준과 관련된 오개념을 살펴보고자 합니다.

첫째, 집중하여 듣기 방법에는 바른 자세로 듣기만 있다고 생각하는 경우가 있습니다. 집중하기 기술에는 상대방 쪽으로 몸을 향하기, 눈 맞추기, 상대방의 발화에 고개 끄덕이기, 맞장구치기 등 다양한 방법이 있습니다. 따라서 교사는 상황에 따라 듣기의 방법이 달라질 수 있으므로, 학생들에게 여러 상황을 제시하고 그에 알맞은 다양한 방법을 생각해 보도록 지도합니다.

둘째, 집중하여 듣기는 아무런 반응 없이 듣는 것으로 생각하는 경우가 있습니다. 집중하며 듣고 있다고 해서 움직이지 않고 듣고만 있을 경우, 청자의 반응을 전달할 수 없을 뿐만 아니라 화자의 말을 잘 듣고 있지 않다는 오해를 불러일으킬 수 있습니다. 따라서 교사는 학생들에게 언어적, 비언어적 반응을 보여야 할 필요성을 인지시키고 다양한 방법을 지도합니다.

셋째, 집중하여 들어야 하는 이유는 단지 내용을 잘 이해하기 위해서라고 생각하는 경우입니다. 집중하여 들으면 내용이 더 기억에 남고, 핵심을 잘 파악할 수 있습니다. 그러나 대화는 단지 정보를 주고

받는 것에서 그치지 않습니다. 대화를 통해 화자와 청자는 상호 작용을 하고 관계를 형성해 나갑니다. 집중하여 듣기는 언어 예절과 관계가 깊습니다. 학생들이 자신의 경험에 대해 대화하면서 언어 예절을 학습할 수 있도록 지도합니다.

넷째, 말차례를 지키는 것이 자기 이름이 불려야 자기 순서가 된다고 생각하는 것입니다. 말차례가 바뀌는 지점의 특성을 이해하고 상대방의 시선이나 억양, 휴지가 생겼을 때 말차례를 가져올 수 있도록 지도합니다.

[2국01-04] 자신의 경험이나 생각을 바른 자세로 발표한다.

가 성취기준 개요

이 성취기준은 학생들이 교실에서 자신의 경험이나 생각을 바른 자세로 표현하고 학습에 참여할 수 있는 기본 능력을 기르기 위해 설정되었습니다. 발표할 때 듣는 이를 바라보며 또렷하게 말하는 것은 상대를 존중하고 효과적으로 소통하는 말하기의 기본입니다. 또한 발표하기는 기초 소양으로서 갖추어야 할 의사소통 능력에 해당합니다. 이 성취기준을 좀 더 깊게 들여다볼까요?

듣기·말하기 영역의 내용 체계표에서 꼼꼼하게 살펴보기

[표 2-9]와 같이 2022 개정 국어과 교육과정의 듣기·말하기 영역 내용 체계표에서 [2국01-04] 성취기준의 내용 요소를 자세히 살펴볼까요?

[표 2-9] 2022 개정 국어과 교육과정의 내용 체계표에서 관련 내용 요소 살펴보기

<table>
<tr><th colspan="2" rowspan="3">범주</th><th>내용 요소</th></tr>
<tr><th>초등학교</th></tr>
<tr><th>1~2학년</th></tr>
<tr><td rowspan="2">지식·이해</td><td>듣기·말하기 맥락</td><td>• 상황 맥락</td></tr>
<tr><td>담화 유형</td><td>• 대화
• 발표</td></tr>
<tr><td rowspan="4">과정·기능</td><td>내용 확인·추론·평가</td><td>• 집중하기
• 중요한 내용 확인하기
• 일이 일어난 순서 파악하기</td></tr>
<tr><td>내용 생성·조직·표현과 전달</td><td>• 경험과 배경지식 활용하기
• 일이 일어난 순서에 따라 조직하기
• 바르고 고운 말로 표현하기
• 바른 자세로 말하기</td></tr>
<tr><td>상호 작용</td><td>• 말차례 지키기
• 감정 나누기</td></tr>
<tr><td>점검과 조정</td><td></td></tr>
<tr><td colspan="2">가치·태도</td><td>• 듣기·말하기에 대한 흥미</td></tr>
</table>

듣기·말하기 영역의 1~2학년군 내용 요소를 보면 이 성취기준은 듣기·말하기 영역 내용 체계에서 지식·이해 범주의 하위 범주인 듣기·말하기 맥락에 속하는 '상황 맥락' 항목과 담화 유형에 속하는 '발표' 항목과 관련됩니다. 또한 과정·기능 범주의 하위 범주인 내용 생성·조직·표현과 전달에 속하는 '경험과 배경지식 활용하기' 항목과 '바른 자세로 말하기' 항목과 관련됩니다. 이 성취기준은 3~4학년군의 "[4국01-05] 목적과 주제에 알맞게 자료를 정리하여 자신감 있게 발표한다."로 이어집니다.

여기서 잠깐! 듣기·말하기 영역, [2국01-04] 성취기준의 발자취는?

이 성취기준은 2009 개정 국어과 교육과정 1~2학년군 듣기·말하기 영역에 "(3) 듣는 이를 바라보며 자신 있게 말한다."로 제시되었으며, 2015 개정 국어과 교육과정 1~2학년군 듣기·말하기 영역에 "[2국01-04] 듣는 이를 바라보며 바른 자세로 자신 있게 말한다."로 제시되었던 성취기준과 관련됩니다. 이전 교육과정에서는 '자신 있게 말하기'로 표현되었으나 2022 개정 국어과 교육과정에서는 1~2학년군에서는 '바른 자세로 발표'로 제시하고, 3~4학년군에서는 '자신감 있게 발표'로 구분하여 제시하였습니다.

나 성취기준과 관련된 배경지식

성취기준 해설에서 단서 찾기

- **[2국01-04] 자신의 경험이나 생각을 바른 자세로 발표한다.**(2022 개정 국어과 교육과정 1~2학년군 듣기·말하기 영역 성취기준)

  이 성취기준은 교실에서 자신의 경험이나 생각을 바른 자세로 표현하고 학습에 참여할 수 있는 기본 능력을 기르기 위해 설정하였다. 자신의 경험이나 생각을 동료 학습자들 앞에서 간단히 말하기, 자신의 경험이나 배경지식을 바탕으로 말하기, 수업 시간에 바른 자세로 서서 말하기, 듣는 사람을 바라보며 말하기, 적절한 크기의 소리로 말하기 등을 학습한다.

이 성취기준이 담고 있는 내용의 초점은 공식적인 교실 상황에서 자신의 경험이나 생각을 바른 자세로 발표하는 것입니다. 발표할 때 듣는 이를 바라보며 바른 자세로 말하는 것은 상대를 존중하고 효과적으로 소통하는 말하기의 기본입니다. 공식적인 상황에서 자신의 생각을 발표하는 것은 일상생활과 사회생활에서 자신의 의사를 표현할 수 있는 기본 의사소통 능력이자 다른 교과를 학습하는 데 필요한 기본 학습 능력으로 인식하고 있음을 알 수 있습니다.

이 성취기준에서 살펴볼 핵심어는 '경험, 바른 자세, 발표'입니다.

성취기준에 포함된 핵심어, 차근차근 풀어 가기

이 성취기준이 담고 있는 핵심어는 '경험', '경험 이야기', '바른 자세', '발표'로 볼 수 있습니다. 이들 각각에 대하여 자세히 살펴보겠습니다.

경험의 사전적 의미는 "자신이 실제로 해 보거나 겪어 봄. 또는 거기서 얻은 지식이나 기능."을 의미합니다. 경험이란 인간이 외부 세계와의 관계를 통해서 습득하는 것으로써, 사람의 일생은 곧 경험의 연속이라고 할 수 있습니다. 인간이 생존한다는 것은 곧 경험을 계속한다는 것이고, 무엇을 안다는 것도 결국 경험을 통해야만 가능한 일입니다. '경험 이야기'는 사람들이 자신이 경험한 일과 감정을 언어로 표현하는 행위를 의미합니다. '자세'는 "몸을 움직이거나 가누는 모양."을 뜻하며, '바르다'는 "말이나 행동 따위가 사회적인 규범이나 사리에 어긋나지 아니하고 들어맞다."를 뜻합니다. '바른 자세'는 '사회적 규범이나 사리에 맞는 몸의 움직임이나 모양'으로 생각해 볼 수 있습니다. 여기에서는 발표하기 상황에서 바른 자세를 의미하지요. '발표'란 '여러 사람 앞에서 자신의 생각이나 의견 또는 어떤 사실에 대해 진술하는 말하기'를 가리킵니다.

여기서 잠깐! 경험 이야기와 내러티브(narrative)는 같은 말일까?

내러티브는 특정 주제를 다루는 특정 사건에서 의미 있는 어떤 것에 대해 행위자 또는 화자의 주관적 경험을 말 또는 글로 설명하는 것을 말합니다. 내러티브는 크게 두 가지 차원으로 나눌 수 있습니다. 주제가 실제로 발생한 사건인지, 가상의 사건인지에 따라 경험적 내러티브와 가상적 내러티브로 구분합니다. 학생들에게 자신의 경험에 대해 이야기해 보라고 했을 때 경험 이야기를 경험적 내러티브로 볼 수 있습니다. 경험 이야기를 경험적 내러티브라고도 하고, 개인의 경험을 이야기하므로 개인적 내러티브라고 부르기도 합니다. 이러한 용어들은 표현상의 차이점입니다. 경험 이야기는 의사소통의 한 양식으로 사람들이 자신이 경험한 일과 감정을 언어로 표현하는 행위입니다.

학생들이 '자신의 경험이나 생각을 바른 자세로 발표하기'를 왜 배워야 할까요?

사람들은 내러티브를 듣고 말하면서 타인의 삶을 이해하고 존중하게 되며 타인을 인격적으로 배려하는 법을 배우게 됩니다. 이야기를 나누며 그 속에서 같은 정서를 공유하게 되고 서로의 생각과 사고, 가치관 등을 알아 가게 됩니다. 경험적 내러티브는 자신의 삶과 타인의 삶을 공유하며 관계를 맺으며 살아가는 데 필요한 기본적인 의사소통의 방법으로 다음과 같은 의의를 지닙니다.

첫째, 관계성이 증진됩니다. 경험적 내러티브를 통하여 타인과 자신의 경험을 공유하면서 친밀한 관계를 맺고 유지할 수 있습니다. 자신의 경험을 나누면서 나와 상대방의 공통성을 알게 되면 서로에 대해 이해의 범위가 넓어지고 관심도 많아집니다. 자신의 생각을 말로 표현하는 것은 상대방과 관계 맺음을 의미하며, 대화는 관계에서 시작됩니다. 상대방의 경험을 들으면서 상대방에 대하여 이해를 넓히면 나와 상대방과의 친밀감이 더해져 관계성이 증진됩니다.

둘째, 말하기에 대한 부담감을 줄여서 발표력이 향상됩니다. 자신이 한 경험을 표현하는 것은 말하기에 대한 인지적 부담감이 적고 자신이 하고 싶은 것을 선택하여 전달하는 것이므로 말하고자 하는 의욕이 생깁니다. 그리고 말하기 기회를 많이 가질수록 말하기 불안이 줄어들게 되고 이는 다른 주제에 대하여 발표하는 상황에도 적용됩니다. 이러한 경험들은 여러 사람 앞에서 말하는 발표력을 향상합니다.

셋째, 발표는 학생들이 자신이 수업 시간에 이해한 내용이나 조사한 내용을 정리하여 말하는 수단입니다. 대부분의 교과 활동에서 발표를 수행하는 것에서도 알 수 있듯이 발표는 학생들의 학습을 위해 필수적입니다. 그뿐만 아니라 발표는 학생들이 자기표현을 하는 중요한 수단으로, 발표는 학생이 학교에서 긍정적인 교우 관계를 맺고 자아 형성을 하는 데에도 매우 중요한 역할을 합니다.

넷째, 발표는 깊이 있는 대화를 가능하게 합니다. 서로의 경험을 나누는 활동은 상대방에 대한 관심과 궁금증을 유발하여 이후에 대화가 일어나게 합니다. 발표 상황이 끝나고 나서 상대방에게 더 궁금한 점을 물어볼 수도 있고, 상대방과의 공통점을 찾아 공통 주제에 대하여 더 깊이 있는 대화를 나눌 수도 있습니다. 상대방과의 공통된 경험을 바탕으로 서로의 생각과 감정을 표현하면서 대화가 일어나고 서로에 대해 깊이 알아 가면서 더 많은 의사소통이 일어나게 합니다.

다 성취기준 내용 상세화

내용 상세화와 국어 수업 연결 따라 가기

성취기준 내용 상세화와 관련된 국어 수업 연결 따라 가기는 [표 2-10]과 같은 지도 내용으로 접근할 수 있습니다.

[표 2-10] 성취기준 내용 세분화

성취기준	내용	1차 세분화	2차 세분화
[2국01-04] 자신의 경험이나 생각을 바른 자세로 발표한다.	경험이나 생각 발표하기	자신의 경험 발표하기	• 어제 한 일 발표하기 • 주말에 지낸 이야기 발표하기 • 방학 때 있었던 일 발표하기
		경험에 대한 생각 발표하기	• 자기가 한 일에 대한 느낌 발표하기 • 경험해 보았을 때의 생각 발표하기
	바른 자세로 발표하기	발표의 바른 자세 익히기	• 발표의 바른 자세 알기 • 바른 자세로 듣기
		바른 자세로 발표하기	• 말하기 불안 해소하기 • 바른 자세로 발표하기

[표 2-10]의 내용 체계는 학습자들에게 가르칠 것이 아니라 교사가 이 성취기준에 의해 구성된 단원을 지도하기 위해서 알고 있어야 할 체계입니다. 자신의 경험이나 생각을 바른 자세로 발표하기 지도 내용은 경험이나 생각 발표하기와 바른 자세로 발표하기로 나누어 볼 수 있습니다.

경험이나 생각 발표하기는 자신의 경험 발표하기와 경험에 대한 생각 발표하기로 세분할 수 있습니다. 자신의 경험 발표하기는 어제 한 일 발표하기, 주말에 지낸 이야기 발표하기, 방학 때 있었던 일 발표하기로 더 세분할 수 있습니다. 경험에 대한 생각 발표하기는 자기가 한 일에 대한 느낌 발표하기와 경험해 보았을 때의 생각 발표하기로 더 세분할 수 있습니다.

바른 자세로 발표하기는 발표의 바른 자세 익히기와 바른 자세로 발표하기로 세분할 수 있습니다. 발표의 바른 자세 익히기는 발표의 바른 자세 알기와 바른 자세로 듣기로 더 세분할 수 있습니다. 바른 자세로 발표하기는 말하기 불안 해소하기와 바른 자세로 발표하기로 더 세분할 수 있습니다.

초등학교 저학년 학생들은 자신의 이야기를 하는 것을 좋아합니다. 초등학교 저학년 학생들이 자신의 경험을 표현하는 것은 상대방에게 자기 자신을 알리고 서로 공유하면서 관계를 형성하고 발전시키기 위해서입니다. 자신이 경험한 일은 특별히 따로 생각하거나 내용을 생성해야 하는 부담이 없어 생각나는 대로 말할 수 있습니다. 학생들이 자신의 경험을 이야기하면서 상대방과 의사소통하는 기회를 가지고, 발표하기 상황에 쉽게 접근할 수 있습니다.

학생들에게 사고(생각)가 일어나게 하기 위해서는 자신의 경험에 대한 생각을 표현하도록 하는 것이 필요합니다. 학생들은 자신이 한 경험에 대한 생각을 주로 감정이나 느낌으로 표현합니다. 이 또한 자신의 경험에 대한 자신의 반응이자 생각으로 볼 수 있습니다. 학생들에게 왜 그런 생각과 느낌이 들었는지 재질문하는 것도 학생들이 생각을 발표하는 데에 도움을 줄 수 있습니다.

발표하기의 바른 자세에는 준언어적인 요소와 비언어적인 요소가 있습니다. 비언어적 요소에는 밝은 표정, 청중으로 향한 고른 시선, 자연스러운 손동작과 몸짓이 있습니다. 준언어적 요소에는 생기 있고 크고 밝은 목소리, 자연스러운 말투, 말끝을 분명히 하기 등이 있습니다. 아울러 다른 사람의 발표를 들을 때의 바른 자세도 교육이 필요합니다.

바른 자세로 발표하기를 지도하기 위해서는 학생들의 말하기 불안에도 신경을 써야 합니다. 말하기 불안은 사람에 따라 정도의 차이는 있지만 누구에게나 나타나는 자연스러운 현상이므로 학생들이 말하기 불안을 느끼지 않도록 상황을 만들고 학생들에게 발표의 기회를 많이 제공하여 발표에 익숙해지도록 유도하는 것이 필요합니다.

긍정적인 말하기를 경험하고 이를 통해 긍정적인 말하기 태도를 형성하는 것이 매우 중요합니다. 긍정적인 말하기 태도가 형성되면 학생은 스스로 말하기에 참여하게 되기 때문입니다. 말하기를 자주 경험한 학생은 말하기에 대한 두려움이나 불안 증세가 감소하고 공적인 말하기 상황에서 보다 현명하게 대처할 수 있습니다. 그러므로 학생들에게 발표하는 기회를 자주 제공하는 것이 중요합니다.

여기서 잠깐! 말하기 불안이 무엇일까?

말하기 불안이란 '말하기 전, 중, 후에 말하는 기대치 도달 불투명 심리에 의해 형성되는 조마조마한 정신적, 심리적, 신체 상태'라고 정의할 수 있습니다. 말하기 불안은 말하기 상황 이전이나 진행 중에 심장이 두근거린다거나 손에 땀이 고인다거나, 안절부절못한다거나, 얼굴이 붉어진다거나, 말문이 막힌다거나 하는 등의 생리적인 증상으로 나타납니다. 말하기 불안을 느끼게 되는 까닭은 음성 언어 의사소통 능력이 의미 구성과 관련된 인지적 측면, 자아 개념과 관련된 정의적 측면, 참여자 사이의 관계와 관련된 사회적 측면과 상황 인식 등이 동시에 관여하는 복합적인 능력이기 때문입니다.

말하기에 대한 불안을 줄이기 위해서는 말하기에 대한 새로운 인식이 필요합니다. 말하기에 목숨 걸지 말고, 말하기를 즐겁게 생각하고, 말하기 불안과 긴장은 에너지로 활용하고, 말하기 목표를 낮추어 접근하는 것입니다.

<말하기 불안의 응급 처치>

㉠ 다른 사람들도 긴장합니다. '좀 떨리면 어때.'라고 긍정적으로 생각합니다.
㉡ 첫말을 미리 준비하고 몇 번 반복해서 연습해 봅니다.
㉢ 순간 이완 동작을 해 봅니다.
㉣ 호흡을 잘 관리합니다.
㉤ 더 크게, 더 천천히 말합니다.
㉥ 몸을 움직여 봅니다.
㉦ 호의적인 청중을 쳐다보고, 부담스러운 사람은 쳐다보지 않습니다.

초등학교 1~2학년 학생들이 자신의 경험이나 생각을 바른 자세로 발표하도록 지도하기 위해서는 어떻게 해야 할까요?

첫째, 학생들이 경험을 이야기하도록 하기 위해서는 아주 간단한 주제부터 시작하는 것이 좋습니다. "오늘 아침에 먹은 것은 ○○입니다.", "오늘 아침에 제일 먼저 본 친구는 ○○입니다." 등으로 발표하며 자신의 경험을 자연스럽게 이야기하여 말하기 불안을 해소할 수 있습니다. 또한, 경험 이야기 나누기가 끝나면 친구들이 한 말에 대해 질문하면서 학생들이 바른 자세로 들으면서 친구들의 말에 집중할 수 있도록 지도할 수 있습니다.

둘째, 경험적 내러티브의 시간-사건-자신의 감정의 구조를 활용하여 지도합니다. 이 구조를 기본으로 초등학생들이 말할 내용을 생성할 때 활용할 수 있습니다. 먼저, 사건에 대하여 자세히 이야기하게 되면 사건이 더 구체화되고 시간적 순서가 드러납니다. 그리고 자신이 느낀 감정에 중점을 둔다면 내가 왜 그러한 감정을 느꼈으며, 이전에 경험한 것과 어떤 점에서 비슷했는지 등 자신의 다른 경험과 감정을 이야기하도록 하여 자신의 경험 이야기를 끌어낼 수 있습니다.

셋째, 경험적 이야기를 발표하는 기회를 많이 부여합니다. 경험을 나누면서 학생들은 주말에 친구들이 어떻게 지냈는지에 대해 알게 되고, 친구들의 경험과 자신의 경험에서 공통점을 찾게 되면서 친밀감이 형성되어 관계 형성에 도움이 됩니다. 경험적 내러티브는 다른 사람들과 삶을 공유하고자 하는 의사소통의 기본 양식입니다. 따라서 경험적 내러티브를 많이 할수록 발표 능력이 높아지고 다른 사람을 이해하는 폭이 넓어질 수 있습니다.

넷째, '바른 자세로 발표하기'를 교육할 때에는 말하기 불안 해소와 연계하여 지도합니다. 학생들에게 말하기 불안을 표현하는 그림책을 제시하여 학생들에게 모든 사람이 말하기 불안을 경험하고 있다는 것을 자연스럽게 인식시키는 것도 의미가 있습니다. 하지만 여기에서 더 나아가 말하기 불안이 자연스러운 현상이라는 것과 말하기 불안을 해소하는 방법을 안내하여 학생들이 발표하는 데 도움을 줄 수 있습니다.

다섯째, 바른 자세로 발표하기에 대한 구체적인 내용을 제시합니다. '큰 목소리로 말하기'라고 안내하기보다는 '입을 크게 벌리고, 머리, 등, 허리를 세우고 말하기' 등의 구체적인 교육 내용을 학생들에게 제시하는 것이 도움이 됩니다. 입을 크게 벌려서 발성을 하면 발음이 명료해지고 자연스럽고 매끄러운 소리를 낼 수 있게 되어 목소리가 크게 나옵니다. 또한 비언어적인 표현에 대해서도 교사가 학생들에게 직접 시범을 보여 주는 것이 도움이 됩니다.

여섯째, 학생들이 발표할 때 허용적인 분위기를 만드는 것이 필요합니다. 자신의 발표를 상대방이 귀 기울여 듣고 존중한다면 두려움 없이 말할 수 있게 됩니다. 상대방과 나 자신의 다름을 인정하고 수용하는 언어문화와 상대방의 말을 경청하는 습관은 말하기에 대한 부담을 줄여 줍니다. 따라서 허용적인 분위기를 조성하는 것은 학생들이 말하기에서 자신감을 갖는 데 도움이 됩니다.

[2국01-04] 성취기준과 관련된 오개념 중재 방안 알아보기

이 성취기준과 관련된 오개념을 살펴보고자 합니다.

첫째, 경험 이야기를 특별한 일의 경험으로 생각하는 것입니다. 자기 주변에서 일어난 일을 보거나 들은 일은 일반적인 일이고, 경험은 여행을 가거나 특별한 사건을 겪은 것이라고 생각합니다. 그래서 경험을 말해 보라고 하면 경험이 없다고 말하는 학생이 있습니다. 그러나 주변에서 자신이 겪거나 보거나 들은 일 모두가 경험에 들어갑니다. 또한, 자신이 책을 읽은 것도 경험입니다. 그러므로 학생들에게 경험은 내가 주변에서 직접 겪은 일이라고 설명해 주면서 방금 교실 상황에서 일어난 일들을 이야기해 주어 학생들이 경험 이야기를 이해하고 자신의 경험을 친구들과 공유할 수 있도록 지도하는 것이 필요합니다.

둘째, 발표는 큰 목소리로 말해야 한다는 것입니다. 큰 목소리로 말하는 것은 듣는 사람에게 목소리가 잘 전달되도록 하기 위해서입니다. 그러므로 발표할 때에는 상대방이 들을 수 있을 정도의 목소리로 정확하게 발음하고, 말끝을 분명히 하는 것이 중요함을 인식하도록 지도합니다. 이때, 모둠 안에서 발표하는 상황인지, 학급 전체 앞에서 발표하는 상황인지에 따라 목소리 크기를 조절할 수 있도록 각각 실행해 보고 이해하도록 지도하는 것이 필요합니다.

셋째, 손을 몸에 붙이고 차렷 자세로 서서 손을 움직이지 않는 것을 바른 자세로 생각하는 것입니다. 바른 자세는 발표하는 상황에서의 바른 자세이므로, 허리를 곧게 펴고 상대방에게 예의를 지키는 몸의 자세를 말합니다. 듣는 이를 바라보며 자연스러운 표정을 짓고, 발표하면서 말의 내용에 따라 덧붙이는 자연스러운 손짓도 바른 자세로 볼 수 있습니다.

넷째, 발표하기는 듣는 이를 고려하지 않아도 된다고 생각하는 것입니다. 발표는 말하는 이가 강조되는 담화이지만 듣는 이를 고려하지 않아도 되는 것은 아닙니다. 듣는 이를 고려하여 바른 자세를 갖고 상대방을 존중하면서 발표하는 것이 중요합니다. 발표 또한 말하는 이와 듣는 이가 상호 작용하는 의사소통의 한 방법입니다. 따라서 발표를 할 때에는 내용을 생성할 때에도 듣는 이를 고려해야 하며, 발표 과정에서도 듣는 사람을 바라보고 상호 작용을 하면서 발표하도록 지도하는 것이 필요합니다.

2장 읽기 영역

01. 읽기 영역 성취기준 개관

2022 개정 국어과 교육과정 읽기 영역 내용 체계표는 핵심 아이디어를 제시하고, 하위 범주 '지식·이해', '과정·기능', '가치·태도'를 중심으로 내용을 조직하고 있습니다. '핵심 아이디어'는 이전 교육과정에서 핵심 개념으로 제시한 것과 같습니다.

'핵심 아이디어'에서는 읽기의 본질을 설명하고 있습니다. 또한, 2022 개정 국어과 교육과정 읽기 영역 내용 체계표에서는 '독자'의 역할을 명료하게 제시하고 있다는 것이 특징입니다. 독자가 다양한 상황 맥락과 사회 문화적 맥락을 이해하고 자신의 읽기 목적을 달성하기 위해 다양한 글을 읽는다는 설명을 포함하여, 독자의 읽기 목적이 읽기 행위에 영향을 준다는 것을 드러내고 있습니다.

2022 개정 국어과 교육과정에서 가장 큰 특징은 '사회적 독서'를 강조한 점입니다. 사회적 독서는 '핵심 아이디어'의 가장 하단에 제시되어 있습니다. 공동체 구성원과 함께 독서를 통해 소통함으로써 사회적 독서 문화를 형성한다는 점을 제시하고 있습니다. 독자가 만나는 삶과 공동체의 문제를 해결하기 위해 독서를 하고, 독서를 통해 소통한다는 점을 강조합니다. 이러한 독서의 특성은 독서가 개인적인 행위가 아니라 사회적인 행위라는 점을 강조한다고 해석할 수 있습니다.

노은희 외(2022)에서 제시한 읽기 영역 내용 체계표의 큰 특징을 네 가지로 제시합니다.

첫째, 읽기 맥락의 범주는 2015 개정 국어과 교육과정을 따르되, 읽기가 수행되는 독자, 글, 맥락 간의 관계를 구체화하기 위하여 상황 맥락과 사회·문화적 맥락으로 요소를 선정했습니다.

둘째, '과정·기능' 범주는 2015 개정 국어과 교육과정에서 제시된 읽기의 방법과 유사합니다. 구체적으로 해독, 유창성, 독해 등의 읽기 전체 기능을 포괄할 수 있도록 내용을 구성했습니다.

셋째, 글의 유형은 텍스트가 담고 있는 정보의 명시성과 함축성, 텍스트의 구조나 형식 차원의 복잡도 수준을 고려하여 텍스트의 유형과 수준을 위계화했습니다.(노은희 외, 2022: 145)

넷째, '가치·태도' 범주는 2015 개정 국어과 교육과정의 '읽기의 태도'에 대응하는 내용 요소입니다. 2022 개정 국어과 교육과정은 읽기 흥미, 읽기 효능감, 읽기 동기 등으로 읽기의 정의적 요인을 중요하게 다루어 온 실제를 반영했습니다.(노은희 외, 2022: 146)

2022 개정 국어과 교육과정 읽기 영역은 2015 개정 국어과 교육과정의 틀을 유지하되, 학문적으로 연구된 성취를 반영하였고, 읽기의 과정과 정의적 요인을 체계화했다는 점이 특징이라고 할 수 있습니다. 이는 [표 2-11]과 같습니다.

[표 2-11] 2022 개정 국어과 교육과정 읽기 영역 내용 체계표

핵심 아이디어	• 읽기는 독자가 자신의 배경지식이나 경험을 활용하여 언어를 비롯한 다양한 기호나 매체로 표현된 글의 의미를 능동적으로 구성하는 행위이다. • 독자는 다양한 상황 맥락과 사회·문화적 맥락 속에서 자신의 읽기 목적을 달성하기 위하여 다양한 유형의 글을 읽는다. • 독자는 읽기 과정을 점검·조정하며 읽기 과정에서 부딪히는 문제를 해결하기 위해 적절한 읽기 전략을 사용하여 글을 읽는다. • 독자는 읽기 경험을 통해 읽기에 대한 긍정적 정서를 형성하고 삶과 공동체의 문제 해결을 위해 공동체 구성원과 함께 독서를 통해 소통함으로써 사회적 독서 문화를 만들어 간다.

범주		내용 요소			
		초등학교			중학교
		1~2학년	3~4학년	5~6학년	1~3학년
지식·이해	읽기 맥락		• 상황 맥락	• 상황 맥락 • 사회·문화적 맥락	
	글의 유형	• 친숙한 화제의 글 • 설명 대상과 주제가 명시적인 글 • 생각이나 감정이 명시적으로 제시된 글	• 친숙한 화제의 글 • 설명 대상과 주제가 명시적인 글 • 주장, 이유, 근거가 명시적인 글 • 생각이나 감정이 명시적으로 제시된 글	• 일상적 화제나 사회·문화적 화제의 글 • 다양한 설명 방법을 활용하여 주제를 제시한 글 • 주장이 명시적이고 다양한 이유와 근거가 제시된 글 • 생각이나 감정이 함축적으로 제시된 글	• 인문, 예술, 사회, 문화, 과학, 기술 등 다양한 분야의 글 • 다양한 설명 방법을 활용하여 주제를 제시한 글 • 다양한 논증 방법을 활용하여 주장을 제시한 글 • 생각과 감정이 함축적이고 복합적으로 제시된 글
과정·기능	읽기의 기초	• 글자, 단어 읽기 • 문장, 짧은 글 소리 내어 읽기 • 알맞게 띄어 읽기	• 유창하게 읽기		
	내용 확인과 추론	• 글의 중심 내용 확인하기 • 인물의 마음이나 생각 짐작하기	• 중심 생각 파악하기 • 내용 요약하기 • 단어의 의미나 내용 예측하기	• 글의 구조를 파악하기 • 글의 주장이나 주제 파악하기 • 글의 구조 고려하며 내용 요약하기 • 생략된 내용과 함축된 의미 추론하기	• 설명 방법과 논증 방법 파악하기 • 글의 관점이나 주제 파악하기 • 읽기 목적과 글의 구조를 고려하며 내용 요약하기 • 드러나지 않은 의도나 관점 추론하기

과정·기능	평가와 창의	• 인물과 자신의 마음이나 생각 비교하기	• 사실과 의견 구별하기 • 글이나 자료의 출처 신뢰성 평가하기 • 필자와 자신의 의견 비교하기	• 글이나 자료의 내용과 표현 평가하기 • 다양한 글이나 자료 읽기를 통해 문제 해결하기	• 복합양식의 글·자료의 내용과 표현 평가하기 • 설명 방법과 논증 방법의 타당성 평가하기 • 동일 화제에 대한 주제 통합적 읽기 • 진로나 관심 분야에 대한 자기 선택적 읽기
	점검과 조정		• 읽기 과정과 전략에 대해 점검·조정하기		
가치·태도		• 읽기에 대한 흥미	• 읽기 효능감	• 긍정적 읽기 동기 • 읽기에 적극적 참여	• 읽기에 대한 성찰 • 사회적 독서 문화 형성

초등학교 1~2학년군 읽기 영역의 성취기준은 다음과 같습니다.

- [2국02-01] 글자, 단어, 문장, 짧은 글을 정확하게 소리 내어 읽는다.
- [2국02-02] 의미가 잘 드러나도록 문장과 짧은 글을 알맞게 띄어 읽는다.
- [2국02-03] 글을 읽고 중심 내용을 확인한다.
- [2국02-04] 인물의 마음이나 생각을 짐작하고 이를 자신과 비교하며 글을 읽는다.
- [2국02-05] 읽기에 흥미를 가지고 즐겨 읽는 태도를 지닌다.

02. 읽기 영역 성취기준 내용 상세화

[2국02-01] 글자, 단어, 문장, 짧은 글을 정확하게 소리 내어 읽는다.

2국
02
-
01

가 성취기준 개요

이 성취기준은 글자, 단어, 문장, 짧은 글을 정확하게 소리 내어 읽는 해독과 읽기 유창성을 다룹니다. 이 성취기준은 문법 영역 "[2국04-02] 소리와 표기가 다를 수 있음을 알고 단어를 바르게 읽고 쓴다." 성취기준과 밀접한 관련이 있습니다. 우리는 글을 읽을 때 정확하고 바르게 읽을 수 있어야 합니다. 정확하게 읽는 것을 해독, 바르고 빠르게 읽는 것을 유창성이라고 합니다. 이런 능력은 독해의 토대가 됩니다.

읽기 영역의 내용 체계표에서 꼼꼼하게 살펴보기

[표 2-12]와 같이 2022 개정 국어과 교육과정의 읽기 영역 내용 체계표에서 [2국02-01] 성취기준의 내용 요소를 자세히 살펴볼까요?

[표 2-12] 2022 개정 국어과 교육과정의 내용 체계표에서 관련 내용 요소 살펴보기

범주		내용 요소		
		초등학교		
		1~2학년	3~4학년	5~6학년
과정·기능	읽기의 기초	• 글자, 단어 읽기 • 문장, 짧은 글 소리 내어 읽기 • 알맞게 띄어 읽기	• 유창하게 읽기	

<table>
<tr><td rowspan="3">과정·기능</td><td>내용 확인과 추론</td><td>• 글의 중심 내용 확인하기
• 인물의 마음이나 생각 짐작하기</td><td>• 중심 생각 파악하기
• 내용 요약하기
• 단어의 의미나 내용 예측하기</td><td>• 글의 구조를 파악하기
• 글의 주장이나 주제 파악하기
• 글의 구조 고려하며 내용 요약하기
• 생략된 내용과 함축된 의미 추론하기</td></tr>
<tr><td>평가와 창의</td><td>• 인물과 자신의 마음이나 생각 비교하기</td><td>• 사실과 의견 구별하기
• 글이나 자료의 출처 신뢰성 평가하기
• 필자와 자신의 의견 비교하기</td><td>• 글이나 자료의 내용과 표현 평가하기
• 다양한 글이나 자료 읽기를 통해 문제 해결하기</td></tr>
<tr><td>점검과 조정</td><td></td><td colspan="2">• 읽기 과정과 전략에 대해 점검·조정하기</td></tr>
</table>

읽기 영역 성취기준에서 이 성취기준은 '읽기의 기초' 범주에 해당하는 내용 요소입니다. 글자, 단어, 문장, 짧은 글을 정확하게 소리 내어 읽는 것은 3~4학년군의 '유창하게 읽기'와 연계됩니다. 읽기의 기초는 2022 개정 국어과 교육과정에서 처음 구성된 범주입니다. 읽기의 기초에 해당하는 내용 요소인 만큼 읽기 영역 전반의 토대가 되는 내용이라고 할 수 있습니다.

여기서 잠깐! 읽기 영역, [2국02-01] 성취기준의 발자취는?

이 성취기준은 2009 개정 국어과 교육과정 1~2학년군 읽기 영역에 "(2) 낱말과 문장을 정확하게 소리 내어 읽는다."로 제시되었습니다. 그리고 2015 개정 국어과 교육과정 1~2학년군 읽기 영역에서는 "[2국02-01] 글자, 낱말, 문장을 소리 내어 읽는다."로 변화했습니다. 변화한 내용을 살펴보면 '글자'라는 것이 추가된 것을 확인할 수 있습니다. 2022 개정 국어과 교육과정 1~2학년군 읽기 영역에서는 "[2국02-01] 글자, 단어, 문장, 짧은 글을 정확하게 소리 내어 읽는다."로 제시되었습니다. '낱말'이 '단어'로 바뀌고, '짧은 글'이 추가된 것을 확인할 수 있습니다. 점차 담화 위계가 확장되고 있다는 것을 확인할 수 있습니다.

나 성취기준과 관련된 배경지식

성취기준 해설에서 단서 찾기

이 성취기준과 관련된 배경지식은 문법 영역 "[2국04-02] 소리와 표기가 다를 수 있음을 알고 단어를 바르게 읽고 쓴다."에 있는 내용을 참고하면 됩니다.

성취기준에 포함된 핵심어, 차근차근 풀어 가기

이 성취기준에 포함된 핵심어는 앞에서 제시한 문법 영역 관련 성취기준 설명을 참고하면 됩니다.

다 성취기준 내용 상세화

내용 상세화와 국어 수업 연결 따라 가기

이 성취기준의 국어 수업 연결 따라 가기는 앞에서 제시한 문법 영역 관련 성취기준 설명을 참고하면 됩니다.

[2국02-01] 성취기준과 관련된 오개념 중재 방안 알아보기

이 성취기준과 관련된 오개념 중재 방안은 앞에서 제시한 문법 영역 관련 성취기준 설명을 참고하면 됩니다.

[2국02-02] 의미가 잘 드러나도록 문장과 짧은 글을 알맞게 띄어 읽는다.

가 성취기준 개요

이 성취기준은 의미가 잘 드러나도록 문장과 짧은 글을 띄어 읽는 것을 학습하는 내용입니다. 의미가 잘 드러난다는 것은 잘 이해한다는 것과 같습니다. 잘 이해한다는 것은 의미 단위로 묶어서 글을 잘 기억하는 것과 연결됩니다. 즉, 우리는 글을 읽고 잘 이해하기 위해 글의 내용을 기억합니다. 그리고 글을 잘 기억하기 위해 의미 단위에 맞게 띄어 읽을 수 있어야 합니다. 이 성취기준을 깊이 들여다보며, 학습자가 학습해야 하는 것이 무엇인지 살펴볼까요?

읽기 영역의 내용 체계표에서 꼼꼼하게 살펴보기

[표 2-13]과 같이 2022 개정 국어과 교육과정의 읽기 영역 내용 체계표에서 [2국02-02] 성취기준의 내용 요소를 자세히 살펴볼까요?

[표 2-13] 2022 개정 국어과 교육과정의 내용 체계표에서 관련 내용 요소 살펴보기

범주		내용 요소		
		초등학교		
		1~2학년	3~4학년	5~6학년
과정·기능	읽기의 기초	• 글자, 단어 읽기 • 문장, 짧은 글 소리 내어 읽기 • 알맞게 띄어 읽기	• 유창하게 읽기	

과정·기능	내용 확인과 추론	• 글의 중심 내용 확인하기 • 인물의 마음이나 생각 짐작하기	• 중심 생각 파악하기 • 내용 요약하기 • 단어의 의미나 내용 예측하기	• 글의 구조를 파악하기 • 글의 주장이나 주제 파악하기 • 글의 구조 고려하며 내용 요약하기 • 생략된 내용과 함축된 의미 추론하기
	평가와 창의	• 인물과 자신의 마음이나 생각 비교하기	• 사실과 의견 구별하기 • 글이나 자료의 출처 신뢰성 평가하기 • 필자와 자신의 의견 비교하기	• 글이나 자료의 내용과 표현 평가하기 • 다양한 글이나 자료 읽기를 통해 문제 해결하기
	점검과 조정		• 읽기 과정과 전략에 대해 점검·조정하기	

읽기 영역 1~2학년군 내용 체계표를 살펴보면, '읽기의 기초'에 '알맞게 띄어 읽기'가 있습니다. '읽기의 기초'는 2022 개정 국어과 교육과정에서 처음 제시된 범주인데, 이는 기초 문해력 향상을 위한 의도로 설정한 것입니다. 그래서 3~4학년, 5~6학년에서 위계를 찾기 어렵습니다. '알맞게 띄어 읽기'와 관련이 있는 것은 3~4학년에 있는 '유창하게 읽기'입니다. 유창하게 글의 의미를 파악하면서 읽으려면, 알맞게 띄어 읽을 수 있어야 합니다.

여기서 잠깐! 읽기 영역, [2국02-02] 성취기준의 발자취는?

이 성취기준은 2009 개정 국어과 교육과정 1~2학년군 읽기 영역에 "(3) 의미가 잘 드러나도록 글을 알맞게 띄어 읽는다."로 제시되었습니다. 2015 개정 국어과 교육과정 1~2학년군 읽기 영역에서는 "[2국02-02] 문장과 글을 알맞게 띄어 읽는다."로 제시되었습니다. 2022 개정 국어과 교육과정은 2009, 2015 개정 국어과 교육과정의 성취기준이 통합되어 제시된 것을 알 수 있습니다.

나 성취기준과 관련된 배경지식

성취기준 해설에서 단서 찾기

이 성취기준의 해설은 2009, 2015 개정 국어과 교육과정에 모두 제시되어 있습니다. 2022 개정 국어과 교육과정의 해설은 이전 교육과정의 해설에 준해서 제시했습니다. 구체적인 해설을 살펴보면 다음과 같습니다.

- **[2국02-02] 의미가 잘 드러나도록 문장과 짧은 글을 알맞게 띄어 읽는다.**(2022 개정 국어과 교육과정 1~2학년군 읽기 영역 성취기준)

  이 성취기준은 글을 의미 단위에 알맞게 띄어 읽으며 글의 의미를 파악하는 능력을 기르기 위해 설정하였다. 글을 읽으면서 의미 단위를 인식하고 이에 맞게 띄어 읽는 것은 글의 의미를 정확하게 파악하고 읽기 유창성을 높이는 데 중요한 요소이다. 글의 의미를 이해하기 위해 의미 단위에 따른 어구나 어절 단위 등으로 띄어 읽기, 주어부와 서술어부 등을 단위로 하여 띄어 읽기, 문장 부호에 따라 문장 단위를 인식하면서 띄어 읽기, 쉬는 지점, 쉼의 길이에 유의하며 띄어 읽기 등을 학습한다.

성취기준에 포함된 핵심어, 차근차근 풀어 가기

의미가 잘 드러나도록 띄어 읽기

이 성취기준에는 학문 용어라고 할 수 있는 핵심어가 없습니다. 대신 학습자가 읽을 때 고려해야 하는 읽기 전략이 포함되어 있습니다.

그것이 바로 '의미가 잘 드러나도록 띄어 읽기'입니다. '띄어 읽기'는 읽기 영역 교육과정에서 저학년 시기에 강조하는 전략입니다. '띄어 읽기'에는 어법에 맞게 어절, 구 단위로 띄어 읽는 것만 포함된 것이 아닙니다. '띄어 읽기'는 글을 읽고 이해하는 데 기초가 되는 읽기 전략입니다.

우리가 주의 깊게 봐야 할 문구는 '의미가 잘 드러나도록'입니다. 학습자가 '띄어 읽기'만 할 경우 어절, 구 등의 어법에 맞게 읽는 것만을 포함한다고 오해할 수 있습니다. 그런데 '의미가 잘 드러나도록'이 붙으면 '띄어 읽기'는 어법을 지키는 읽기만 의미하지 않습니다. 읽기 영역에서는 의미를 고려하여 띄어 읽는 것이 아주 중요합니다.

기초이면서 중요하다고 재차 강조하는데, '띄어 읽기'는 왜 중요할까요? 이런 의문을 가지는 분이 많습니다. 글을 이해할 때 기초가 되는 것은 정보를 기억하는 것입니다. 통사론적으로 문장을 이해하는 것은 글을 이해하는 데 기초가 됩니다. 문장을 이해하기 위해서는 문장의 구조를 잘 파악해야 합니다. 다시 말해, 문장에 쓰인 단어의 조합에 따라 생성된 의미를 통사적으로 파악해야 합니다. 이 말을 이해하는 것은 띄어 읽기를 이해하는 것과 연결됩니다.

통사적으로 문장을 이해한다는 것을 예시 문장으로 살펴보겠습니다.

(1) 철수가 영희를 좋아합니다.
(2) 영희가 철수를 좋아합니다.

이 두 문장을 읽고 의미를 파악하는 데 어려움이 없을 것입니다. 두 문장에 쓰인 단어는 '철수', '영희', '좋다'입니다. 두 문장은 단어의 선택이 같습니다. 다만, 조합 방식이 다릅니다. 이런 조합 방식을 우리는 통사론이라고 합니다. (1)의 문장은 '철수가'가 주어부이고, (2)의 문장은 '영희가'가 주어부입니다. '의미가 잘 드러나도록'의 시작은 문장의 이해이고, 단어의 의미와 함께 단어의 조합도 파악하는 것이 중요합니다. 그렇다면 띄어 읽는 것은 이해하는 것과 어떤 관련이 있을까요?

(1)의 주어부 '철수가', (2)의 주어부 '영희가'를 확인하고 읽는 것이 바로 띄어 읽기의 시작입니다. "철수가 / 영희를 / 좋아합니다."라고 띄어 읽기를 표시하면 어절 단위로 띄어 읽는 것이라고 오해할 수 있습니다. 통사론적으로 살펴보면, 우리는 주어부를 확인하고, '좋아합니다' 서술어도 확인하고, '누구를' 좋아하는지 목적어도 확인합니다. 즉, 의미를 파악하는 데 중요한 성분을 확인하면서 띄어 읽는 것입니다.

그런데 우리는 문장이 모인 문단, 문단이 모인 글을 읽고 이해해야 합니다. 점점 정보 단위가 많아지게 됩니다. 문장 단위에서는 글의 의미를 정확하게 파악하기 위해서 띄어 읽는 것이 중요합니다. 그러나 문장이 많아지고 모이게 되면 정보가 많아지게 됩니다. 이때부터 띄어 읽는 것은 잘 기억하기 위한 전략이 됩니다.

정보를 잘 기억하기 위해 우리는 의미가 있는 것끼리 묶는 전략을 사용합니다. 이러한 전략을 '어구 나누기[chunking]'라고 합니다. 어구 나누기는 작업 기억의 효율을 높이는 데 중요한 역할을 합니다.[9] 쉬운 예로 숫자를 기억하는 것을 떠올려 볼 수 있습니다.

(3) 12589098701

(4) 1258-8909-8701

(3), (4)의 예시를 보면, 어느 것이 더 기억하기 쉬울까요? (4)라고 대답할 것입니다. 숫자가 나열된 것은 기억의 효율을 낮춥니다. 어구를 나누면 기억하기 쉽습니다. 다시 말해, 어구를 나누면 작업 기억의 효율이 높아집니다. 효율이 높아졌다는 것은 단시간에 기억할 수 있는 용량을 늘렸다는 것을 의미합니다. 컴퓨터에서 많은 프로그램을 동시에 활성화하면 컴퓨터가 느려지는 것을 예로 생각하면 됩니다. 동시에 활성화되는 프로그램이 적을수록 효율이 높아집니다. 우리 뇌도 마찬가지입니다.

다시 정리해 보면, 문장을 이해할 때 '띄어 읽기'는 의미를 정확하게 파악하는 데 중요합니다. 잘 띄어 읽는 것을 토대로 학습자가 의미를 잘 이해한다는 것을 짐작할 수 있습니다. 그리고 문단을 읽고 짧은 글을 읽을 때, '띄어 읽기'는 작업 기억의 효율을 높입니다. 짧은 순간에 많은 정보를 기억할 수 있도록 돕습니다. '띄어 읽기'가 문장에서는 의미 이해에 도움을 주고, 짧은 글에서는 기억의 효율을 높입니다.

그렇다면, 우리는 어떻게 학습자에게 '의미가 잘 드러나도록 띄어 읽기'를 가르쳐야 할까요? 먼저, 성취기준 해설처럼 문장 단위에서는 어법 구조를 잘 파악하는 데 집중합니다. 문장의 어법 구조 파악은 이해를 바탕으로 합니다. 자연스럽게 문장의 의미가 무엇인지 생각하고, 의미를 고려하면서 띄어 읽을 수 있도록 지도해야 합니다. 즉, 띄어 읽어야 할 곳을 아는 학습자는 문장의 의미를 이해했다는 것과 같습니다. 이때 주의할 점은 문법 학습으로 치우치면 안 된다는 것입니다.

문단 수준으로 짧은 글을 띄어 읽는 연습을 하기 위해서는 어구 나누기를 연습해야 합니다. 어구 나누기를 하는 것도 문장의 의미를 이해해야 가능합니다. 문장의 어구를 나누면서 학습자는 자연스럽게 짧은 글의 의미를 이해합니다. 그리고 기억할 수 있는 효율을 높입니다. 즉, 짧은 글에 제시된 중요한 정보를 기억할 수 있습니다. 따라서 '의미가 잘 드러나도록 띄어 읽기'는 글의 의미를 이해하는 데 중요한 전략이라고 할 수 있습니다.

여기서 잠깐! 작업 기억은 무엇일까요?

작업 기억은 단기 기억이라고도 부릅니다. 작업 기억은 우리 뇌가 기억하거나 사고하는 인지 작업에 참여합니다. 흔히 5±2의 처리 효율을 보이는데, 한 번에 우리 뇌는 3개에서 7개의 단기 기억 효율을 보입니다. 우리 뇌는 단기 기억에서 처리한 정보를 장기 기억으로 저장하여 필요할 때 꺼내어 사용할 수 있습니다. 따라서 단기 기억은 내용을 기억하고 사고하는 데 중요한 역할을 합니다.

학생들이 '의미가 잘 드러나도록 띄어 읽기'를 왜 배워야 할까요?

이 성취기준을 이해하기 위해서는 읽기 유창성을 함께 살펴봐야 합니다. 읽기 유창성은 글을 소리 내어 유창하게 읽는 것입니다. 방점은 '소리를 내는 것'에 있습니다. 읽기 유창성의 구성 요소에는 자동성, 정확성, 표현성이 있습니다. 자동성은 머뭇거림이 없이 바로 읽는 것이고, 정확성은 해독의 오류가 없이 읽는 것입니다. 표현성은 운율성을 갖추어 읽는 것을 의미합니다. 읽기 유창성의 구성 요소 중 의미가 잘 드러나도록 띄어 읽는 것은 표현성과 관련이 있습니다.

읽기 유창성을 지도할 때 어려운 요소가 표현성입니다. 표현성을 고려한 유창성이 무엇인지 평가 기준으로 고려하기 어렵기 때문입니다. 표현성은 자연스럽게 의미가 잘 드러나도록 읽는 것을 의미합니다. 우리가 성취기준에서 살펴본 내용이 연결됩니다. 자연스럽게 의미가 잘 드러나도록 소리 내어 읽는 것은 '띄어 읽기'를 유창하게 할 수 있는지로 평가할 수 있습니다. 그래서 '띄어 읽기'가 '의미가 잘 드러나도록'과 연결된 것입니다.

표현성을 갖추어 읽으려면 의미를 이해해야 합니다. 의미를 이해하지 못하면 표현성을 살릴 수가 없습니다. 다음 문장을 읽고 생각해 봅시다.

(5) 빛은 파동으로 이루어져 있지만, 플랑크의 양자가설은 어떤 경우에는 빛이 마치 입자로 구성되어 있는 것처럼 움직인다는 사실을 이야기해 주고 있다.[10)]

(6) 서하는 곰 인형에게 맛있는 과자를 주었다.

(5), (6)의 문장을 보고 표현성을 고려하여 읽는 연습을 한다고 예를 들어 봅시다. 어떤 문장이 표현성을 고려하기 쉬울까요? 아마도 (5) 문장보다는 (6) 문장이 쉽다고 생각할 겁니다. 물론 문장이라서 앞뒤 맥락이 소거되어 있습니다. 그럼에도 불구하고 표현성을 고려한 읽기는 (6) 문장이 더 쉽습니다. (5), (6) 문장의 예시에서 알 수 있듯이 표현성을 갖춘 읽기는 문장의 이해를 전제로 합니다. 얼마나 잘 이해했는지가 표현성에 담기는 것입니다.

이 성취기준을 배우는 이유는 문장과 글의 의미를 이해하는 데 기초가 되는 읽기 유창성을 획득하기 위해서입니다. 읽기 유창성에서도 소리를 내어 표현성을 갖추어 읽는 것을 배우기 위해서입니다. 읽기 유창성의 자동성과 정확성은 글자를 소리로 옮기는 과정에 초점이 있습니다. 그러나 표현성은 읽기 유창성을 학습할 때 문장과 글의 의미를 이해하면서 읽는 게 필요하다는 것을 강조합니다. 즉, 이 성취기준은 묵독을 위한 다리 역할을 하는 것입니다.

읽기 유창성을 지도하면서 소리를 정확하게 내는 것에 집중하는 경우가 많습니다. 그러나 우리는 글을 읽으면서 무슨 뜻인지도 떠올립니다. 우리가 의식하지 않아도 "바나나가 맛있습니다."라는 문장을 읽으면 맛있는 바나나를 생각합니다. 이처럼 자연스럽게 글자를 해독하는 연습을 하면서도 의미가 무엇인지 생각하는 학습을 해야 합니다. 그러한 연습 과정이 바로 이 성취기준에 담겨 있습니다.

정리하면, 이 성취기준은 소리 내어 읽는 음독과 묵독의 다리 역할을 합니다. 의미가 잘 드러나도록 띄어 읽으면서 학습자는 묵독을 유창하게 할 준비를 합니다. 음독을 하다가 어느 날 갑자기 소리를 안 내고 읽을 수는 없습니다. 눈으로만 읽으면서 이해하는 것은 어려운 사고 수준이기 때문입니다. 따라서 이 성취기준을 배우는 학습자에게 소리를 내어 유창하게 읽으면서 점차 문장과 짧은 글의 의미가 무엇인지도 생각해 보게 하는 도약을 할 수 있도록 지도해야 합니다.

다 성취기준 내용 상세화

내용 상세화와 국어 수업 연결 따라 가기

이 성취기준의 국어 수업 연결 따라 가기는 앞에서 제시한 문법 영역 관련 성취기준 설명을 참고하면 됩니다.

[2국02-02] 성취기준과 관련된 오개념 중재 방안 알아보기

이 성취기준과 관련된 오개념은 다음과 같습니다.

첫째, 문장의 어법 구조를 파악하는 것이 중요하다고 생각하는 것입니다. 글의 의미를 파악하는 데 문장의 문법적인 구조를 이해하는 것도 중요합니다. 그러나 이 성취기준은 문법 지식이 중요하지 않습니다. 주어와 서술어를 찾는 성취기준의 해설을 오해하면, 문법 지식을 가르쳐야 한다고 생각할 수 있습니다.

문장은 의미를 전달하기 위한 단위입니다. 앞서 말한 것처럼 문장이 무엇을 의미하는지 통사론적으로 이해하는 것이 중요합니다. 단어의 조합을 파악하여 의미를 이해하는 것입니다. 문장을 읽고 이해하면 표현성을 살려 읽을 수 있습니다. 어법 구조를 안다고 표현성을 살릴 수 있는 것이 아닙니다. 의미를 이해한 독자는 소리 내어 의미를 고려하여 문장을 잘 읽을 수 있습니다.

둘째, 소리 내어 읽는 읽기 유창성에만 집중해야 한다고 생각하는 것입니다. 이 성취기준이 1~2학년군에 있다 보니, 소리 내어 유창하게 읽는 것이 중요하다고 선생님들이 오해할 수 있습니다. 글자를 읽기 전에 우리는 수많은 음성 언어 어휘를 저장하고 있습니다. 저장하고 있다는 말은 기억하고 있다는 것과 같습니다.

문장을 소리로 옮기면서 자연스럽게 저장된 음성 언어와 연결이 됩니다. 그렇게 되면 우리는 읽으면서 이해를 하는 것입니다. "바나나를 먹었다."라는 문장을 읽으면 모두 바나나가 생각날 겁니다. 학습자도 마찬가지입니다. 바나나를 소리 내어 읽은 것뿐만 아니라 바나나의 이미지도 떠올립니다.

그런데 우리는 1~2학년은 정확하게 소리 내어 읽어야 한다는 것에만 집중합니다. 학습자는 의도하지 않아도 단어의 이미지를 떠올리고 있습니다. 우리가 강제로 막을 수 없습니다. 따라서 의미가 잘 드러나도록 띄어 읽는 과정은 소리를 내어 읽으면서 의미를 이해하는 것과 연결이 됩니다. 즉, 문장과 짧은 글을 읽고 이해하고 있는지 확인해야 합니다. 그래야 의미가 잘 드러나게 읽을 수 있습니다.

셋째, 의미를 고려하여 띄어 읽는 부분에 정답이 있다고 생각하는 것입니다. 예를 들면, "철수가 겨울에 딴 산딸기를 먹으면서 영희에게 국어 숙제를 어떻게 하는지 물어보고 있다."라는 문장을 읽는 상황을 생각해 봅시다. 학습자가 띄어 읽어야 하는 부분을 어떻게 지도해야 할까요? 아마도 이해한 학생마다 촘촘하게 분절하면서 읽는 경우가 있고, 몇 어절 단위, 구 단위 등 다양하게 띄어 읽을 수 있습니다. 즉, 띄어 읽기의 명징한 답이 있지 않습니다.

그렇다면, 답이 없는 것을 가르치는 것일까요? 그렇지 않습니다. 형식적으로 어느 부분을 띄어 읽었는지 표시하는 것은 중요하지 않습니다. 학습자가 잘 이해하고 있는지를 확인하는 것이 중요합니다. 그리고 학습자가 띄어 읽는 부분은 이해 여부를 확인하는 지표가 됩니다. 즉, 얼마나 잘 이해하고 있는지 확인하기 위한 표시라고 할 수 있습니다.

정답이 없다면 어떻게 시범 보이기를 해야 할까요? 선생님의 시범 보이기는 잘 이해한 후 어떤 방식으로 띄어 읽는지를 보여 주는 데 의의가 있습니다. "철수가 / 겨울에 딴 산딸기를 / 먹으면서 / 영희에게 / 국어 숙제를 / 어떻게 하는지 / 물어보고 있다."로 띄어 읽는다면, 자세히 읽는 상황입니다. 반면에 "철수가 / 겨울에 딴 산딸기를 먹으면서 / 영희에게 국어 숙제를 어떻게 하는지 / 물어보고 있다."로 한다면, 읽는 속도가 빨라질 겁니다. 그렇다고 두 예시 중 무엇이 잘 이해한 것인지 선택할 수 있나요? 아마 쉽지 않을 겁니다.

우리는 독해를 지도하면서 왕왕 정답을 가르쳐 주고 싶어 합니다. 그런데 우리의 읽기 방식은 경험과 읽기 수준에 따라 다양합니다. 그 방식이 다양한 만큼 이해한 결과도 차이가 날 수 있습니다. 그러나 글의 명확한 의미는 독자가 정확하게 파악해야 합니다. 그리고 필자의 의도와 맥락을 비판적으로 읽는 것입니다. 즉, 결과의 수준에는 차이가 나지만, 기본적으로 도달해야 하는 텍스트를 이해한 기본적인 수준은 같아야 합니다. 따라서 다양한 방식으로 읽는 것을 지도하면서, 얼마나 잘 이해했는지 점검하는 것이 중요합니다.

[2국02-03] 글을 읽고 중심 내용을 확인한다.

가 성취기준 개요

이 성취기준은 글을 읽고 글에서 말하고자 하는 중심 내용을 이해하고 확인하는 것을 학습하는 내용입니다. 독자는 자신이 읽은 글을 모두 기억할 수 없습니다. 우리의 작업 기억 효율은 한계가 있기 때문입니다. 따라서 독자는 글을 읽고 필요한 내용을 기억하기 위해 중심 내용을 파악해야 합니다. 이 성취기준을 깊이 들여다보며, 학습자가 학습해야 하는 내용이 무엇인지 확인해 볼까요?

읽기 영역의 내용 체계표에서 꼼꼼하게 살펴보기

[표 2-14]와 같이 2022 개정 국어과 교육과정의 읽기 영역 내용 체

계표에서 [2국02-03] 성취기준의 내용 요소를 자세히 살펴볼까요?

[표 2-14] 2022 개정 국어과 교육과정의 내용 체계표에서 관련 내용 요소 살펴보기

범주		내용 요소		
		초등학교		
		1~2학년	3~4학년	5~6학년
과정·기능	읽기의 기초	• 글자, 단어 읽기 • 문장, 짧은 글 소리 내어 읽기 • 알맞게 띄어 읽기	• 유창하게 읽기	
	내용 확인과 추론	• 글의 중심 내용 확인하기 • 인물의 마음이나 생각 짐작하기	• 중심 생각 파악하기 • 내용 요약하기 • 단어의 의미나 내용 예측하기	• 글의 구조를 파악하기 • 글의 주장이나 주제 파악하기 • 글의 구조 고려하며 내용 요약하기 • 생략된 내용과 함축된 의미 추론하기
	평가와 창의	• 인물과 자신의 마음이나 생각 비교하기	• 사실과 의견 구별하기 • 글이나 자료의 출처 신뢰성 평가하기 • 필자와 자신의 의견 비교하기	• 글이나 자료의 내용과 표현 평가하기 • 다양한 글이나 자료 읽기를 통해 문제 해결하기
	점검과 조정		• 읽기 과정과 전략에 대해 점검·조정하기	

읽기 영역의 1~2학년군을 살펴보면, '내용 확인과 추론'의 범주에 '글의 중심 내용 확인하기'가 있는 것을 확인할 수 있습니다. 이 성취기준은 3~4학년군의 '중심 생각 파악하기', 5~6학년군의 '글의 주장이나 주제 파악하기'와 연결됩니다. 1~2학년군에서는 중심 '내용'을 확인하는 것에 초점이 있습니다. '중심 내용'과 '중심 생각'의 위계를 고려하여 지도하는 것이 중요합니다.

여기서 잠깐! 읽기 영역, [2국02-03] 성취기준의 발자취는?

이 성취기준은 2009 개정 국어과 교육과정 1~2학년군 읽기 영역에 "(6) 글을 읽고 중요한 내용을 확인한다."로 제시되었고, 2015 개정 국어과 교육과정 1~2학년군 읽기 영역에 "[2국02-03] 글을 읽고 중심 내용을 확인한다."로 제시된 후 2022 개정 국어과 교육과정에서도 같은 내용으로 제시되고 있습니다.

나 성취기준과 관련된 배경지식

성취기준 해설에서 단서 찾기

이 성취기준의 해설은 2015, 2022 개정 국어과 교육과정에서는 제시되지 않습니다. 2009 개정 국어과 교육과정의 해설을 참조하면 다음과 같습니다.

- **(6) 글을 읽고 중요한 내용을 확인한다.**(2009 개정 국어과 교육과정 1~2학년군 읽기 영역 성취기준)

  글을 읽고 중요한 내용을 확인하는 것은 읽기의 기초적인 능력이다. 글의 내용은 기본적 수준에서부터 고차적 수준에 이르기까지 다양할 수 있으나, 여기서는 표현된 그대로의 의미를 대강 아는 수준에서 다룬다. 예를 들어 설명하는 글의 경우 설명의 대상, 곧 화제가 무엇인지를 알고, 화제에 대해 어떠한 설명을 하였는지를 파악하며, 이야기 글의 경우에는 주인공이 누구인지, 언제, 무엇을, 왜 하였는지 등에 관한 핵심적인 대상이나 어휘를 찾도록 하는 것이다. 글 전체의 자세한 내용까지 모두 이해하지는 못하더라도 중요하고 특징적인 내용을 확인하며 읽도록 한다. 중요한 내용을 확인하는 것은 글 전체의 중심 생각을 파악하는 수준으로 접근하기보다는 '화제가 어떠하다.', '누가 무엇을 하였다.'와 같이 주요 내용을 파악하는 수준에서 다룬다. 글의 내용을 이해하는 과정에서 글은 글쓴이의 생각을 담은 것이라는 점을 알고, 글쓴이의 생각을 이해할 수 있도록 이끈다.

성취기준에 포함된 핵심어, 차근차근 풀어 가기

중심 내용과 확인하기

① 중심 내용

중심 내용[main idea]은 글쓴이가 전달하고자 하는 생각이나 메시지를 말합니다. 중심 내용은 글의 주제와도 밀접하게 관련이 있습니다. 독자는 글을 읽으면서 글에서 말하고자 하는 중심이 되는 내용을 파악하고 이해하려고 합니다. 필자는 글을 쓰면서 독자에게 전달하고 싶은 핵심 내용을 담으려고 합니다. 독자와 필자는 글이라는 매개를 통해 핵심이 되는 내용, 중심 내용을 공유하게 됩니다.

글이라는 것을 이해하기 위해서는 텍스트가 무엇인지 알아야 합니다. 텍스트는 어떤 직물처럼 짜인 구조를 말합니다. 필자는 말하고자 하는 생각을 문자의 형태로 직물을 짜듯이 구조를 만들어 텍스트를 만들어 냅니다. 우리가 말하는 텍스트는 곧 문자로 쓰인 글을 의미합니다.

독자가 읽는 텍스트는 필자가 말하고자 하는 생각을 담습니다.

필자가 말하고자 하는 생각을 설득력 있게 구성하기 위해 구조가 만들어집니다. 우리의 생각이 의미가 있는 덩어리로 묶이게 되는데, 우리는 그것을 글의 구조라고 합니다. 다시 말해, 글의 구조는 필자의 생각 덩어리입니다. 글에서 눈으로 확인하기는 어렵지만, 이해하다 보면 일정한 구조가 머리에 그려지게 됩니다. 우리의 머리에 그려지는 일정한 구조는 필자가 전달하고 싶은 내용을 기준으로 만들어집니다. 이 기준이 바로 중심 내용입니다. 그리고 중심 내용을 응축하면 글의 주제가 됩니다.

2012 개정 국어과 교육과정의 성취기준 해설을 보면 중요한 내용은 화제와 관련이 있다고 합니다. 글의 화제는 필자가 글에서 다루는 소재를 말합니다. 필자는 자신이 이야기하고 싶은 중심 내용과 주제를 구성하기 전에 쓸거리를 생각합니다. 이때 쓸거리는 필자의 화제가 됩니다.

> 저는 겨울 방학 때 할머니 댁에 놀러 갔습니다. 우리 할머니 댁 근처에는 바다가 있습니다. 그래서 가족과 함께 바다를 구경하고 배도 탔습니다. 그리고 맛있는 음식도 많이 먹었습니다. 저는 할머니께서 해 주신 생선조림을 참 좋아합니다. 이번 겨울 방학 때도 할머니께서 생선조림을 해 주셨습니다. 아빠는 바다가 있어서 생선이 신선하니까 더 맛있다고 말해 주셨습니다. 여름 방학 때도 할머니 댁에 놀러 가서 맛있는 음식을 많이 먹고 싶습니다.

위에 제시한 것처럼 겨울 방학에 관한 글쓴이의 생각을 글로 쓴다고 생각해 봅시다. '겨울 방학'은 필자의 글 소재이자 화제가 됩니다. 화제는 소재를 구체화하여 만들 수 있습니다. 즉, '겨울 방학 때 즐거웠던 일'을 쓰고 싶다고 한다면, 필자의 화제가 됩니다.

화제를 바탕으로 독자는 중심 내용과 주제를 파악할 수 있습니다. '겨울 방학 때 가족과 여행을 가서 즐거웠던 일'이라고 화제를 구체화하면 필자의 핵심적인 생각과 가깝게 됩니다. 단순히 있었던 일이나 글에서 화제나 소재로 다루는 것에 대해 간략한 설명을 붙이면 우리는 중심 내용을 파악한다고 할 수 있습니다.

1~2학년 수준에서는 글에서 주로 이야기하고 다루는 내용을 파악하고 확인하는 이해 수준을 성취해야 합니다. 반복해서 등장하는 단어를 찾아보고, 그것과 관련된 일이나 설명을 찾아보면서 독자는 중심 내용을 파악할 수 있습니다. 즉, 중심 내용을 확인하고 파악하는 과정은 텍스트를 이해하는 기초적인 수준입니다.

② 확인하기

'확인하기'는 읽기 영역에서 어떤 의미일까요? 텍스트를 읽은 후 독자의 머리에는 결과물이 남습니다. 선생님은 학습자가 어떤 수준까지 이해했는지 확인해야 합니다. 독자의 머리에 있는 눈에는 보이지 않는 결과물을 확인하는 것입니다. 그런데 이해의 결과는 학습자마다 다릅니다. 학습자마다 이해한 수준의 차이가 나타납니다. 개인이 가진 배경지식과 경험이 다른 이유도 영향을 줍니다. 그리고 학습자의 이해 능력의 차이도 영향을 줍니다.

그렇다면, 우리가 글을 이해하는 과정은 어떠할까요? 독자는 글을 읽고 이해하기 위해서 먼저 글자를 해독할 수 있어야 합니다. 글자를 어떻게 소리 내어 읽어야 하는지 아는 것이 바로 해독입니다. 해독을 한 후 독자는 글의 내용을 기억해야 합니다. 무엇이 중요한지, 중요하지 않은지 생각하고 글의 내용을 기억하려고 합니다. 이러한 이해 수준을 '확인하기'와 연결할 수 있습니다. 2022 개정 국어과 교육과정에서는 '내용 확인하기'라고도 표현합니다.

읽기를 설명하는 다수의 교재에서 '내용 확인하기'를 '사실적 이해'라고 표현합니다. 사실적 이해는 주요 정보를 얼마나 기억하는지 확인하는 과정을 의미합니다. Barrett은 읽기 능력을 분류하면서 사실적 이해 수준을 축어적 재인[literal recognition and recall]이라고 표현했습니다. Barrett이 1970년대에 이 용어를 발표했는데, Bloom의 사고 기능의 목표 분류학을 참고했습니다. 즉, 우리가 인지하는 가장 낮은 수준으로 정보를 기억하는 능력을 고려한 것입니다.

축어적 재인은 말 그대로 문자를 기억하고 확인하는 것입니다. 재인[recognition]은 인지[cognition]를 다시[re] 한다는 의미입니다. 즉, 문자로 된 것을 다시 확인하는 것입니다. 이처럼 '확인하기'는 글자 그대로의 의미처럼 눈으로 직접 보는 것과는 다른 사고 과정입니다. 시각을 활용하는 것이 아닙니다. 우리 머리에 흔적으로 남은 읽기 결과물을 찾는 것입니다. 이러한 생각은 읽기를 가르칠 때 영향을 줍니다.

만약, '확인하기'가 눈으로 점검하는 것이라 생각한다면, 텍스트에 있는 정보를 찾는 것으로 오해할 수 있습니다. 그렇지만 초등학교 1~2학년 정도의 학습자는 글을 읽고 자신이 기억하는 것을 확인하는 사고 과정을 훈련해야 합니다. 그래야 작업 기억 능력이 좋아집니다. 텍스트에 있는 정보를 확인하는 것도 머리에 기억해야 찾을 수 있습니다. 그렇지 않으면 숨은 그림을 찾는 것밖에 되지 않습니다.

정리하면, '확인하기'는 읽기 이해[reading comprehension] 수

준에서 가장 낮은 수준의 사고 과정입니다. 텍스트를 읽고 독자는 글의 정보를 기억합니다. 독자는 머리에 기억된 정보를 확인합니다. 그리고 중요한 것인지 아닌지 살핍니다. 모든 정보를 기억할 수 없기 때문입니다. 중요한 정보라고 생각되면 기억하려고 노력합니다. 다음에 나오는 텍스트와 연결해 보려고 합니다. 독자에게 '확인하기'는 앞으로 독해의 성공을 좌지우지하는 중요한 사고 과정입니다.

학생들이 '중심 내용 확인하기'를 왜 배워야 할까요?

글을 읽고 중심 내용을 확인하는 것은 텍스트를 독해하는 기본적인 이해 수준입니다. 글을 읽고 글쓴이가 말하고자 하는 바를 정확하게 파악하는 것이 중요합니다. 우리는 글을 읽고 글에 적힌 모든 글자를 암기할 수 없습니다. 아마도 그럴 수 있다면, 중심 내용이 무엇인지 기억할 필요가 없을 것입니다. 우리 인간의 뇌는 기억할 수 있는 작업 기억 용량이 제한되어 있어서 독자가 기억해야 하는 내용만 효율적으로 기억할 수 있어야 합니다. 그렇게 하려면 중심 내용을 확인하는 기제가 중요합니다.

중심 내용을 기억하는 것이 읽기 효율을 높이는 데 중요하다는 것을 언급했습니다. 그렇다면 글을 읽을 때 중심 내용을 확인하는 것은 독자에게 어떤 영향을 줄까요?

첫째, 텍스트의 화제가 무엇인지 파악할 수 있습니다. 글의 화제는 글에서 다루는 소재를 아는 것과 같습니다. 글에서 주로 다루고 있는 소재를 파악하는 것은 필자가 말하고자 하는 바를 파악하는 첫걸음입니다. 필자는 글을 쓰면서 자신이 말하고 싶은 중심 화제를 선정하고 그와 관련된 이야기를 펼칩니다. 그런데 글을 쓰다 보면 글의 중심 화제와 그 중심 화제를 설명하거나 이야기하는 데 관련이 있는 주변 화제도 등장합니다. 따라서 독자는 필자가 주로 말하고자 하는 바와 관련이 있는 중심 화제를 파악해야 합니다. 중심 내용을 파악하는 것은 이러한 화제를 파악하는 과정의 결과라고 할 수 있습니다.

둘째, 텍스트의 내용을 기억하는 데 도움을 줍니다. 글을 읽고 독자는 모든 것을 기억할 수는 없습니다. 내가 읽은 것을 기억하는 것은 읽기의 가치를 드러내는 일입니다. 우리가 무엇을 읽었는데 기억하지 못한다면, 우리의 읽기 행위는 가치를 잃을 것입니다. 즉, 중심 내용을 파악하는 사고는 텍스트의 내용을 효율적으로 기억하는 데 도움을 줍니다.

텍스트를 기억하는 능력은 독해 능력을 지배하는 핵심이 되는 기제입니다. 텍스트를 기억하면서 조각조각 정보를 연결하고 독자는 새로운 의미를 구성해 나갑니다. 다시 말해 자신에게 의미 있는 것이 무엇인지를 선택하고 새로운 의미와 가치를 생성하는 데 중요한 기제가 중심 내용을 파악하는 것이라 할 수 있습니다.

셋째, 중심 내용 파악은 독해의 수준 중 기초가 되는 단계입니다. 앞서 언급한 것처럼 중심 내용을 파악하는 것은 독해의 성공을 좌지우지하는 중요한 단계입니다. 우리는 뇌가 일정한 단계를 거쳐 이해한다고 생각합니다. 뇌가 작용하는 과정을 분석했기 때문에 그렇게 생각할 수 있습니다. 그런데 뇌는 우리의 생각과 달리 동시에 모든 것을 처리합니다. 따라서 어떤 한 단계에 문제가 발생하면, 모든 것이 동시에 작동하지 않습니다.

기초가 되는 의미가 다른 학습 내용을 학습하는 데 도움이 된다고 생각할 수 있습니다. 그러나 기초 수준이 잘 발달하지 않으면, 글을 이해하는 모든 과정에 문제가 발생합니다. 학습자가 학년이 거듭될

수록 이러한 문제가 누적됩니다. 이러한 상태가 지속되면 한참 후에는 어떤 문제였는지 확인하기 어렵습니다. 그래서 우리는 글을 읽는 과정을 단계에 따라 지도하려고 하는 것입니다.

다 성취기준 내용 상세화

● 내용 상세화와 국어 수업 연결 따라 가기

이 성취기준의 국어 수업 연결 따라 가기는 앞에서 제시한 문법 영역 관련 성취기준 설명을 참고하면 됩니다.

● [2국02-03] 성취기준과 관련된 오개념 중재 방안 알아보기

[2국02-03] 성취기준을 가르치다 보면 학습자가 갖는 오개념을 확인할 수 있습니다. 구체적으로 어떤 오개념이 있는지 살펴보겠습니다.

첫째, 중심 문장이 중심 내용이라는 오개념이 있습니다. 학습자가 갖는 오개념 중 하나가 중심 문장은 모든 문단의 처음에 있다는 것입니다. 그리고 중심 문장이 중심 내용과 같다고 생각합니다. 중심 문장은 글에서 쉽게 확인할 수 있습니다. 문장 중 하나를 고르면 됩니다. 그런데 교과서에서 학습하다 보면, 첫 문장이 중심 문장이라는 오개념을 가질 수 있습니다. 그리고 그 문장이 중심 내용이라는 생각을 가질 수 있습니다.

첫 문장이 중심 문장이자, 중심 내용이라는 생각을 가지면 어떤 문제가 생길까요? 학습자는 첫 문장이 중심 내용이 아닐 경우에 혼란을 겪게 됩니다. 이러한 혼란은 학습자의 읽기 동기를 낮춥니다. 학습자는 읽으면서 작은 성공을 모아 더 큰 성취를 이룹니다. 중심 내용이라는 것을 확인한 후에는 중심 내용을 찾을 수 있다는 자신감이 생깁니다. 그러나 첫 문장이 중심 문장도 중심 내용도 아니면, 앞으로 읽을 동력을 잃을 수도 있게 됩니다. 따라서 학습자가 이러한 오개념을 가지지 않도록 글을 꼼꼼하게 읽고 중심 내용이 무엇인지 생각하는 연습을 하도록 해야 합니다.

둘째, 화제가 중심 내용이라는 오개념이 있습니다. 독자는 글을 읽으면서 화제를 먼저 찾아야 합니다. 화제는 글의 중심 내용을 파악하는 데 중요하기 때문입니다. 저학년 시기에는 텍스트가 짧은 이유로 화제가 중심 내용이 되기도 합니다. 텍스트가 화제에 대해 간단한 정보만 제공하기 때문입니다. 이야기 글에서도 독자는 주인공과 일어난 일을 확인하게 됩니다. 주인공이 한 일은 화제가 됩니다. 그래서 학생들은 주인공이 한 일이 드러난 화제가 중심 내용이 된다는 오개념을 가질 수 있습니다.

셋째, 많이 등장하는 단어가 중심 내용이라는 오개념이 있습니다. 반복해서 등장하는 단어를 찾는 연습을 많이 합니다. 글을 읽을 때 핵심이 되는 내용과 화제를 찾기 위해서입니다. 그런데 이러한 활동을 하다 보면, 반복해서 많이 등장하는 단어가 중심 내용이라는 오개념을 가질 수 있습니다. 중심 내용은 중요한 것과 그렇지 않은 것을 구분하는 이해 과정을 통해 찾을 수 있습니다. 반복해서 등장하더라도 상위어가 중심 내용이 될 수 있습니다. 따라서 글을 읽으면서 점차 상위어로 정교화하는 연습을 해야 합니다.

반복해서 등장하는 단어들을 정교화하는 것은 간추리기나 요약하기에서 배웁니다. 많이 등장하는 단어는 학습자가 기억하기 쉽습니다. 반복해서 등장하는 단어와 글의 내용을 연결하는 연습을 하고,

무엇이 중요한 내용인지를 파악하면서 읽어야 합니다. 이를 위해 학습자는 더 꼼꼼하게 읽는 연습을 하게 됩니다. 많이 등장하는 단어만 찾는 연습을 한다면 학습자는 훑어 읽기에 익숙해집니다. 디지털 상황에서 읽는 방법을 서책 읽기에 적용하게 됩니다. 학습자에게 꼼꼼한 읽기를 지도하기 위해서는 글에 제시된 정보를 꼼꼼하게 읽고, 중심 내용이 무엇인지 고민하도록 해야 합니다.

[2국02-04] 인물의 마음이나 생각을 짐작하고 이를 자신과 비교하며 글을 읽는다.

가 성취기준 개요

이 성취기준은 글에 등장하는 인물의 마음이나 생각을 짐작하고 독자의 경험과 비교하면서 글을 읽는 내용을 다룹니다. 이 성취기준은 초등학교 1~2학년군 수준에서 학습해야 하는 추론적 읽기를 배우는 내용입니다. 이야기에 등장하는 인물의 마음을 짐작할 때 독자는 인물이 한 행동과 그 결과를 고려합니다. 이러한 과정을 원인과 결과 즉, 인과 관계를 고려한다라고 말합니다. 이런 읽기 과정에서는 원인에 따른 결과를 예측하면서 읽는 사고가 중요합니다. 예측하고 추론할 때 독자는 자연스럽게 자신의 경험과 비교하면서 판단합니다. 그렇다면 구체적으로 어떤 내용을 학습해야 하는지 살펴볼까요?

● 읽기 영역의 내용 체계표에서 꼼꼼하게 살펴보기

[표 2-15]와 같이 2022 개정 국어과 교육과정의 읽기 영역 내용 체

계표에서 [2국02-04] 성취기준의 내용 요소를 자세히 살펴볼까요?

[표 2-15] 2022 개정 국어과 교육과정의 내용 체계표에서 관련 내용 요소 살펴보기

<table>
<tr><th colspan="2" rowspan="3">범주</th><th colspan="3">내용 요소</th></tr>
<tr><th colspan="3">초등학교</th></tr>
<tr><th>1~2학년</th><th>3~4학년</th><th>5~6학년</th></tr>
<tr><td rowspan="4">과정·기능</td><td>읽기의 기초</td><td>• 글자, 단어 읽기
• 문장, 짧은 글 소리 내어 읽기
• 알맞게 띄어 읽기</td><td>• 유창하게 읽기</td><td></td></tr>
<tr><td>내용 확인과 추론</td><td>• 글의 중심 내용 확인하기
• 인물의 마음이나 생각 짐작하기</td><td>• 중심 생각 파악하기
• 내용 요약하기
• 단어의 의미나 내용 예측하기</td><td>• 글의 구조를 파악하기
• 글의 주장이나 주제 파악하기
• 글의 구조 고려하며 내용 요약하기
• 생략된 내용과 함축된 의미 추론하기</td></tr>
<tr><td>평가와 창의</td><td>• 인물과 자신의 마음이나 생각 비교하기</td><td>• 사실과 의견 구별하기
• 글이나 자료의 출처 신뢰성 평가하기
• 필자와 자신의 의견 비교하기</td><td>• 글이나 자료의 내용과 표현 평가하기
• 다양한 글이나 자료 읽기를 통해 문제 해결하기</td></tr>
<tr><td>점검과 조정</td><td></td><td colspan="2">• 읽기 과정과 전략에 대해 점검·조정하기</td></tr>
</table>

이 성취기준은 1~2학년의 '내용 확인과 추론', '평가와 창의'의 범주에 해당하는 내용이 합쳐져 있다는 것을 내용 체계표에서 확인할 수 있습니다. 추론에 해당하는 '짐작하기'와 평가에 해당하는 '자신과 비교하기'가 통합된 성취기준입니다. 이 성취기준을 학습한 후 3~4학년에서는 '단어의 의미나 내용 예측하기', 5~6학년에서는 '생략된 내용과 함축된 의미 추론하기'로 위계가 이어집니다. 평가 범주의 내용은 3~4학년에서 '필자와 자신의 의견 비교하기'로 이어지는

것을 확인할 수 있습니다.

여기서 잠깐! 읽기 영역, [2국02-04] 성취기준의 발자취는?

이 성취기준은 2009 개정 국어과 교육과정 1~2학년군 읽기 영역에 "(5) 글의 내용을 자신이 겪은 일과 관련지어 이해한다."라는 성취기준으로 제시되었습니다. 2015 개정 국어과 교육과정 1~2학년군 읽기 영역에서는 "[2국02-04] 글을 읽고 인물의 처지와 마음을 짐작한다."로 지금의 성취기준과 유사한 내용으로 변화합니다. 이 성취기준은 글을 읽을 때 자신의 경험을 떠올리면서 이해하는 것에 초점이 있었습니다. 그리고 점차 변화하면서 인물의 처지와 마음을 짐작하는 것으로 구체화되었습니다.

나 성취기준과 관련된 배경지식

성취기준 해설에서 단서 찾기

- **[2국02-04] 인물의 마음이나 생각을 짐작하고 이를 자신과 비교하며 글을 읽는다.**(2022 개정 국어과 교육과정 1~2학년군 읽기 영역 성취기준)

  이 성취기준은 글에 등장하는 인물의 마음과 생각을 짐작하는 능력과 타인에 대한 공감 능력을 기르기 위해 설정하였다. 인물의 마음이나 생각을 짐작하는 것은 글의 내용에 대한 이해와 더불어 실제 주변 인물에 대한 이해를 높이는 데 도움이 된다. 인물의 처지나 상황을 파악하기, 자신의 경험에 비추어 인물의 마음이나 생각 짐작하기, 감정을 드러내는 다양한 어휘를 활용하여 인물의 마음이나 생각을 표현하기, 인물의 마음이나 생각과 관련된 자신의 경험이나 생각을 떠올리며 비교하기 등을 학습한다.

성취기준에 포함된 핵심어, 차근차근 풀어 가기

짐작하기와 비교하기

① 인물의 마음 짐작하기

이 성취기준은 추론적 읽기의 기초가 되는 내용입니다. 추론적 읽기는 글에 드러나지 않은 내용을 자신의 경험이나 지식을 활용하여 이해하는 사고 과정입니다.(이경남, 2018) 필자는 글을 쓰면서 쓰기 효율을 고려합니다. 효율은 쉽게 말해 적은 수량의 말로 표현의 효과를 높이는 것과 같습니다. 말은 적게 하면서 전달하고자 생각을 잘 전달하고 싶은 것입니다. 이에 필자는 독자가 알고 있을 것이라 생각되는 내용은 생략하게 됩니다. 효율을 추구하는 전략 때문입니다. 필자의 효율 추구는 추론적 읽기와 밀접한 관련이 있습니다. 다음 문장을 읽고 이야기를 해 보겠습니다.

(1) 비가 옵니다. 영희는 우산을 들고 밖으로 나갑니다. 철수는 학교로 뛰어갑니다. 영희도 뒤를 따라갑니다. 영수는 우비를 입고 뛰어갑니다. 선생님이 멀리서 우산을 쓰고 걸어옵니다.

(1)을 읽는다고 생각해 봅시다. 필자는 영희가 어디를 가는지 설명하지 않습니다. 그런데 독자는 궁금합니다. 철수는 학교를 가고 있고, 영수는 뛰어가고 있습니다. 그런데 선생님이 등장합니다. 선

생님이 등장하는 걸 보니, 철수 외에 다른 아이들도 학교를 간다고 생각합니다. 그런데 필자는 자세히 쓰지 않습니다. 독자가 읽고 추론할 수 있기 때문입니다. 물론 필자는 독자가 추론할 거라고 고려하면서 글을 쓰지 않습니다. 단지 필자가 글을 쓰는 효율을 고려하면서 나타난 현상입니다. 즉, 독자에게 추론해야 하는 임무가 생긴 것입니다. 의도적으로 필자가 제시하지 않은 것은 의도가 담겨 있습니다. 그런 추론은 고학년 때 배웁니다.

독자는 글을 읽으면서 추론할 수밖에 없습니다. 글은 세상을 담는 데 한정적이기 때문입니다. 세상을 담고 이해하는 것은 독자의 몫입니다. 우리는 학생들에게 제한된 글을 통해 세상을 이해할 수 있는 능력을 가르쳐 줍니다. 그것이 바로 추론적 읽기입니다. 그리고 1~2학년군에서 학습자가 이해하기 쉽게 추론적 이해를 '짐작하기'라고 제시하고 있습니다.

그렇다면, 왜 짐작하기라고 했을까요? 추론적 읽기를 설명하는 1~2학년군 수준의 용어일까요? 그것을 이해하기 위해서는 이 성취기준의 짐작하기 앞에 있는 내용을 확인해야 합니다. 성취기준에서는 '인물의 마음을 짐작하기'라고 제시합니다. '인물의 마음'이 어떤지 가늠해 보는 것인데, 짐작한다는 말이 적절하게 어울립니다.

'짐작하다'는 사전적 의미로 어림잡아 헤아린다는 것을 의미합니다. 인물의 마음은 인물의 말과 행동을 바탕으로 짐작할 수 있습니다. 인물이 처한 상황도 고려해야 합니다. 독자는 인물의 말과 행동을 읽으면서 자신의 경험을 떠올립니다. 경험한 것도 떠올리고 경험하지 않은 것은 유사한 것을 떠올립니다. 때로는 지식이 필요할 수도 있습니다. "바닐라 아이스크림을 먹어서 날아갈 것 같다."라는 문장을 읽을 때 바닐라 아이스크림을 알아야 합니다.

인물의 마음을 짐작하는 과정에서 우리는 추론적 읽기를 연결할 수 있습니다. 나의 경험을 떠올리고 지식도 떠올려야 합니다. 즉, 경험과 지식을 활용해서 이해해야 합니다. 이때 '이해'는 인물의 마음을 이해하는 것입니다. 이런 과정을 국어과 교육과정에서 '공감'이라 표현하고 있습니다. 인물의 마음을 추론하고 이해하면서 공감할 수 있습니다. 공감한다는 것은 그 인물이 처한 상황도 이해한 것입니다.

정리하면, '짐작하기'는 추론적 이해의 기초가 됩니다. 선생님이 학생에게 가르칠 때 꼭 알아야 하는 내용은 다음과 같습니다.

첫째, 글에서 단서를 찾습니다. 인물의 마음을 짐작하는 단서는 인물이 처한 상황, 말과 행동입니다. 그림책을 읽는다면 그림도 함께 살펴야 합니다. 글에 제시된 단서는 문장, 문단, 짧은 글 등을 이해하는 데 도움이 됩니다. 한 문장에서 이해하지 못한 단서를 다른 문장에서 찾아야 합니다. 문장의 앞과 뒤 문장을 보면서 단서가 있는지 확인합니다. 대체로 멀지 않은 곳에서 알 수 있습니다. 단서를 찾으면서 독자는 문장과 문장의 의미를 연결하고 문단의 의미를 연결해 나갑니다. 이러한 추론을 교량 추론이라고 부릅니다. 다리를 연결하는 추론이라는 뜻입니다.

둘째, 독자의 경험을 떠올립니다. 경험을 떠올릴 때 내가 해 본 경험이나 유사한 경험을 떠올려 보는 것입니다. 그런데 우리가 흔히 놓치는 것이 있습니다. 바로 내가 그 인물이라면 즉, 'if'에 해당하는 가정입니다. '내가 이 인물이라면, 어땠을까?'라고 생각하면, 우리는 자연스럽게 비슷한 경험도 생각합니다. 경험하지 않더라도 그 인물의 상황을 체험해 보는 것입니다. 이러한 체험 방식을 추체험(追體驗)이라고 합니다. 추체험은 국어 교육에서 중요한 이해 과정입니다. 추체험은 다른 사람의 체험을 마치 자기가 체험한 것처럼 해 보는 것입니다. 추체험할 때 짐작하기 전략이 활용됩니다.

셋째, 독자의 지식을 떠올립니다. 독자는 인물의 마음을 알 수 있는 단서를 찾습니다. 만약 글에서 그런 단서가 없다면, 독자가 알고 있었던 지식이나, 다른 참고 자료에서 지식을 찾아야 합니다. 초등학교 1~2학년군에서 지식을 떠올리는 데 가장 중요한 것은 바로 어휘입니다. 어휘의 의미를 몰라서 인물의 마음을 짐작하는 사고를 어려워하는 경우가 있습니다. 어휘의 의미를 모른다면 사전을 찾아봐야 합니다. 사전을 찾아보고 어떤 의미가 맞는지 확인하는 과정도 중요합니다.

사전적 의미가 아니라 전문 지식이 필요하다면 학생에게 책을 찾아보는 연습을 시켜야 합니다. 지식을 확인하는 것보다 지식을 찾아보는 과정이 중요하다는 것을 알려 주어야 합니다. 이 시기에는 읽기를 대하는 태도[stance]를 중요하게 가르쳐야 합니다. 이때 태도는 읽는 방식을 의미합니다. 잘 모른다면 찾아보고 알아야 합니다. 찾기 어려우면 물어보고 탐구해야 합니다. 그런 과정을 통해 안 지식과 이해한 내용은 잊기 어렵습니다.

여기서 잠깐! 태도[stance]를 자세히 알아볼까요?

태도는 로젠블랏(Rosenblatt)이라는 학자가 처음 말한 것입니다. 우리가 글을 읽을 때 마음의 태도가 중요합니다. 즉, 태도는 우리 행동거지를 말하는 것이 아니라, 우리의 마음 상태를 말합니다. 마음의 상태는 글을 읽을 때 중요합니다. 로젠블랏은 글을 읽을 때 정보를 찾기 위한 기능적 태도[efferent stance]와 감동과 즐거움을 얻기 위한 심미적 태도[aesthetic stance]를 가진다고 주장합니다. 그리고 이 태도는 정보책을 읽든, 문학책을 읽든 비율의 차이가 있을 뿐 함께 작용한다고 강조합니다. 정보를 찾아보고 이해하기 위해 노력하는 태도는 읽기에서 중요합니다. 만약 얻고자 하는 마음이 없이 글을 읽는다면, 책을 보고 난 후 독자는 기억하고 있는 정보가 없을 겁니다. 이처럼 학습자에게 어떤 태도로 글을 읽어야 하는지 가르쳐 주는 것은 앞으로 어떤 독자가 되는지와 밀접하게 관련이 있습니다.

2국
02
-
04

즉, 짐작하기는 짐작을 '잘했는지' 점검하는 것보다 '잘하고 있는지' 점검해야 합니다. 우리가 흔히 결과보다 과정이 중요하단 말을 합니다. 읽기는 이해한 결과보다 이해한 과정이 중요합니다. 글을 읽으면서 고민하는 과정이 중요합니다. 책을 읽고 어떤 지식을 알게 되었는지가 중요하지 않습니다. 단정적이지만, 이 시기에는 고민하고 탐구하고 몰입하는 즐거움을 알려 주어야 합니다. 짐작하기가 이런 과정에 기여하는 것입니다.

② 자신의 생각과 비교하기

성취기준에는 '자신과 비교하기'라는 표현이 있습니다. 자신은 나의 생각을 의미합니다. 내가 생각하는 방식, 내가 알고 있던 지식이나 경험 등과 비교하는 것입니다. 비교하는 대상은 책에 있는 내용입니다. 구체적으로 말하면 책의 내용과 나의 생각을 비교하는 것입니다. 그런데 책의 '내용'이 막연합니다. '내용'은 많은 것을 포괄하고 있기 때문입니다.

읽기를 가르치다 보면 글의 내용과 자신의 생각을 비교하며 읽기를 많이 언급합니다. 여기에서 '내용'을 조금 더 세분화해서 생각해 봅시다. 내용을 세분화하면 '비교하기'에 대한 답을 얻을 수 있습니다.

첫째, '글자로'[11] 제시된 지식이나 정보입니다. 글자로 제시된 지식이나 정보를 독자는 주의를 기울이며 확인합니다. 그리고 내가 알고 있었던 것인지 새로운 것인지 확인합니다. 알고 있었던 지식이나 정보라면 독자는 부드럽게 다음 지식과 정보를 확인합니다. 반면에 처음 보는 지식이나 정보라면 독자는 인지적 부조화를 겪습니다.

둘째, 필자의 생각이나 의도입니다. 글에서 드러난 필자의 생각이 있습니다. 이것을 주제라고도 표현합니다. 글에서 드러나지 않은 생각이 있습니다. 그것은 주로 의도로 나타납니다. 의도가 직접적으로 나타날 수도 있습니다. 그러나 대부분 의도는 암시적으로 나타납니다. 독자는 그것을 추론하면서 읽습니다. 필자의 생각이나 의도를 확인하고, 독자는 그것과 자신의 생각을 비교합니다. 과연 내 생각과 유사한 것인지 다른 것인지 생각합니다. 그리고 이것도 역시 같은 생각이라면 비교하는 것이 확인에 그칩니다. 그러나 같지 않은 경우에는 인지적 부조화를 겪습니다.

그렇다면 인지적 부조화는 무엇을 말하는 것일까요? 그리고 '비교하기'와 어떤 관련이 있을까요? 인지적 부조화는 심리학 용어입니다. 우리가 알던 것과 다른 불편함을 겪는 것을 말합니다. 우리는 이해하면서 새로운 것을 보거나, 내가 알던 방식으로 이해되지 않을 때 불편함을 느낍니다. 예를 들면, 당기면 열리던 문이 어느 날 당겨도 열리지 않을 때를 생각해 봅시다. 몇 번을 당겨 보다가 밀어서 열리면, 이상한 불편함을 느낍니다. 이런 불편함이 바로 인지적 부조화입니다.

인지적 부조화를 처리하는 과정은 비교하는 것과 밀접한 관련이 있습니다. 자신의 생각과 비교하면서 부조화를 발견합니다. 그리고 그것을 해결하려고 합니다. 인지적 부조화는 어떻게 해결할 수 있을까요?

인지적 부조화를 해결하려면 세 가지 방법이 있습니다. 첫째, 처음 보지만 내가 알고 있던 것과 유사한 것이라면, 그것을 토대로 이해합니다. 유사한 것이 없더라도 낯섦을 느끼지만 수용하려고 합니다. 둘째, 내가 알고 있던 것과 배치될 경우에는 수용하고 기존 지식을 바꿉니다. 셋째, 내가 알고 있던 것과 배치될 경우에는 수용하지 않고 거부합니다. 우리는 세 가지 방식으로 인지적 부조화를 해결합니다.

인지적 부조화와 비교하기를 연결해 보겠습니다. 그리고 앞에서 다루었던 인물의 마음을 짐작하는 것을 연결해 보겠습니다. 인물의 마음을 짐작하기 위해서 자신의 지식 혹은 경험을 떠올립니다. 그리고 어떤 상황에서 인물은 어떤 마음을 느꼈을지 짐작하기 위해서 독자는 자신의 경험과 지식을 떠올리게 됩니다. 이때, 내가 경험한 상황을 토대로 짐작할 수 있는 것인지 독자는 생각하게 됩니다.

인지적 부조화를 해결하는 방법과 비교하기를 연결해 보겠습니다. 내가 경험한 것과 일치하면 인지적 부조화가 일어나지 않습니다. 첫째, 처음 경험하는 상황일 경우, 유사한 경험을 떠올려 짐작할 수 있습니다. 이야기의 문맥을 바탕으로 짐작한 인물의 마음을 수용하고 자기의 새로운 추체험 혹은 지식으로 습득할 수 있습니다. 둘째, 일치하지 않은 경우, 자기가 알고 있던 지식이나 인식을 수정합니다. 셋째, 일치하지 않은 경우, 수용하지 않고 거부할 수 있습니다.

인지적 부조화와 비교하기를 세 가지로 연결해 봤습니다. 교육하는 상황에서 보면, 세 번째에 해당하는 거부하는 과정은 인물의 마음을 짐작하고 공감하는 능력을 함양하지 못할 가능성이 있습니다. 거부하는 이유를 듣고 이해하도록 지도하는 것이 필요합니다. 수용하는 상황도 인물의 마음을 짐작하는 과정에서 공감을 학습할 수 있도록 지도해야 합니다.

요컨대 글을 읽고 자신의 생각과 비교하는 것의 특징을 다음과 같이 정리할 수 있습니다. 첫째, 독자의 지식과 정보 혹은 생각의 변화를 이끄는 과정입니다. 둘째, 공감하는 사고를 학습하는 과정입니다. 셋째, 새로운 지식과 정보, 견해를 이해하는 과정입니다. 초등학교 저학년부터 글을 읽을 때 '비교하기' 사고를 연습하는 것은 능숙한 독자로 성장하는 데 중요한 밑거름이 됩니다. 더 나아가 학습자의 유연한 사고 태도를 함양하는 데 중요한 영향을 줍니다.

학생들이 '인물의 마음이나 생각을 짐작하고 이를 자신과 비교하여 글 읽기'를 왜 배워야 할까요?

학생들이 이 성취기준을 배워야 하는 이유는 다음과 같습니다.

첫째, 추론적 읽기의 기초 과정을 배울 수 있습니다. 추론적 읽기는 글의 문맥을 고려해 의미를 완성하는 과정입니다. 다시 말해 글의 문맥에서 빠진 부분을 점검하면서 채우는 과정입니다. 인물의 마음을 짐작해야 한다는 것은 글에서 인물의 마음을 직접적으로 제시하지 않고 있다는 것을 의미합니다. 인물의 마음을 모두 제시한다면 독자가 짐작할 필요가 없습니다. 따라서 인물의 마음을 알 수 있는 근거를 찾으며 읽어야 합니다. 그러한 근거는 글에 빠져 있을 수 있습니다. 빠져 있는 정보를 자신의 지식이나 경험을 활용하여 완성합니다. 이 사고가 추론적 읽기의 기초가 되는 과정입니다.

둘째, 공감하는 능력의 기초가 됩니다. 글을 읽고 인물의 마음을 짐작하는 과정은 다른 사람에게 공감하는 능력의 토대가 됩니다. 우리는 글을 읽으면서 끊임없이 생각합니다. 인물의 마음이 어떠할지 깊이 생각합니다. 깊이 생각하는 과정은 공감 발달의 중요한 원천입니다. 책을 읽으면서 얻을 수 있는 장점이 바로 깊이 생각할 수 있는 시간입니다. 영상이나 사진은 주어진 시각 정보에 따라 판단하게 됩니다. 시각 정보에 따른 판단은 이미지가 제공되기 때문에 상상하는 시간이 짧아집니다. 그러나 책을 읽고 이해하는 과정은 독자가 맥락을 이미지로 만들어야 합니다. 이미지로 만들면서 이해하는 과정에서 독자는 공감하는 방법과 공감할 수 있는 능력이 자연스럽게 발달하게 됩니다.

이 성취기준은 읽기 영역의 교육 내용 측면에서 학생에게 이점이 있고, 학생의 사고 발달 측면에서도 이점이 있습니다. 글을 읽는 행위는 결과보다 과정이 중요합니다. 글을 읽는 과정을 경험하면서 독자는 잘 이해할 수 있는 읽기 능력을 발달해 갑니다. 그리고 자신의 사고를 두텁게 만듭니다. 사고가 두텁다는 것은 깊이 생각할 수 있는 힘이 길러진다는 것을 의미합니다.

다 성취기준 내용 상세화

내용 상세화와 국어 수업 연결 따라 가기

이 성취기준의 국어 수업 연결 따라 가기는 앞에서 제시한 문법 영역 관련 성취기준 설명을 참고하면 됩니다.

[2국02-04] 성취기준과 관련된 오개념 중재 방안 알아보기

인물의 마음을 짐작하며 자신의 생각과 비교하는 것과 관련된 오개념에는 무엇이 있을까요?

첫째, 인물의 마음을 짐작하는 것을 추측만 하는 것으로 오해할 수 있습니다. 인물의 마음을 짐작하는 과정은 추론적 읽기의 기초입니다. 추론적 읽기는 문장과 문장, 문단과 문단의 의미를 연결하는 사고 과정입니다. 글에서 말하고자 하는 바가 무엇인지 단서를 가지고 이해하는 과정을 말합니다. 따라서 인물의 마음을 단지 '~할 것이다.'와 같이 추측만 하고 마치면 안 됩니다. 반드시 단서를 가지고 이해해야 합니다.

추론적 읽기는 글에 제시된 단서와 글에 없는 지식, 정보, 경험을 결합하면서 사고하는 특성이 있습니다. 쉽게 말해, 글에 제시된 단서와 독자가 알고 있었던 지식이나 경험했던 것을 연결해 보는 것입니다. 그런데 글에 있는 단서만 가지고 '인물의 마음이 아마도 그럴 거야.'라고 자유롭게 생각해 보는 것은 추론적 읽기가 아닙니다. 내가 생각했던 인물의 마음에 공감하고, 그 마음을 짐작해 본 과정과 결과가 적절한지를 글을 통해서 반성적으로 사고해야 합니다.

우리가 흔히 고등 사고 능력이라는 말을 많이 사용합니다. 읽기에서는 기초 사고 능력으로 해독, 유창성, 재인 등을 예로 듭니다. 고등 사고 능력은 독해, 추론적 읽기, 비판적 읽기 등을 예로 듭니다. 기초 사고 능력과 고등 사고 능력의 가장 큰 차이점은 바로 반성적 사고의 유무입니다. 내가 했던 사고 과정을 점검하는 것이 있는지 없는지가 기초 사고 능력과 고등 사고 능력의 차이점이라 할 수 있습니다. 그렇다면 추론적 읽기의 과정도 내가 적절하게 한 것인지 확인하는 것이 필요하다는 근거를 이해할 수 있습니다.

초등학교 저학년 시기부터 추론적 읽기를 학습하면서 반성적 사고 능력도 점진적으로 발달합니다. 초등학교 시기는 언어를 통해 사고가 발달하는 시기입니다. 우리가 상상하는 것 이상으로 언어가 사고의 발달을 촉진합니다. 그런데 단순히 언어 노출만으로 발달하는 것은 아닙니다. 아이들이 스스로 언어 사용 과정을 점검하면서 발달이 촉진됩니다. 즉, 반성적 사고를 통해 발달이 함양된다고 할 수 있습니다.

둘째, 자신의 생각과 비교하는 것을 배경지식과 경험을 떠올리는 것으로 한정할 수 있습니다. 흔히 자신의 생각과 비교하라고 하면 배경지식을 떠올리는 것으로 생각합니다. 배경지식 활성화라고 부르기도 합니다. 그런데 배경지식과 경험을 떠올리면 자동으로 글의 내용과 연결될까요? 그렇지 않습니다. 자신의 생각과 어떻게 비교해야 하는지 알려 주어야 합니다.

그동안 우리는 '비교하기'는 학생의 몫으로 생각했습니다. 배경지식을 떠올린 후 글의 내용을 어떻게 이해했는지 확인하는 것은 학습자의 몫이었던 겁니다. 그러나 배경지식과 경험을 떠올린 후 자신의 생각과 비교하는 사고를 구체적으로 배워야 합니다. 구체적으로 가르쳐 주지 않으면, 떠올리는 것만으로 비교했다는 오개념을 가질 수 있습니다. 이런 오개념은 선생님과 학습자 모두 가질 수 있습니다.

읽기를 가르칠 때 사고를 설명하는 학습 활동은 구체적으로 가르쳐야 합니다. '비교하기'도 그렇습니다. 물건을 비교할 때를 생각해 보십시오. 물건의 어떤 특징을 비교해야 하는지 자세히 배웁니다. 그런데 우리가 사고할 때 일어나는 일련의 과정에 대한 구체적 설명을 생략할 때가 많습니다. 그렇게 되면, 아이들은 읽을 때 어떻게 사고

해야 하는지 생각하지 못하고 어려움을 겪을 수밖에 없습니다.

'비교하기'도 단순히 배경지식과 경험을 떠올리고, 글을 읽으면서 고려해 보자고만 한다면, 학생들은 떠올린 내용을 글을 이해할 때 활용하지 못합니다. 따라서 배경지식과 경험을 떠올린 후 글의 내용과 일치하는 것인지 아닌지를 따져 보며 읽어야 합니다. 따져 보며 학습자는 사고 능력을 한층 더 함양할 수 있습니다.

3장 쓰기 영역

01. 쓰기 영역 성취기준 개관

2022 개정 국어과 교육과정에서는 '쓰기 영역의 내용 체계'에 '핵심 아이디어'를 밝히고 '지식·이해', '과정·기능', '가치·태도'의 세 범주와 그에 따른 학년군별 '내용 요소'를 제시하였습니다. 국어과 공통 교육과정의 '핵심 아이디어'는 국어과 영역을 아우르면서 영역의 학습을 통해 일반화할 수 있는 내용을 핵심적으로 진술한 것으로, 내용 체계의 설계를 위한 핵심 조직자입니다.

국어과 공통 교육과정의 '내용 체계'는 '지식·이해', '과정·기능', '가치·태도'의 세 범주로 구분하여 설정하였습니다. 쓰기 영역의 내용 체계는 [표 2-16]과 같습니다.

[표 2-16] 2022 개정 국어과 교육과정 쓰기 영역의 내용 체계표

<table>
<tr><td colspan="2">핵심 아이디어</td><td colspan="4">• 쓰기는 언어를 비롯한 다양한 기호나 매체를 활용하여 인간의 생각과 감정을 글로 표현함으로써 의미를 구성하는 행위이다.
• 필자는 상황 맥락 및 사회·문화적 맥락 속에서 자신의 의사소통 목적을 달성하기 위하여 다양한 유형의 글을 쓴다.
• 필자는 쓰기 과정에서 부딪히는 문제를 해결하기 위하여 적절한 쓰기 전략을 사용하여 글을 쓴다.
• 필자는 쓰기 경험을 통해 언어 공동체의 구성원으로 성장하고, 쓰기 윤리를 갖추어 독자와 소통함으로써 바람직한 의사소통 문화를 만들어 간다.</td></tr>
<tr><td colspan="2" rowspan="3">범주</td><td colspan="4">내용 요소</td></tr>
<tr><td colspan="3">초등학교</td><td>중학교</td></tr>
<tr><td>1~2학년</td><td>3~4학년</td><td>5~6학년</td><td>1~3학년</td></tr>
<tr><td>지식·이해</td><td>쓰기 맥락</td><td></td><td>• 상황 맥락</td><td colspan="2">• 상황 맥락
• 사회·문화적 맥락</td></tr>
</table>

범주	세부				
지식·이해	글의 유형	• 주변 소재에 대해 소개하는 글 • 겪은 일을 표현하는 글	• 절차와 결과를 보고하는 글 • 이유를 들어 의견을 제시하는 글 • 독자에게 마음을 전하는 글	• 대상의 특성이 나타나게 설명하는 글 • 적절한 근거를 들어 주장하는 글 • 체험에 대한 감상을 나타내는 글	• 복수의 자료를 활용하여 다양한 형식으로 쓴 글 • 대상에 적합한 설명 방법을 사용하여 쓴 글 • 타당한 근거를 들어 주장하는 글 • 의견 차이가 있는 사안에 대해 주장하는 글 • 자신의 정서를 표현하는 글
과정·기능	쓰기의 기초	• 글자 쓰기 • 단어 쓰기 • 문장 쓰기	• 문단 쓰기		
	계획하기		• 목적, 주제 고려하기	• 독자, 매체 고려하기	• 언어 공동체 고려하기
	내용 생성하기	• 일상을 소재로 내용 생성하기	• 목적, 주제에 따라 내용 생성하기	• 독자, 매체를 고려하여 내용 생성하기	• 복합양식 자료를 활용하여 내용 생성하기
	내용 조직하기		• 절차와 결과에 따라 내용 조직하기	• 통일성을 고려하여 내용 조직하기	• 글 유형을 고려하여 내용 조직하기
	표현하기	• 자유롭게 표현하기	• 정확하게 표현하기	• 독자를 고려하여 표현하기	• 다양하게 표현하기
	고쳐쓰기		• 문장, 문단 수준에서 고쳐쓰기	• 글 수준에서 고쳐쓰기	• 독자를 고려하여 고쳐쓰기
	공유하기	• 쓴 글을 함께 읽고 반응하기			
	점검과 조정		• 쓰기 과정과 전략에 대해 점검·조정하기		
가치·태도		• 쓰기에 대한 흥미	• 쓰기 효능감	• 쓰기에 적극적 참여 • 쓰기 윤리 준수	• 쓰기에 대한 성찰 • 윤리적 소통 문화 형성

앞서 밝혔듯이 쓰기 영역의 '핵심 아이디어'는 쓰기 영역을 아우르면서 쓰기 영역의 학습을 통해 일반화할 수 있는 내용을 핵심적으로 진술한 것으로, 내용 체계의 설계를 위한 핵심 조직자입니다. '핵심 아이디어'는 쓰기 학습을 통해 학습자들이 성취하기를 기대하는 결과이면서 교수·학습 과정에서 지속적으로 주목하여야 할 내용입니다. 2022 개정 국어과 교육과정에서 쓰기 영역의 핵심 아이디어는 네 가지로 진술하였습니다.

> 첫 번째 핵심 아이디어는 '지식·이해', '과정·기능', '가치·태도'를 전체적으로 통어하는 내용으로, 쓰기가 의미를 구성하는 행위임을 밝히며, 쓰기 행위의 본질적 속성에 대한 이해를 담고 있다. 두 번째 핵심 아이디어는 '지식·이해' 범주와 밀접한 관련이 있는 것으로, 쓰기 영역에서 다루는 교육 내용을 관통하며 쓰기 영역 교육 내용의 조직자로서 중요한 역할을 하는 원리에 해당한다. 필자가 쓰기 영역 교육을 통해 상황 맥락과 사회·문화적 맥락을 고려하며 다양한 유형의 글을 쓸 수 있어야 함을 제시하였다. 세 번째 핵심 아이디어 역시 '과정·기능' 범주와 관련이 있고, 필자가 쓰기 과정에서 부딪히는 문제를 해결하기 위해 적절한 쓰기 전략을 사용하여 글을 쓸 수 있는 능력을 갖추어야 함을 제시하였다. 네 번째 핵심 아이디어는 '가치·태도' 범주와 밀접한 관련이 있고, 쓰기 영역에서 추구하는 가치와 태도, 의사소통 문화에 관한 내용으로, 필자는 쓰기 경험을 통해 언어 공동체의 구성원으로 성장하고 쓰기 윤리를 갖추어 독자와 소통함으로써 바람직한 의사소통 문화를 만들어 갈 수 있어야 함을 제시하였다.(노은희 외, 2022: 171)

2022 개정 국어과 교육과정 쓰기 영역의 내용 체계표에서 범주는 두 단계로 나누어 제시하였습니다. 첫 번째 단계는 상위 범주로 2022

개정 국어과 교육과정의 내용 체계에 따라 '지식·이해', '과정·기능', '가치·태도'로 구분하였으며, 두 번째 단계는 하위 범주로 쓰기 영역 고유의 내용 요소의 성격을 효과적으로 제시할 수 있도록 '쓰기 맥락'·'글의 유형', '쓰기의 기초'·'계획하기'·'내용 생성하기'·'내용 조직하기'·'표현하기'·'고쳐쓰기'·'공유하기'·'점검과 조정' 등으로 구분하였습니다. 다만, '가치와 태도' 범주는 구분하지 않았습니다.

쓰기 영역의 '범주'는 핵심 아이디어에 해당하는 내용을 구체화하여, 쓰기 영역의 기초 개념이나 원리로 구성됩니다. '지식·이해' 범주에서는 사회적 구성주의 쓰기 이론 및 장르 중심 쓰기 이론을 반영하여 '쓰기 맥락'과 '글의 유형'을 하위 범주로 구분합니다. 글의 유형은 친교 및 정서 표현, 정보 전달, 설득의 범주입니다. '과정·기능' 범주에서는 '쓰기의 기초'가 신설되었습니다. 글자 쓰기, 문장 쓰기, 문단 쓰기 등과 같은 기초 문식성과 관련된 요소를 별도의 범주로 제시함으로써 기초 문식성 학습에 대한 쓰기 영역의 책무를 강화하고자 하였습니다. 또 '과정·기능' 범주에서는 인지주의 쓰기 이론을 반영하여 계획하기, 내용 생성하기, 내용 조직하기, 표현하기, 고쳐쓰기, 공유하기, 점검과 조정하기 과정을 하위 범주로 설정하고 각 범주에 해당하는 쓰기 전략을 내용 요소로 제시하였습니다. '가치·태도'는 글을 쓰는 필자의 주도성과 필자로서 성장하는 삶에 주목하였고, 바람직한 의사소통 문화에 기여하는 필자가 갖추어야 할 태도에 주목하여 쓰기 윤리를 포함하여 '가치·태도' 범주를 구성하였습니다.(노은희 외, 2022: 172)

특히 2022 개정 국어과 교육과정 쓰기 영역에서는 내용 체계의 '과정·기능' 범주에 '쓰기의 기초'를 하위 범주로 새롭게 제시한 부분이 인상적입니다. 이는 기초 문해력을 강조하는 사회적 요구와 초등

교육 현장의 목소리를 담아낸 것이라 할 수 있습니다. '쓰기의 기초' 하위 범주에 '글자 쓰기', '단어 쓰기', '문장 쓰기', '문단 쓰기'를 중심으로 학습 내용을 체계적으로 제시함으로써 초등학교 저학년 및 중학년을 대상으로 한글 학습을 비롯하여 기초 문식성 학습의 기회를 지속적으로 제공하기 위함입니다.(이수진 외, 2024)

쓰기 영역에서는 지식·이해 범주, 과정·기능 범주, 가치·태도 범주의 내용 요소들을 결합하여 성취기준을 제시하였습니다. 학습 내용의 유기성 및 적정화 정도를 고려하여 [지식·이해]+[과정·기능]('가' 유형), [지식·이해]+[가치·태도]('나' 유형), [과정·기능]+[가치·태도]('다' 유형), [지식·이해]+[과정·기능]+[가치·태도]('라' 유형)으로 범주별 내용 요소를 서로 결합하여 성취기준을 제시하였습니다. 수행이 강조되는 쓰기 영역의 특성을 고려하여, 내용 요소의 성격에 따라 특정 범주의 내용 요소를 2개 이상 활용하여 성취기준을 개발한 경우(기타 유형)도 존재합니다.(노은희 외, 2022: 176)

쓰기 영역의 성취기준을 선정할 때에는 다음의 세 가지 원리를 적용하였습니다. 첫째, 언어를 비롯한 다양한 기호나 매체를 활용하여 의미를 구성하는 과정 전반에 필요한 쓰기 지식과 기능, 태도를 학습 내용으로 선정하였습니다. 둘째, 목적에 따라 다양한 유형의 글을 쓰는 데 필요한 지식과 기능을 학습 내용으로 선정하였습니다. 셋째, 글을 쓰는 경험을 통해 학습자가 언어 공동체의 구성원으로 성장할 수 있도록 학습 내용을 선정하였습니다. 이렇게 선정된 성취기준을 학습자의 인지·정의적 발달 수준, 쓰기 수행의 수준, 학습자의 언어적 필요 등을 고려하여 학년(군)별로 배열하였습니다. 특히 학년(군)이 높아질수록 쓰기 수행 경험이 정교화되고 심화될 수 있게 성취기준을 제시하였습니다.(노은희 외, 2022:180)

초등학교 1~2학년군의 쓰기 영역 성취기준을 제시하면 다음과 같습니다.

- [2국03-01] 글자와 단어를 바르게 쓴다.
- [2국03-02] 쓰기에 흥미를 가지며 자신의 생각이나 느낌을 문장으로 표현한다.
- [2국03-03] 주변 소재에 대해 소개하는 글을 쓴다.
- [2국03-04] 겪은 일을 표현하는 글을 자유롭게 쓰고, 쓴 글을 함께 읽고 생각이나 느낌을 나눈다.

02. 쓰기 영역 성취기준 내용 상세화

[2국03-01] 글자와 단어를 바르게 쓴다.

가 성취기준 개요

이 성취기준은 글자와 낱말을 바르게 쓰는 쓰기의 기초 능력을 기르기 위해 설정하였습니다. 연필 바르게 잡기, 바른 자세로 필순과 글자의 짜임에 맞게 낱자 쓰기, 글자를 정확하고 바르게 쓰기, 낱말을 정확하고 바르게 쓰기를 위해 마련된 성취기준입니다. 쓰기의 기초에 해당하는 이 성취기준의 내용은 읽기 영역의 '읽기의 기초'와 문법 영역의 '한글의 기초와 국어 규범'과 연계하여 지도할 수 있습니다. 이 성취기준과 관련된 내용을 살펴보면서 이 성취기준을 좀 더 깊게 들여다볼까요?

쓰기 영역의 내용 체계표에서 꼼꼼하게 살펴보기

[표 2-17]과 같이 2022 개정 국어과 교육과정의 쓰기 영역 내용 체계표에서 [2국03-01] 성취기준의 내용 요소를 자세히 살펴볼까요?

[표 2-17] 2022 개정 국어과 교육과정의 내용 체계표에서 관련 내용 요소 살펴보기

범주		내용 요소 초등학교 1~2학년	내용 요소 초등학교 3~4학년	내용 요소 초등학교 5~6학년
지식·이해	쓰기 맥락		• 상황 맥락	• 상황 맥락 • 사회·문화적 맥락
지식·이해	글의 유형	• 주변 소재에 대해 소개하는 글 • 겪은 일을 표현하는 글	• 절차와 결과를 보고하는 글 • 이유를 들어 의견을 제시하는 글 • 독자에게 마음을 전하는 글	• 대상의 특성이 나타나게 설명하는 글 • 적절한 근거를 들어 주장하는 글 • 체험에 대한 감상을 나타내는 글
과정·기능	쓰기의 기초	• 글자 쓰기 • 단어 쓰기 • 문장 쓰기	• 문단 쓰기	
과정·기능	계획하기		• 목적, 주제 고려하기	• 독자, 매체 고려하기
과정·기능	내용 생성하기	• 일상을 소재로 내용 생성하기	• 목적, 주제에 따라 내용 생성하기	• 독자, 매체를 고려하여 내용 생성하기
과정·기능	내용 조직하기		• 절차와 결과에 따라 내용 조직하기	• 통일성을 고려하여 내용 조직하기
과정·기능	표현하기	• 자유롭게 표현하기	• 정확하게 표현하기	• 독자를 고려하여 표현하기
과정·기능	고쳐쓰기		• 문장, 문단 수준에서 고쳐쓰기	• 글 수준에서 고쳐쓰기
과정·기능	공유하기	• 쓴 글을 함께 읽고 반응하기		
과정·기능	점검과 조정		• 쓰기 과정과 전략에 대해 점검·조정하기	
가치·태도		• 쓰기에 대한 흥미	• 쓰기 효능감	• 쓰기에 적극적 참여 • 쓰기 윤리 준수

쓰기 영역의 1~2학년군 내용 요소를 보면 이 성취기준은 쓰기 영역 내용 체계에서 지식·이해 범주의 하위 범주인 쓰기의 기초에 속하는 '글자 쓰기', '단어 쓰기' 항목과 관련되고, 넓게 보면 '문장 쓰기'는 물론 3~4학년군의 '문단 쓰기'와 관련됩니다. 이 성취기준은 1~2학년군의 "[2국03-02] 쓰기에 흥미를 가지며 자신의 생각이나 느낌을 문장으로 표현한다.", 3~4학년군의 "[4국03-01] 중심 문장과 뒷받침 문장을 갖추어 문단을 쓰고, 문장과 문단을 중심으로 고쳐 쓴다."로 이어집니다.

여기서 잠깐! 쓰기 영역, [2국03-01] 성취기준의 발자취는?

2007 개정 국어과 교육과정부터 현재까지 이 성취기준의 발자취를 살펴보겠습니다. 조금씩 기술된 내용이 달라지기는 하였으나 초등학교 1학년 입학 후 한글을 읽고 써야 하는 과업을 반영한 성취기준이기 때문에 대동소이합니다.

이 성취기준은 2007 개정 국어과 교육과정 1학년 쓰기 영역에 "【1-쓰기-(1)】 글씨를 바르게 쓴다."로, 2009 개정 국어과 교육과정 1~2학년군 쓰기 영역에 "(1) 글자를 익혀 글씨를 바르게 쓴다."로, 2015 개정 국어과 교육과정 1~2학년군 쓰기 영역에 "[2국03-01] 글자를 바르게 쓴다."로 제시되었던 성취기준과 관련됩니다. 각각의 국어과 교육과정에서 이 성취기준이 빠지지 않고 첫 번째 성취기준으로 제시되는 것으로 보아 "[2국03-01] 글자와 단어를 바르게 쓴다."는 기본적이고 필수적인 성취기준임을 알 수 있습니다.

나 성취기준과 관련된 배경지식

2022 개정 국어과 교육과정에는 이 성취기준에 대한 해설이 제공되지 않습니다. 그래서 2007, 2009, 2015 개정 국어과 교육과정에 각각 제시된 해설을 참고해 볼 수 있습니다. 특히 국어과 교육과정과 별개로 해설서가 나왔던 2007 개정 국어과 교육과정 해설서를 꼼꼼하게 살펴볼 필요가 있습니다.

성취기준 해설에서 단서 찾기

- **【1-쓰-(1)】 글씨를 바르게 쓴다.**(2007 개정 국어과 교육과정 1학년 쓰기 영역 성취기준)

  이 성취기준은 연필을 바르게 잡고, 바른 자세로, 낱자와 글자를 차례에 맞게 쓰는 것이 모든 글쓰기의 기초가 된다는 점을 중시하여 설정하였다. 바른 집필 자세, 서사 자세, 필순에 맞게 쓰기 등의 기초 기능은 처음에 정확하게 익히고, 습관이 되도록 해야 한다. 1학년 1학기 초에는 글의 내용을 구성하는 측면보다는 이러한 기초 기능을 향상하는 데 학습의 중점을 둔다.

  학습은 바른 서사 자세 익히기, 바른 집필 자세 익히기, 낱자와 글자를 필순과 방향에 맞게 쓰기, 낱말과 문장을 정확하게 받아쓰기의 순서로 이루어지도록 한다. 바른 서사 자세 학습에서는 시선, 허리, 팔과 다리의 위치 등에 유의하게 하고, 집필 자세 학습에서는 손가락으로 연필을 잡는 방법, 연필의 각도 등에 유의하게 한다. 낱자 바르게 쓰기에서는 자음자와 모음자를 필순과 방향에 맞게 쓰는 것에 초점을 두며, 글자 바르게 쓰기에서는 글자를 모양에 맞게 쓰는 것에 초점을 둔다. 단, 학습 활동을 할 때 낱자, 글자 자체를 필순, 모양에

2국 03 - 01

맞게 쓰는 기계적 연습에 한정하지 말고, 친숙한 사물 이름을 써 보는 의미 있는 활동을 병행하도록 한다. 한편, 낱말, 문장, 받아쓰기 학습에서는 낱말이나 문장의 발음법, 낱말이나 문장의 발음 듣기, 낱말이나 문장의 표기법, 음성 언어와 문자 언어의 관계 등에 대한 학습을 포함하도록 한다. 불러 주는 낱말은 일상 생활에서 쉽게 접할 수 있는 낱말로 제한하고, 불러 주는 문장은 읽기 교과서나 다른 교과서에 나오는 문장들에 한정하도록 한다.

[글의 수준과 범위] 친숙하고 쉬운 낱말이나 문장

가족, 학용품, 동물, 과일, 채소 등 가정이나 학교에서 쉽게 접할 수 있고 사용 빈도가 높은 어휘 중에서 낱말을 선택한다. 받아쓰기 활동에서 불러 주는 문장은 읽기 교과서나 다른 교과서에 나오는 문장들로 한정하도록 한다.

- **(1) 글자를 익혀 글씨를 바르게 쓴다.**(2009 개정 국어과 교육과정 1~2학년군 쓰기 영역 성취기준)

연필을 바르게 잡고 바른 자세로 낱자와 글자를 쓰는 것은 쓰기의 기초가 된다. 학생들이 여러 형태의 글자를 익히고 글자의 모양과 크기, 쓰는 순서를 고려하여 글자를 정확하고 바르게 쓰도록 지도한다. 1학년 1학기에는 글의 내용을 구성하는 측면보다는 글자를 익혀 정확하게 쓰는 기초 능력을 향상하는 데 중점을 둔다. 한글 낱자의 복잡성 정도를 고려하여 처음에는 받침이 없는 간단한 글자부터 시작하여 차차 받침이 있는 복잡한 글자를 쓸 수 있도록 한다. 글자를 어느 정도 익히고 난 후에는 친숙하고 쉬운 낱말부터 시작하여 차차 문장을 써 보게 하는데, 국어 교과서에 나오는 낱말이나 간단한 문장을 선택하여 받아쓰게 한다.

- **[2국03-01] 글자를 바르게 쓴다.**(2015 개정 국어과 교육과정 1~2학년군 쓰기 영역 성취기준)

  이 성취기준은 바른 자세로 글자를 정확하게 쓰는 습관을 기르기 위해 설정하였다. 바른 자세로 글씨 쓰기에는 바르게 앉아 쓰기, 연필 바르게 잡기, 낱자의 모양이나 간격 등을 고려하여 글씨 바르게 쓰기가 포함된다. 글자를 정확하게 쓰기 위해서는 짜임과 필순에 맞게 낱자를 쓰게 한다. 글자의 복잡성 정도를 고려하여 처음에는 받침이 없는 간단한 글자부터 시작하여 점차 받침이 있는 복잡한 글자를 쓸 수 있게 한다.

2007, 2009, 2015 개정 국어과 교육과정 해설에서 성취기준 "[2국03-01] 글자와 단어를 바르게 쓴다."가 중요하게 다루어지는 몇 가지 단서를 찾을 수 있습니다. 첫째, 바른 서사 자세와 집필 자세를 다루고 있습니다. 쓰기의 초기 학습자인 점을 고려해 학습자의 시선, 허리, 팔과 다리의 위치, 손가락으로 연필 잡는 법, 연필의 각도 등이 중요함을 강조하고 있습니다. 둘째, 자음자와 모음자의 필순, 방향을 다루고 있습니다. 쓰기의 초기 학습자가 한번 익힌 자음자와 모음자의 필순과 방향은 한번 굳어지면 쉽게 고쳐지지 않는다는 점을 고려할 때 정확하게 익히고 습관을 들이는 게 중요합니다. 셋째, 글자의 모양을 다루고 있습니다. 쓰기의 초기 학습자가 초성자, 중성자, 종성자의 결합 방식에 따라 글자 모양이 다양함을 알고 낱자의 간격을 생각하며 글자를 쓰는 게 중요합니다. 넷째, 쓰기의 초기 학습자가 친숙함을 느끼고 자주 접하는 사물의 이름을 낱말로 선정하는 것을 강조합니다. 쓰기의 초기 학습자 수준을 고려해야 함을 강조하고 있

습니다. 다섯째, 글의 내용을 구성하는 측면보다는 글자를 익혀 정확하게 쓰는 기초 능력을 강조합니다. 쓰기의 초기 학습자가 글의 내용 구성 측면에 신경을 쓰다 보면 인지적 과부하가 걸려 글자를 정확하게 익히는 데 방해를 받을 수 있다는 점을 고려하고 있습니다. 여섯째, 다른 성취기준과 연계를 강조하고 있습니다. 낱말이나 문장의 발음법, 낱말이나 문장의 발음 듣기, 낱말이나 문장의 표기법, 음성 언어와 문자 언어의 관계 등에 대한 학습을 폭넓게 다루고 있습니다.

성취기준에 포함된 핵심어, 차근차근 풀어 가기

이 성취기준이 담고 있는 핵심어는 '바른 자세로 쓰기', '낱자 바르게 쓰기', '글자 바르게 쓰기', '단어 바르게 쓰기'로 볼 수 있습니다. 이들 각각에 대하여 자세히 살펴보겠습니다.

① 바른 자세로 쓰기

우선 '바른 자세로 쓰기'를 살펴보겠습니다.

이 성취기준에 제시된 '바른 자세'는 서사 자세와 집필 자세를 의미합니다. 서사 자세란 입문기 학습자가 글쓰기를 하기 위해 책상에 앉아 바르게 몸을 움직이거나 가누는 모양을 말합니다. 성인은 바른 자세를 취하는 것이 어렵지 않지만, 입문기 학습자가 책상에 바르게 앉아 몸을 가누는 것은 쉽지 않습니다. 집필 자세란 입문기 학습자가 연필을 바르게 잡고, 눈과 손의 협응력을 길러 글씨를 바르게 쓰는 자세를 의미합니다. 입문기 학습자는 손의 미세 근육이 발달하지 않았기 때문에 자신의 의도나 생각처럼 연필을 바르게 잡기가 쉽지 않고, 눈과 손의 협응력이 떨어져 바른 집필 자세를 취하기가 역시 쉽지 않습니다. 쓰기의 바른 자세는 한번 굳어지면 이후에 교정이 잘 되지 않고 굳어지는 경향이 있습니다. 따라서 처음부터 입문기 학습자가 바른 서사 자세와 집필 자세를 익히는 게 중요하고, 지속적으로 바른 쓰기 자세를 반복하여 연습해 습관을 형성하는 게 중요합니다.

② 낱자 바르게 쓰기

낱자 바르게 쓰기는 자음자와 모음자를 필순에 맞게 쓰고 익히는 것을 말합니다. 학습자가 자음자 'ㄱ, ㄴ, ㄷ, ㄹ, ㅁ, ㅂ, ㅅ, ㅇ, ㅈ, ㅊ, ㅋ, ㅌ, ㅍ, ㅎ'의 필순을 알고 직접 자음자를 쓰면서 익히는 것입니다. 또한 쌍자음자 'ㄲ, ㄸ, ㅃ, ㅆ, ㅉ'의 필순을 알고 직접 쌍자음자를 쓰면서 익히고, 받침으로 사용하는 'ㄵ, ㄶ, ㄺ, ㄻ, ㄼ, ㅄ'의 필순을 알고 직접 쓰면서 익히는 것입니다. 학습자가 모음자 'ㅏ, ㅑ, ㅓ, ㅕ, ㅗ, ㅛ, ㅜ, ㅠ, ㅡ, ㅣ'의 필순을 알고 직접 모음자를 쓰면서 익히는 것입니다. 또한 'ㅐ, ㅒ, ㅔ, ㅖ, ㅘ, ㅙ, ㅚ, ㅝ, ㅞ, ㅟ, ㅢ'의 필순을 알고 직접 쓰면서 익히는 것입니다.

이때 주의할 점은 자음자 쓰기를 기계적으로 연습하는 것에 한정하지 말고 글자 속에 자리 잡은 자음자, 모음자 쓰기를 연습해야 한다는 것입니다. 입문기 학습자에게 익숙한 사물이나 이름을 나타내는 글자를 활용해 연습하는 것도 중요합니다.

③ 글자 바르게 쓰기

글자 바르게 쓰기는 자음자와 모음자가 결합된 글자를 필순에 맞게 쓰고 익히는 것을 말합니다. 글자 바르게 쓰기는 두 단계로 나눠 살펴볼 수 있습니다.

첫 번째 단계는 글자의 쓰는 순서, 다시 말해 필순을 익히는 단

2국
03
-
01

계입니다. 우선 글자를 쓸 때는 왼쪽에서 오른쪽으로, 위쪽에서 아래쪽으로 연필을 진행해 쓰되 필순에 맞게 써야 합니다. 입문기 학습자는 한 글자가 자음자와 모음자로 결합되어 있음을 알고, 한 글자의 초성 자리, 중성 자리, 종성 자리에 자음자, 모음자, 자음자가 각각 위치하거나 생략되면서 한 글자가 완성됨을 또한 알고 글자의 쓰는 순서에 따라 써야 합니다.

한글 표기에서 자음자와 모음자를 쓰는 순서와 획수는 정해져 있습니다. 이 내용은 교육과정 문서에 제시되는 것은 아니고, 초등 국어 교과서에 제시되고 있습니다. 예시를 보이면 [그림 2-1]과 같습니다.

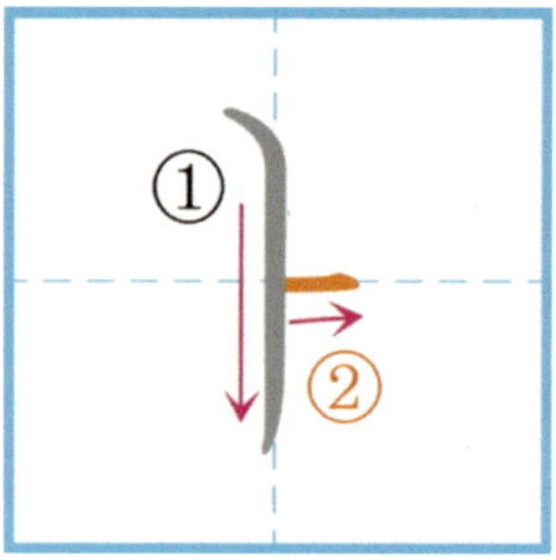

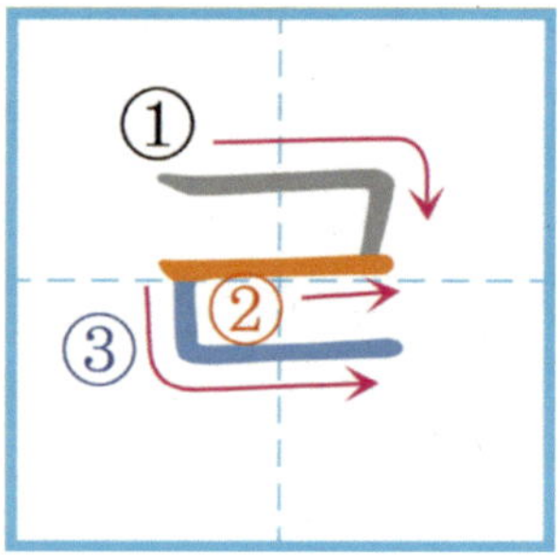

[그림 2-1] 필순과 획수의 예

모음자 'ㅏ'는 위에서 아래로 세로획을 먼저 쓴 후 좌에서 우로 짧은 획을 쓰도록 하고 있습니다. 자음자 'ㄹ'은 세 번에 걸쳐서 표기하도록 안내하고 있습니다. 이처럼 필순과 획수를 익히도록 하는 것은 어떤 의의가 있을까요?

첫째, 국어과 학습에 입문하도록 하는 의의를 가집니다. 국어과 학습은 언어를 다루는 것을 주요 내용으로 하고 있습니다. 언어를 다룬다는 것은 음성 언어나 문자 언어로 표현된 텍스트를 읽고 의미를 파악하는 활동, 자신의 생각을 텍스트로 표현하는 활동이며 이들 활동을 위한 기초 기능으로 자음자, 모음자 쓰기가 있습니다. 이런 활동이 국어과 학습에 입문하는 의의를 지니는 이유를 예를 들어 보겠습니다. 예를 들어, 'ㄹ' 자를 한 번에 쓰는 것과 세 번에 나누어 쓰는 것을 비교하면, 전자는 '그리기'에 해당하고, 후자는 '쓰기'에 해당합니다. 국어과에서 해야 할 활동은 글자를 '그리는' 것이 아니라 '쓰는' 것입니다. 그러므로 '쓰는' 행위가 되려면 획순과 획수에 맞게 써야 합니다. 반대로 미술 학습에서 문자를 표현하는 상황을 가정해 보면, 글자를 쓰듯이 표현하는 것이 아니라 그리듯이 표현해야 합니다. 그것이 미술과의 활동이기 때문입니다. 그렇다면, 'ㄹ'을 한 획에 쓰는 것은 쓰기가 아닌 것인가요? 이에 대한 답은 상황에 따라 다르게 볼 수 있습니다. 글을 쓰는 사람이 입문기에 놓인 필자라서 글자를 쓰는 방법을 익히는 단계라면 이 상황은 그리기를 한 것이라 볼 수 있습니다. 그러나 글자 쓰기가 능숙한 상태라면 그것은 '숙달된 쓰기'라 할 수 있습니다.

둘째, 기능 숙달을 돕는 역할을 합니다. 텍스트를 생성하기 위해서는 글자를 적절한 속도로 쓸 수 있어야 합니다. 머릿속에 떠오르는 대상을 문자로 표기하는 데에 많은 에너지를 쓰게 되면 내용을 생성하는 데 방해가 됩니다. 그러므로 글자 쓰기를 능숙하게 할 수 있게 지도해야 합니다. 글자를 능숙하게 쓰려면 일정한 획순과 획수에 맞게 쓰는 훈련을 해야 합니다. 동일한 과정을 익힐 때 정해진 순서대로 익히는 것과 순서 없이 익히는 경우를 비교해 보면 정해진 순서대로 훈련하는 것이 더 효과적일 것입니다. 그러므로 글자를 구성하는 기본 요소인 자음자와 모음자를 순서에 맞게 쓰도록 하는 것은 글자 쓰기 기능 향상에 도움을 줍니다.

셋째, 규칙에 익숙해지게 하는 역할을 합니다. 학교에서 행하는 학습 활동과 생활은 '규칙'이라는 키워드로 접근할 수 있습니다. 정해진 등교 시간까지 학교에 오는 것, 쉬는 시간에 할 일, 배가 고파도 점심시간까지 기다리는 것 등 학교생활 전반은 규칙 준수와 관련이 있습니다. 각 과목의 학습도 규칙에 따라야 합니다. 수학 학습에서 '+' 기호는 이 기호 왼쪽의 수와 오른쪽의 수를 합쳐서 '=' 기호의 오른쪽에 합친 수를 적습니다. 이것도 규칙의 일종입니다. 국어과 학습에서 글자를 쓸 때, 획순과 획수에 맞게 쓰는 것도 규칙에 익숙해지도록 하는 면과 관련이 있습니다.

두 번째 단계는 글자의 형태인 자형을 익히고 자형대로 쓰는 단계입니다. 글자를 쓴다는 것은 자음자와 모음자를 결합해 글자의 형태인 자형대로 쓴다는 뜻입니다. 한글의 자형은 기울인 세모형(◁), 바른 세모형(△), 마름모형(◇), 네모형(□)으로 구분할 수 있습니다. 글자의 필순을 익히고 자형에 맞게 글자를 쓸 수 있게 되면 글자 바르게 쓰기가 됩니다.

입문기 학습자가 글자를 쓸 때는 명조체보다는 고딕체로 쓰는 습관을 들이는 것이 좋습니다. 미세 근육이 발달하지 않고 손과 눈의 협응력이 떨어지는 입문기 학습자가 꺾임이 있는 모음자를 쓰기는 쉽지 않습니다. 글자 자체를 익히고 글자 형태를 우선 익히는 게 우선이므로 고딕체로 글자 바르게 쓰기를 할 필요가 있습니다. 학생들의 글씨체는 학년이 올라가면 대부분 바뀝니다. 따라서 고딕체로 바르게 글자 쓰기를 익힌 후 글씨체의 변화를 주는 것이 좋습니다.

자형 지도에 대하여 조금 더 자세히 살펴볼까요?

한글은 글자 구조에 따라 그에 적합한 모양을 제시하고 있습니다. 이 역시도 초등학교 국어과 교과서에서 안내하고 있습니다. 한글은 모음자의 위치(종류), 받침의 유무 등에 따라 몇 가지 글자 모양이 있습니다. 한글 표기에서 모음자는 초성자의 오른쪽에 위치하거나 아래쪽에 위치합니다. 또 한글 표기에서는 받침이 없는 경우도 있고, 받침이 있는 경우도 있습니다. 이들의 조합에 따라 글자의 모양이 정해집니다. 이들의 조합에 따라 가능한 경우의 수는 [표 2-18]과 같습니다.

[표 2-18] 글자 모양의 구성 요소

받침 유무 / 중성자의 위치	없는 경우	있는 경우
초성자의 오른쪽	〈: 마, 지, 야, 네, 나, 다	□: 건, 널, 달, 팽, 편, 함, 뺐, 답, 관, 장, 신, 썩
초성자의 아래쪽	∧: 모, 고, 끄, 요 ◇: 주, 구	◇: 음, 놀, 을, 물, 굴, 손, 꽃

[표 2-18]을 보면, 한글 글자는 '〈', '∧', '◇', '□'의 네 가지 모양이 있습니다. 각각 어떤 조건에 놓이는지, 해당 모양의 예로 어떤 글자가 있는지 살펴봅시다. 2022 개정 국어과 교육과정에 의한 국어과 교과서를 중심으로 살펴보겠습니다. 현행 교과서에서는 2학년 1학기부터 자형 지도 내용이 제시되고 있습니다.

첫째, '〈'는 왼쪽으로 뾰쪽한 삼각형 모양인데, 모음자가 초성자의 오른쪽에 위치하고 받침이 없는 경우에 해당합니다. 초성자가 어느 것이냐에 상관없이 'ㅏ, ㅐ, ㅑ, ㅒ, ㅓ, ㅔ, ㅕ, ㅖ, ㅣ' 모음자가 쓰이고, 받침이 없는 경우에 해당합니다. 이 모양의 예로 다음과 같은 글자가 있습니다.

가, 내, 댜, 래, 머, 베, 셔, 예, 지

위의 글자들은 초성자가 어떤 것이든지 상관없이 '〈' 모양으로 써야 합니다. 이런 형의 글자들은 초성자보다 세로획을 조금 더 길게 쓰는 것이 좋습니다. [그림 2-2]를 봅시다.

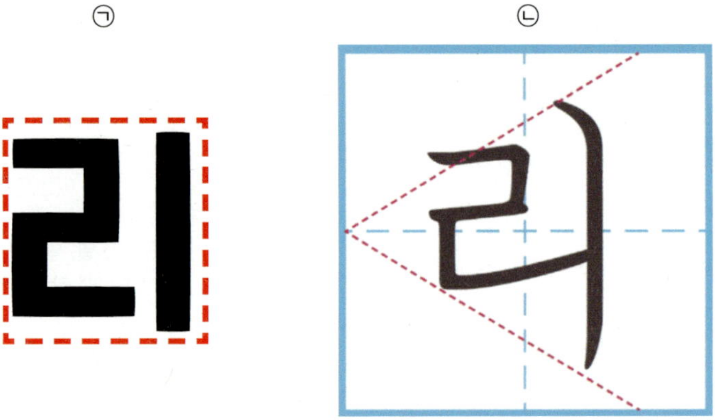

[그림 2-2] '〈 '모양의 예

[그림 2-2]에서 모음자 'ㅣ'를 눈여겨보면, ㉠의 경우는 초성자 'ㄹ'과 모음자 'ㅣ'의 높이가 거의 같아서 전반적인 글자의 모양이 '□' 모양이 되었습니다. 이에 비해 ㉡은 모음자 'ㅣ'의 세로 길이가 초성자 'ㄹ'보다 더 길어서 글자 전체의 모양이 '〈' 모양이 되었습니다.

둘째, 'ㅅ'는 위쪽으로 뾰족한 삼각형 모양인데, 모음자가 초성자의 아래에 위치하는 것 중에서 'ㅗ', 'ㅛ', 'ㅡ'이면서 받침이 없는 경우에 해당합니다. 초성자가 무엇이든 상관없이 이 모음자 아래에 받침이 없는 경우는 'ㅅ' 모양으로 글자를 써야 합니다. 이에 해당하는 글자는 '고', '죠', '드' 등입니다. 이런 모양에 해당하는 글자를 쓸 때는 모음자의 가로획은 초성자의 폭보다 조금 더 길게 써야 합니다. 그리고 초성자는 가급적 좌우 폭이 넓지 않도록 쓰면 'ʌ' 모양을 만들 수 있습니다. 다음 [그림 2-3]을 봅시다.

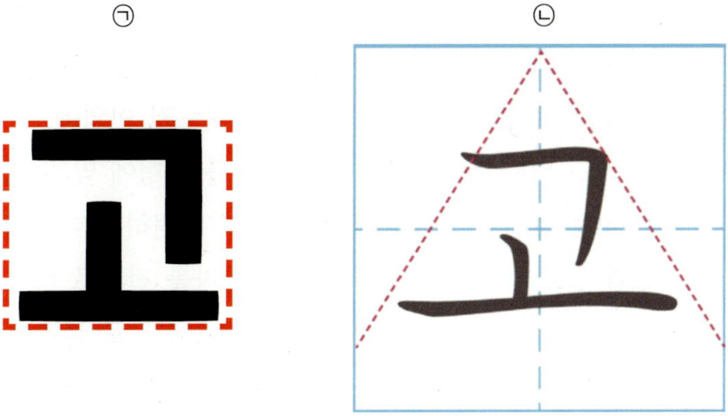

[그림 2-3] 'ʌ'모양의 예

[그림 2-3]을 보면, 모음자 'ㅗ'와 초성자 'ㄱ' 사이의 가로획의 길이비에 따라서 글자의 모양이 달라짐을 알 수 있습니다. ㉠의 경우는 초성자 'ㄱ'의 폭과 모음자 'ㅗ'의 폭이 거의 비슷하여 글자의 전체 모양이 '□' 모양이 되었습니다. 이에 비해 ㉡은 모음자 'ㅗ'의 가로 길이가 초성자 'ㄱ'보다 더 길어서 글자 전체의 모양이 'ʌ' 모양이 되었습니다.

셋째, '◇'는 마름모 모양인데, 모음자가 초성자의 아래에 위치하는 것 중에서 'ㅜ', 'ㅠ'이면서 받침이 없는 경우에 해당하고, 모음자가 초성자 아래에 위치하면서 받침이 있는 경우에 해당합니다. 전자에 해당되는 글자는 '우', '유' 등이고, 후자에 해당하는 글자는 '를', '국' 등입니다. 이런 글자들은 모음자의 가로획을 초성자나 받침보다 더 길게 쓰면 '◇' 모양이 됩니다.

넷째, '□'는 사각형 모양인데, 모음자가 초성자의 오른쪽에 오면서 받침이 있는 경우에 해당합니다. 이에 해당하는 글자는 '함', '실', '많', '앉' 등입니다.

글자에 따라 각각의 자형이 있음을 알고 자형에 맞게 써야 하는 이유는 무엇일까요? 앞에서 언급한 국어과 학습에 입문하는 것, 기능을 숙달하는 것, 규칙에 익숙하게 하는 것 이외에도 '타인 배려' 측면을 고려해 볼 수 있습니다. 글자를 자형에 맞게 써서 내가 쓴 글을 읽는 타인이 쉽게 읽을 수 있도록 배려하는 마음이 생기도록 지도할 필요가 있습니다. 글쓰기는 독자를 전제로 하는 행위입니다. 글쓰기는 글자 쓰기로 시작됩니다. 그러므로 글자를 바르게 쓰는 것은 독자를 배려하는 마음을 키우는 것과 관련됩니다.

④ 단어 바르게 쓰기[12)]

단어 바르게 쓰기는 하나 또는 그 이상의 글자가 결합된 낱말을 필순에 맞게 쓰고 익히는 것을 말합니다. 단어 바르게 쓰기는 소리와 표기가 같은 경우와 다른 경우로 구분해 살펴볼 수 있습니다.

단어 바르게 쓰기는 입문기 학습자의 인지적 부담을 최소화하는 접근을 해야 합니다. 소리와 표기가 다른 것보다는 소리와 표기가 같은 단어를 먼저 쓰는 이유입니다. 소리와 표기가 같은 경우이더라도 글자 수가 많은 것보다는 글자 수가 적은 것을 먼저 쓰는 이유이기도 합니다. 따라서 소리와 표기가 동일하면서 글자 수가 하나인 단어를 가장 먼저 학습하는 것이 좋습니다.

단어 쓰기와 관련된 지식을 조금 더 상세히 살펴볼까요?

단어 쓰기란 ㉮ 대상의 의미를 문자로 표기하는 것, ㉯ 낱말의 소리를 문자로 표기하는 것, ㉰ 철자법에 맞게 쓰는 것으로 구분해 볼 수 있습니다.

먼저 ㉮ 대상의 의미를 문자로 표기하는 것에 대해 살펴봅시다.

이것을 보고 '연필'로 표기하고, 이것을 '나무'라고 표기하는 것이 단어 쓰기입니다. 이것은 표기를 대상의 의미를 드러내는 것으로 보는 관점입니다. 이런 관점은 초기 문자 지도에서 의미 중심 접근법과 관련이 있습니다.

다음으로 ㉯ 낱말의 소리를 문자로 표기하는 것에 대해 살펴봅시다. 이것은 [연필]이라는 말소리를 '연필'로, [나무]라는 말소리를 '나무'로 표기하는 것을 의미합니다. ㉯ 관점은 초기 문자 지도에서 발음 중심 접근법과 관련이 있습니다. 표기된 결과는 ㉮, ㉯가 동일하지만, 함의하는 바는 다릅니다.

다음으로 ㉰ 철자법에 맞게 쓰는 것에 대해 살펴봅시다.

이것을 ㉮의 관점에 의하면 '옷'으로 표기해야 합니다. 만약 ㉯의 관점을 취하면 '옫'으로 표기해야 합니다. 한국어 음절 구조에서는 받침에 [ㅅ] 소리가 날 수 없기 때문입니다. 이 두 가지 방식이 동시에 사용될 경우는 동일한 대상에 대한 표기가 달라지게 되어 언어생활에 불편을 초래합니다. 이런 불편을 해결하기 위하여 '한글 맞춤법'을 정하여 표기 규칙을 만들어 적용하고 있습니다. ㉰의 관점은 이 표기 규칙에 맞게 표기하는 것을 의미합니다. 현재 한글 맞춤법의 대원칙은 "표준어를 소리대로 적되, 어법에 맞도록 함을 원칙으로 한다."입니다. 그러므로 단어 쓰기 교육에서는 ㉰의 관점이 ㉮, ㉯를 포괄한다고 볼 수 있습니다.

단어 쓰기 지도는 어떤 면에서 중요할까요?

첫째, 문장 쓰기의 기초를 이룬다는 점에서 중요합니다. 앞서 살펴본 바와 같이 문장 쓰기는 자신의 생각을 문장으로 드러내는 것인데, 형식적인 면에서 문장은 단어가 모여서 구성된 단위입니다. 내용적인 면에서도 문장은 단어로 구성됩니다. 이때의 단어는 성질에 따라 분류하면 실질적 의미를 가지는 단어와 문법적 의미를 가지는 단어로 나누어 볼 수 있습니다.[13] 즉, 문장은 개념들 간의 관계를 나타낸 것인데, 개념을 담당하는 부분이 실질적 의미를 가지는 단어이고, 관계를 맺는 기능을 하는 것이 문법적 의미를 가지는 단어입니다. 이처럼 단어는 문장 구성의 기본 요소라는 점에서 학습의 중요성이 있습니다.

둘째, 쓰기 유창성 향상을 위해 단어 쓰기를 익혀야 합니다. 글을 쓴다는 것은 자신의 사고를 언어로 표기하는 것인데, 글은 문장이 모여서 하나의 텍스트를 구성한 것입니다. 문장은 단어로 구성되는데 단어를 표기하는 것이 능숙하지 않으면 작문의 속도가 느려지게 됩니다. 작문의 속도가 느려지면 필자의 사고가 작문의 내용 생성에 초점을 두지 못하고, 표기에 초점을 두게 되어 작문 활동이 원활하게 이루어질 수 없게 됩니다. 이런 문제점을 해결하기 위해서는 단어를 정확하고 신속하게 표기할 수 있도록 지도해야 합니다.

셋째, 단어를 정확하게 표기하는 것은 표기와 발음, 음독[14]과의 관계를 인식하게 합니다. 앞서 살핀 바와 같이 단어를 표기하는 것은 대상의 의미나 대상을 지칭하는 음성을 문자로 표기하는 것인데, 표기된 것을 소리 내어 읽는 음독과도 관련됩니다. 발음, 표기, 음독의 관계는 [표 2-19]와 같이 정리할 수 있습니다.

[표 2-19] 대상, 발음, 표기, 음독의 관계

대상(의미)	발음	표기	음독
줄기나 가지가 목질로 된 여러해살이 식물	[나무]	나무	[나무]
지평선이나 수평선 위로 보이는 무한대의 넓은 공간	[하늘]	하늘	[하늘]
몸을 싸서 가리거나 보호하기 위하여 피륙 따위로 만들어 입는 물건	[옫]	옷	[옫]
일정한 시설을 갖추어 놓고 음식을 만들고 설거지를 하는 등 식사에 관련된 일을 하는 곳	[부억]	부엌	[부억]

[표 2-19]에서 확인할 수 있는 바와 같이, 발음과 음독은 항상 동일해야 합니다. 한글 맞춤법에서는 표기하는 방식을 소리 나는 대로 적되 어법에 맞도록 함을 원칙으로 하고 있습니다. 어법에 맞도록 표기하게 한 것은 표기된 형태를 통해 낱말의 의미를 잘 유추할 수 있도록 하기 위함입니다. 여기에 해당하는 경우는 표기와 발음이 일치하지 않는 경우입니다. 이런 경우는 평소 발음하는 대로 표기해서도 안 되고, 표기된 대로 읽어서도 안 됩니다. 예를 들어, '밥도 먹고, 떡도 먹었다.'를 [밥또먹꼬떡또 머걷따]라고 말합니다. 이것을 '밥또 먹꼬, 떡또 머걷따.'로 표기하면, '나도 너도'에 쓰인 '도'와 동일한 기능을 하는 '도'가 어떤 경우에는 '또'로 표기되고 어떤 경우에는 '도'로 표기되어 독자들이 혼란스러울 수 있습니다. 반대로 '밥도 먹고, 떡도 먹었다.'를 표기된 대로 [밥][도][먹][고][떡][도][먹][엇][다]로 읽어서도 안 됩니다. 그렇게 읽으면 평소 음성 언어 의사소통에 쓰이는 말하기와 너무 차이가 커서 어색하게 느껴집니다. 이처럼 낱말 표기를 정확하게 하도록 지도하는 것을 통해 발음, 표기, 음독의 관계를 인식할 수 있게 합니다.

다음으로 단어 쓰기 지도의 내용을 살펴볼까요? 이와 관련된 자세한 내용은 문법 영역의 "[2국04-02] 소리와 표기가 다를 수 있음을 알고 단어를 바르게 읽고 쓴다." 부분을 참고해 주세요.

다 성취기준 내용 상세화

내용 상세화와 국어 수업 연결 따라 가기

[표 2-20] 성취기준 내용 세분화

<table>
<tr><th>성취기준</th><th>내용</th><th>1차 세분화</th><th>2차 세분화</th></tr>
<tr><td rowspan="6">[2국03-01] 글자와 단어를 바르게 쓴다.</td><td rowspan="4">글자를 바르게 쓰기</td><td>바른 자세로 쓰기</td><td>• 바른 서사 자세로 쓰기
• 바른 집필 자세로 쓰기</td></tr>
<tr><td>낱자 바르게 쓰기</td><td>• 자음자 필순을 익히며 쓰기
• 모음자 필순을 익히며 쓰기</td></tr>
<tr><td>글자 바르게 쓰기</td><td>• 글자 필순을 익히며 쓰기
• 글자 자형을 익히며 쓰기</td></tr>
<tr><td>글자의 짜임 알고 쓰기</td><td>• 받침이 없는 글자 짜임 알고 쓰기
• 받침이 있는 글자 짜임 알고 쓰기</td></tr>
<tr><td rowspan="2">단어를 바르게 쓰기</td><td>소리와 표기가 같은 단어 쓰기</td><td>• 받침이 없는 한 글자 낱말 쓰기
• 받침이 없는 여러 글자 낱말 쓰기</td></tr>
<tr><td>소리와 표기가 다른 단어 쓰기</td><td>• 홑받침이 있는 낱말 바르게 쓰기
• 겹받침이 있는 낱말 바르게 쓰기</td></tr>
</table>

[표 2-20]의 내용 체계는 학습자들에게 가르칠 것이 아니라 교사가 이 성취기준에 의해 구성된 단원을 지도하기 위해서 알고 있어야 할 체계입니다. '글자를 바르게 쓰기'와 '단어를 바르게 쓰기'로 구분해 볼 수 있습니다.

글자를 바르게 쓰기는 바른 자세로 쓰기, 낱자 바르게 쓰기, 글자 바르게 쓰기, 글자의 짜임 알고 쓰기 등으로 세분화됩니다. 바른 자세로 쓰기는 서사 자세와 집필 자세로 다시 세분화됩니다. 바른 자세로 쓰기 위해서 선 긋기와 사선 긋기가 필요한데, 이것은 바른 서사 자세와 집필 자세를 익히는 데 중요합니다. 또한 낱자와 글자 바르게 쓰기는 필순에 맞게 쓰는 것이 중요하고, 자형을 익히는 것도 중요합니다. 특히 글자의 짜임을 알고 쓰기는 받침이 있는 글자와 없는 글자의 짜임을 익히고 쓰는 것이 필요합니다.

[2국03-01] 성취기준과 관련된 오개념 중재 방안 알아보기

이 성취기준과 관련된 오개념은 글자를 바르게 쓰기 위한 기초 활동이 중요하지 않다고 생각하는 경우입니다. 가로선을 긋거나 세로선을 긋는 활동을 할 때, 연필을 바르게 잡는 집필 자세가 중요합니다. 낱자나 글자를 쓸 때, 바른 집필 자세와 더불어 바른 서사 자세가 중요합니다. 글자 쓰기를 처음 접하는 때부터 바른 서사 자세와 집필 자세를 반복적으로 지도해 초등학교 1~2학년 학생이 바른 습관을 가질 수 있도록 해야 합니다.

필순을 익히는 것이 중요하지 않다고 여기는 경우도 있습니다. 그러나 글자나 단어를 바르게 쓰는 것에는 글자나 단어를 알고 쓰는 것뿐만 아니라 학습자가 필순을 익히고 쓰는 것까지 포함됩니다. 초기의 집필 자세와 서사 자세가 습관으로 이어지듯이 필순 또한 처음부터 바르게 익히지 않으면 곤란합니다. 한번 형성된 습관은 이후 교정하기 어렵기 때문입니다. 따라서 글자와 단어를 쓸 때 초기 학습자가 반드시 필순에 따라 익히도록 지도해야 합니다.

> [2국03-02] 쓰기에 흥미를 가지며 자신의 생각이나 느낌을 문장으로 표현한다.

가 성취기준 개요

이 성취기준은 쓰기에 흥미를 가지고 자신의 생각이나 느낌을 문장으로 표현하는 능력을 기르기 위해 설정되었습니다. 사람들은 일상생활에서 의사소통의 수단으로 말과 글을 사용합니다. 즉, 자신의 생각이나 느낌을 타인에게 전달하기 위한 수단으로 말과 글을 사용하는데, 이 성취기준은 글을 사용하여 의사소통하는 상황과 관련됩니다. 글로 의사소통하는 상황에서 사용되는 기본 언어 단위는 문장입니다. 낱말을 사용하여 의사소통하는 것이 불가능하지는 않으나 특별한 경우가 아니면 문장을 기본 단위로 사용합니다. 자신의 생각이나 느낌을 상대에게 잘 전달하려면 상대방이 내가 쓴 문장의 의미를 잘 이해할 수 있도록 문장을 짜임새 있게 구성해야 합니다. 이 성취기준을 좀 더 깊게 들여다볼까요?

쓰기 영역의 내용 체계표에서 꼼꼼하게 살펴보기

[표 2-21] 2022 개정 국어과 교육과정의 내용 체계표에서 관련 내용 요소 살펴보기

범주		내용 요소		
		초등학교		
		1~2학년	3~4학년	5~6학년
지식·이해	쓰기 맥락		• 상황 맥락	• 상황 맥락 • 사회·문화적 맥락

지식·이해	글의 유형	• 주변 소재에 대해 소개하는 글 • 겪은 일을 표현하는 글	• 절차와 결과를 보고하는 글 • 이유를 들어 의견을 제시하는 글 • 독자에게 마음을 전하는 글	• 대상의 특성이 나타나게 설명하는 글 • 적절한 근거를 들어 주장하는 글 • 체험에 대한 감상을 나타내는 글
과정·기능	쓰기의 기초	• 글자 쓰기 • 단어 쓰기 • 문장 쓰기	• 문단 쓰기	
	계획하기		• 목적, 주제 고려하기	• 독자, 매체 고려하기
	내용 생성하기	• 일상을 소재로 내용 생성하기	• 목적, 주제에 따라 내용 생성하기	• 독자, 매체를 고려하여 내용 생성하기
	내용 조직하기		• 절차와 결과에 따라 내용 조직하기	• 통일성을 고려하여 내용 조직하기
	표현하기	• 자유롭게 표현하기	• 정확하게 표현하기	• 독자를 고려하여 표현하기
	고쳐쓰기		• 문장, 문단 수준에서 고쳐쓰기	• 글 수준에서 고쳐쓰기
	공유하기	• 쓴 글을 함께 읽고 반응하기		
	점검과 조정		• 쓰기 과정과 전략에 대해 점검·조정하기	
가치·태도		• 쓰기에 대한 흥미	• 쓰기 효능감	• 쓰기에 적극적 참여 • 쓰기 윤리 준수

쓰기 영역의 1~2학년군 내용 요소를 보면 이 성취기준은 쓰기 영역 내용 체계에서 지식·이해 범주의 하위 범주인 쓰기의 기초에 속하는 '문장 쓰기' 항목과 직접적으로 관련되고, 넓게 보면 3~4학년군의 '문단 쓰기'와 관련됩니다. 이 성취기준은 1~2학년군의 "[2국03-01] 글자와 단어를 바르게 쓴다."의 내용을 토대로 하고 있으며, 3~4학년군의 "[4국03-01] 중심 문장과 뒷받침 문장을 갖추어 문단을 쓰고, 문장과 문단을 중심으로 고쳐 쓴다."로 이어집니다. 내용과 관련

해서는 1~2학년군의 문법 영역 성취기준 "[2국04-03] 문장과 문장 부호를 알맞게 쓰고 한글에 호기심을 가진다."도 관련됩니다.

여기서 잠깐! 쓰기 영역, [2국03-02] 성취기준의 발자취는?

2007 개정 국어과 교육과정 쓰기 영역에는 이 성취기준과 직접적으로 관련된 내용이 제시되지는 않습니다. 내용 면을 보면 "【1-문법-(3)】 문장 부호의 이름과 쓰임을 안다."와 관련됩니다. 2009 개정 국어과 교육과정 1~2학년군 쓰기 영역에 "(2) 자신의 생각을 문장으로 정확하게 표현한다."로 제시되었으며, 2015 개정 국어과 교육과정 1~2학년군 쓰기 영역에 "[2국03-02] 자신의 생각을 문장으로 표현한다."로 제시되었던 성취기준과 관련됩니다. 문자 언어 의사소통의 기본 단위는 문장이며, 문장을 기본 단위로 하여 텍스트가 구성된다는 점을 고려하면 이 성취기준은 글쓰기의 기본에 해당하는 중요한 성취기준이라고 볼 수 있습니다.

나 성취기준과 관련된 배경지식

2022 개정 국어과 교육과정에는 이 성취기준에 대한 해설이 다음과 같이 제시되어 있습니다.

● 성취기준 해설에서 단서 찾기

- **[2국03-02] 쓰기에 흥미를 가지며 자신의 생각이나 느낌을 문장으로 표현한다.**(2022 개정 국어과 교육과정 1~2학년군 쓰기 영역 성취기준)

이 성취기준은 쓰기에 흥미를 가지고 자신의 생각이나 느낌을 문장으로 표현하는 능력을 기르기 위해 설정하였다. 쓰기에 대한 긍정적인 인식을 가지고 문장 쓰기를 수행하는 것은 필자로 성장하기 위한 출발점에 해당한다. 자신의 생각이나 느낌을 문장으로 구성하는 방법, 꾸며 주는 말을 넣어 자신의 생각이나 느낌을 표현하는 방법 등을 학습한다. 이를 통해 학습자가 자신이 쓰고 싶은 화제나 주제를 찾아 다양한 문장으로 표현하는 즐거움을 경험하도록 한다.

이 성취기준이 담고 있는 내용의 초점은 '문장으로 표현하기'입니다. 문자 언어 의사소통에서 가장 일반적인 단위는 문장입니다. '문장'에 대한 학습은 언어학적 측면에서 접근할 수도 있고, 글쓰기의 기초 차원에서 접근할 수도 있습니다. 언어학적 측면의 접근은 주로 문장의 구조, 문장 성분, 문장 종결 등에 대한 학문적 접근이 주요 내용이 됩니다. 글쓰기의 기초 차원의 접근은 필자의 생각이나 느낌을 문장으로 구성하여 전달함으로써 타인이 필자의 의도를 잘 알아채도록 하는 데 초점이 있습니다. 이 성취기준은 글쓰기의 기초 차원에 더 가까운 성격을 가집니다. 성취기준 해설을 보면 주요 학습 내용은 '자신의 생각이나 느낌을 문장으로 구성하는 방법', '꾸며 주는 말을 넣어 자신의 생각이나 느낌을 표현하는 방법' 등입니다. 뒤에서 살펴보겠지만, 생각이나 느낌의 상태를 그대로 문장으로 표현할 수는 없습니다. 자세한 내용은 '다 성취기준 내용 상세화'에서 살펴보겠습니다.

성취기준에 포함된 핵심어, 차근차근 풀어 가기

이 성취기준이 담고 있는 내용의 초점은 '생각', '느낌', '문장으로

2국 03 - 02

표현하기'입니다. 우선 생각과 느낌의 뜻과 특성, 종류를 알아보고, 생각과 느낌을 드러내는 언어 표현도 함께 살펴보겠습니다. 국어 교육 장면에서 '생각과 느낌'은 함께 쓰이는 경우가 대부분입니다. "모든 사고는 느낌을 전제로 한다."[15]라는 명제를 인정한다면 '생각과 느낌'보다는 '느낌과 생각'이라고 표현하는 것이 적절해 보입니다. 실제로는 '생각'과 '느낌'이 동시에 작동하는 것이라고 보는 게 더 적절하겠지만, 논리적으로 풀어내기 위해서는 구분하는 것 또한 필요합니다.

● 느낌

먼저 '느낌'이란 무엇인지 알아봅시다.

표준국어대사전에 실린 '느낌'의 뜻은 "몸의 감각이나 마음으로 깨달아 아는 기운이나 감정."입니다. 이와 유사한 뜻을 가진 용어로는 '감정', '정서', '감각' 등이 있습니다. 이들은 분명하게 구분되는 용어는 아닙니다. '감정(感情)'은 심리학, 교육학, 철학, 인지과학 등에서 가장 일반적으로 널리 쓰이는 번역어입니다. 감정은 정서[emotion]와 구분 없이 폭넓게 사용되기도 합니다. '정서(情緖)'는 특히 교육학, 발달심리학, 감성지능 연구 등에서 주로 사용하는 용어입니다. feeling을 emotion과 구분하려는 흐름에서 정서가 사용되며, 보다 안정된 심리 상태를 가리킬 때 사용되기도 합니다. '감각(感覺)'은 신체적 또는 생리적 감각으로서의 feeling을 의미할 때 사용됩니다. 예를 들어, 통증, 온도, 촉감 등을 지칭할 때 적절합니다. '느낌'은 보다 직접적이고 주관적인 체험에 초점이 있는 맥락에서 사용됩니다. 학술적이지만 다소 비형식적으로 쓰이는 경우도 많습니다.

이들 용어는 사용하는 분야에 따라 조금씩 다르게 쓰이는 경향이 있으나 공통점도 있습니다. 이들은 모두 인간의 내적 상태나 경험을 표현한다는 점에서 공통점을 지니고 있습니다. 이 부분에 대하여 좀 더 자세히 살펴보겠습니다.

첫째, 내적 경험을 표현하는 용어라는 점입니다. 이 네 가지 용어는 모두 개인의 주관적인 상태를 나타냅니다. 외부 세계에 대한 반응이든, 내부 상태의 자각이든 개인의 인식과 밀접한 관련이 있습니다. 다음의 예를 볼까요?

㉠ 나는 기쁘다. (감정)
㉡ 나는 불안하다. (정서)
㉢ 뭔가 이상한 느낌이 든다. (느낌)
㉣ 차가운 게 닿았다. (감각)

앞의 ㉠, ㉡, ㉢, ㉣은 모두 개인의 내적 경험을 표현한 것인데, 개인의 의식과 관련됩니다.

둘째, 어떤 자극에 대한 반응으로 발생한다는 점입니다. 이 네 가지 모두 외부 자극(소리, 상황, 사람 등) 또는 내부 자극(기억, 생각 등)에 대한 반응으로 생깁니다. 순서는 '자극 → 신경계/심리적 반응 → 감정/정서/느낌/감각'의 단계를 거칩니다.

셋째, 이들은 심리학 및 인지과학의 주요 분석 대상입니다. 이들은 모두 인지심리학, 신경과학, 발달심리학, 교육심리, 상담심리 등의 연구에서 중요한 개념입니다. 각각은 주의, 기억, 의사 결정, 동기, 행동 등과도 연결됩니다.

넷째, 언어적 표현과 해석에 따라 의미가 구분됩니다. 이 네 가지 용어 모두 언어로 표현될 수 있지만, 언어적 해석 없이는 명확히 구분하기 어려운 경우가 많습니다. 예를 들어 '기분'이라는 표현은 감정·정서·느낌 중 어느 하나로도 해석될 수 있습니다. 그래서 '감정'이라는 말도 일상적으로 많이 사용하며, 이 글에서도 이 둘을 구분하지 않습니다.

그러나 이 용어들의 의미 차이도 있습니다. 최현석(2011)에서는 감정을 느낌, 감정(정서), 정동, 기분으로 나누어 특징을 서술하고 있습니다. 이 책에 담긴 내용을 중심으로 차이점을 정리해 보면 다음과 같습니다. 다만, 차이점이 있다고 해도 이 네 가지 용어의 개념이나 실제 사용 양상이 명확히 구분되지 않는다는 점을 생각해야 합니다.

느낌[feeling]은 어떤 경험에서 비롯되는 순간적인 반응을 표현하는 것으로 대개는 좋은 느낌인지 싫은 느낌인지 뚜렷하게 구분됩니다. 감정과 감각 모두를 포함하는 개념으로 사용되기도 합니다. 감정[emotion]은 외부 자극에 대한 반응인데, 뇌에서 인지하는 과정을 거친 반응입니다. 예를 들어, 누군가 상을 받았다는 소식을 접하면 나와 그 사람과의 관계에 따라 감정이 달라지는 것을 느낄 수 있는데, 그것이 바로 감정입니다. 정동[affect]은 객관적으로 관찰 가능한 감정 상태를 의미합니다. 인간이 느끼는 감정은 항상 밖으로 드러나는데 주로 표정, 행동, 말로 나타납니다. 이렇게 드러나는 것을 정동이라 합니다. 기분[mood]은 금방 사라지는 감정과는 달리 좀 더 긴 시간 동안, 적어도 몇 시간에서 며칠 단위로 지속되어 감정을 떠받치는 정신 상태입니다.

초등학교 교육과정의 성취기준에서는 위에서 보인 차이에 대한 언급은 없습니다. 또한 이 차이점들을 명확히 드러내어 가르치기를 요구하는 것도 아닙니다. 이 모두를 아우르는 용어로 '느낌[feeling]'을 사용하고 있는 것으로 보입니다. 그러나 학생을 지도하는 교사는 '느낌'이라는 용어가 감정, 정동, 기분 등과 관련성을 가진다는 것을 알고 있어야 합니다. 그래야 어떤 상황을 표현할 때 적절한 용어를 사용하여 표현하는 것을 지도할 수 있을 것이기 때문입니다.

학생들이 '느낌 표현하기'를 왜 배워야 할까요?

초등학생들에게 느낌 표현하기를 왜 가르쳐야 할까요? 지도의 필요성 몇 가지를 들어 보겠습니다.

첫째, '느낌'은 의사소통 내용의 기본이기 때문입니다. 사람들은 다른 사람들과 언어를 활용하여 의사소통합니다. 이때 언어는 의사소통의 수단이고 그 내용은 주로 '느낌이나 생각'입니다. 의사소통 내용의 한 축이 바로 '느낌'입니다. 그러므로 자신의 느낌을 표현하는 것을 익혀야 하며, 타인의 표현을 통해 타인의 감정이 어떤지 잘 파악할 수 있어야 합니다. 그래야 타인과의 의사소통이 성공할 수 있습니다. 이런 이유로 학습자에게 느낌 표현하기를 가르쳐야 합니다.

둘째, '감정'의 상태와 '언어 표현'이 동일하지 않기 때문입니다. 감정은 사람이 느끼는 것입니다. 이 느낌은 경계가 모호하기 때문에 단위를 정하기가 어렵습니다. 예를 들어 온도가 낮은 물에 손을 담그는 경우를 가정해 볼까요? 이때의 느낌을 나타내는 표현으로는 '시원하다', '차갑다', '시리다' 등이 있을 수 있습니다. 이 표현들의 차이는 어느 정도 느낄 수 있지만 경계를 명확히 정할 수는 없습니다. 그러나 언어 표현은 '시원하다'와 '차갑다', '시리다'로 분명하게 경계를 지을 수 있습니다. 이 상황을 그림으로 나타내면 [그림 2-4]와 같이 나타낼 수 있을 것입니다.

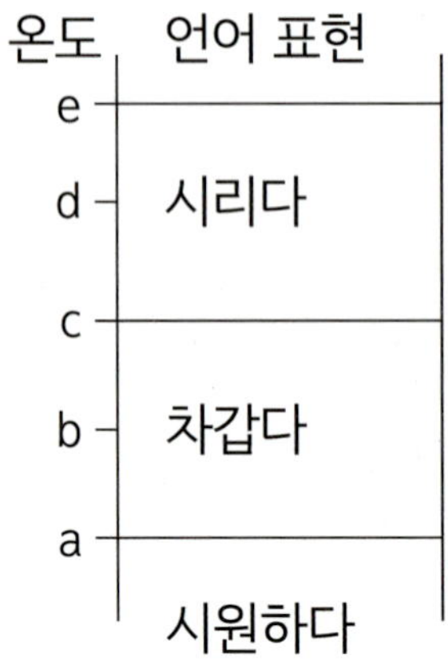

[그림 2-4] 온도 표현의 예

[그림 2-4]를 보면, 각 온도에 따른 표현 어휘가 온도와 일대일로 대응되는 것은 아니라는 것을 알 수 있습니다. '시원하다', '차갑다', '시리다'는 특정 지점을 의미하는 것이 아니라 어떤 범위를 나타냅니다. 감정을 나타내는 어휘는 대부분 이런 특성을 가집니다. 그러므로 학습자들에게 대략적인 어떤 감정의 범위를 나타내는 어휘를 지도해야 하며, 학생들은 이를 통해 자신의 감정을 드러내는 방법을 배울 것이고, 이를 통해 타인의 표현이 어떤 감정일지 추측, 추론하는 방법도 배우게 됩니다. 이런 이유로 느낌 표현하기를 학습자들에게 가르쳐야 합니다.

셋째, 감정은 사람마다 느끼는 정도가 다르기 때문입니다. 이에 대해 김태용 외(2011: 444)에는 그 이유를 사람마다 감정을 표현하는 어휘들과 그 각각에 대한 의미가 모든 이들에게 완전히 동일하게 해석되지 않기 때문이라고 정리하고 있으며, 사람마다 감정 표현에 편차가 발생하는 이유는 감정 언어의 인지 구조에 차이가 있기 때문이라고 Barrett을 인용하여 제시하고 있습니다. 감정 언어의 인지 구조가 차이가 난다는 것은 감정을 나타내는 언어 표현에 대해 사람들이 생각하는 정도에 차이가 있다는 의미입니다. 예를 들면, 해결되지 않는 문제 때문에 '가슴이 답답함'을 느끼는 경우, 이 상황을 표현할 때나 해석할 때 '답답함'의 정도는 사람마다 다르다는 것입니다. 한국어는 감정 관련 어휘가 많아 다양한 감정을 표현할 수 있다는 장점이 있지만, 이것은 동시에 어감에 대한 차이가 분명하지 않아서 의사소통에 지장을 주는 단점으로 작용할 수도 있습니다. 그래서 최대한 타인들과 감정 언어 인지 구조의 차이를 좁히는 것이 필요합니다. 이런 이유에서 느낌 표현하기를 학습자들에게 가르쳐야 합니다.

넷째, 감정은 '사고'의 기본 재료가 되기 때문입니다. 백종현(2004)에 제시된 '사고(생각)'가 구성되는 과정은 다음과 같습니다.[16] 사고에는 사고 '작용'과 사고 '내용'이 있으며, 사고하는 '사람'이 있습니다. 즉 생각의 기본적인 구조는 '나는 무엇을 생각한다'입니다. 이렇게 언어 표현으로 드러내는 기본 방식은 '판단'입니다. 판단은 '개념'이라는 기초 의미 단위로 이루어져 있습니다. 그리고 개념은 낱말(단어)의 형태를 띱니다. 개념을 구성하는 소재는 상상이나 감각적 경험을 통해 얻습니다. 감각적 경험에는 감정이 동반됩니다. 그러므로 감정은 사고의 기본 재료가 됩니다. 그리고 감정은 언어로 표현되어야 더 명료해집니다. 이런 이유에서 느낌 표현하기를 학습자들에게 가르쳐야 합니다.

'느낌'을 드러내는 표현에는 어떤 것이 있을까요?

일반적으로 의사소통 상황에서 자신의 감정이나 사고를 전달하는 수단으로 언어를 사용합니다. 감정이나 사고의 상태는 언어처럼 경계가 분명하거나 단위가 정해져 있지 않습니다. 이 말은 그 상태나 내용을 명확히 파악하기 힘들다는 것을 의미합니다. 이러한 점을 참고하면 감정의 상태와 그 상태를 표현하는 어휘를 잘 연결할 줄 알아야 합니다. 물론 그 대상과 언어 표현이 일대일로 연결되지는 않습니다. 그러면 감정을 표현하는 어휘에는 어떤 것들이 있을까요? 홍종선 외(2009)에 제시된 감정별 표현 단어 중에서 초등학생들에게 가르칠 만한 어휘를 선별해서 가르칠 수 있을 것입니다. 이는 [표 2-22]와 같습니다.

[표 2-22] 감정 유형과 감정 동사

감정 유형	감정 동사
감동	감동스럽다, 고무되다
감사	고맙다, 황공스럽다, 황공하다, 황송스럽다, 황송하다
고뇌	걱정스럽다, 고민스럽다, 고통스럽다, 곤란하다, 곤혹스럽다, 괴롭다, 근심스럽다, 난감하다, 난처하다, 뒤숭숭하다, 불안스럽다, 불안하다, 속 썩다, 속 타다, 시름겹다, 시름없다, 심란스럽다, 심란하다, 심려스럽다, 싱숭생숭하다, 암담하다, 애타다, 염려스럽다, 우려스럽다, 의심스럽다, 의아스럽다, 의아하다, 조마조마하다, 조바심치다, 찜찜하다, 착잡하다, 초조하다, 혼란하다
고독	고독하다, 권태롭다, 무료하다, 심심하다, 쓸쓸하다, 외롭다, 적적하다, 허전하다
기쁨	감개무량하다, 감격스럽다, 고소하다, 기껍다, 기쁘다, 들뜨다, 보람차다, 뿌듯하다, 살맛 나다, 속 시원하다, 신나다, 신명 나다, 신바람 나다, 영광스럽다, 유쾌하다, 자랑스럽다, 즐겁다, 통쾌하다, 행복하다, 황홀하다, 흔쾌하다, 흥겹다, 흥 나다
놀람	감탄스럽다, 경악스럽다, 당혹스럽다, 당황스럽다, 아연하다, 어리둥절하다, 얼떨떨하다, 혼미하다, 황당하다
동정	가련하다, 가엾다, 딱하다, 불쌍하다, 비련하다, 안쓰럽다, 안타깝다, 애련하다, 애석하다, 애처롭다, 찡하다, 측은하다
두려움	겁나다, 공포스럽다, 두렵다, 무섭다, 불길하다, 섬뜩하다
미안함	미안스럽다, 미안하다, 송구스럽다, 송구하다, 죄송스럽다, 죄송하다, 죄스럽다

감정 유형	감정 동사
분노	골나다, 노엽다, 분통 터지다, 분하다, 비분하다, 성나다, 성질나다, 신경질 나다, 심통 나다, 약 오르다, 역정 나다, 울분스럽다, 울분하다, 울화가 치밀다, 화나다
상쾌함	개운하다, 상쾌하다, 홀가분하다, 후련하다
수용	달갑다, 대견스럽다, 대견하다, 만족스럽다, 매료되다, 반갑다, 설레다, 애틋하다, 정가다, 정겹다, 정들다, 좋다, 호감 가다, 흐뭇하다, 흡족스럽다, 흡족하다
수치심	겸연쩍다, 굴욕스럽다, 남부끄럽다, 망신스럽다, 머쓱하다, 멋쩍다, 면목 없다, 모멸스럽다, 모욕스럽다, 무안스럽다, 무안하다, 민망스럽다, 민망하다, 부끄럽다, 비참하다, 수치스럽다, 쑥스럽다, 참담하다, 창피스럽다, 창피하다, 치욕스럽다
슬픔	개탄스럽다, 망극하다, 불행하다, 비통하다, 서글프다, 서럽다, 슬프다, 애끓다, 애달프다, 애닯다, 애절하다, 억울하다, 우울하다, 울적하다, 처량스럽다, 처량하다, 처연스럽다, 처연하다, 침울하다, 침통하다, 통탄스럽다, 한 맺히다, 한스럽다, 한탄스럽다
욕구	간절하다, 갑갑궁금하다, 궁금하다, 그립다, 남부럽다, 부럽다, 샘나다, 욕심나다, 절절하다, 탐나다
이완	담담하다, 덤덤하다, 무감동하다, 무덤덤하다, 평안하다, 평온하다
허무	허망스럽다, 허망하다, 허무하다, 허탈하다
혐오	거북스럽다, 거북하다, 경멸스럽다, 고깝다, 괘씸하다, 꺼림칙하다, 께름칙하다, 께름하다, 뜨악하다, 물리다, 밉다, 부담스럽다, 불만스럽다, 불만족스럽다, 불만족하다, 불유쾌하다, 불쾌스럽다, 불쾌하다, 서운하다, 섭섭하다, 섭하다, 속상하다, 시틋하다, 실망스럽다, 싫다, 싫증 나다, 아니꼽다, 야속스럽다, 야속하다, 어색스럽다, 어색하다, 언짢다, 역겹다, 염증 나다, 원망스럽다, 원통스럽다, 원통하다, 유감스럽다, 정떨어지다, 증오스럽다, 지겹다, 지긋지긋하다, 진력나다, 진저리 나다, 질리다, 짜증 나다, 짜증스럽다, 혐오스럽다, 환멸스럽다
후회	아깝다, 아쉽다, 후회스럽다
복합 감정	시원섭섭하다

[표 2-22]에 제시된 감정의 종류나 그 감정을 표현하는 감정 동사 모두를 가르쳐야 하는 것은 아닙니다. 해당 학년의 학생들이 이해할 수 있을 정도라 생각되는 감정 동사를 중심으로 가르치면 됩니다.

● 생각

'생각'이란 무엇인지 살펴봅시다. 표준국어대사전에 실린 '생각'의 뜻은 "사물을 헤아리고 판단하는 작용."입니다. 이와 유사한 용어로 우리는 '사고[思考, thought]'라는 말을 쓰기도 합니다. '사고'는 "생각하고 궁리함."이라는 의미도 있고, 심리학 용어로 쓰일 때는 '심상이나 지식을 사용하는 마음의 작용'이라고도 뜻풀이가 되어 있습니다. 뜻풀이를 봐도 '생각'이라는 것이 무엇인지 명확하게 정리되지 않을 수 있습니다.

이 글에서는 철학에서 바라보는 생각과 심리학에서 바라보는 생각을 살펴보겠습니다. 이런 검토는 초등 국어 교육에서 활용할 만한 내용을 찾는 데 도움을 줄 것입니다.

먼저 『철학의 주요 개념』에 설명된 '사고'의 기본 원리를 살펴보겠습니다.[17] 넓은 의미의 생각은 의식 활동과 그 내용 모두를 지칭하지만 좁은 의미의 생각은 판단과 그것의 요소인 개념, 그리고 판단이 일정한 규칙에 따라 결합된 추론으로 볼 수 있습니다. 앞서 언급한 바와 같이 사고는 개념을 단위로 판단을 하는 것입니다. 그러므로 사고의 기본 방식은 판단입니다. 하나의 판단 혹은 몇 개의 판단을 전제로 새로운 판단을 이끌어 내는 사고의 방식을 추론이라고 하는데, 판단과 추론이 말로 표현되면 하나의 문장 혹은 몇 개의 서술 문장으로 나타납니다. 이 부분이 '생각'과 '문장으로 표현하기'가 만나는 접점입니다.

심리학에서는 생각을 어떻게 볼까요? 심리학의 분파에 따라서 생각을 바라보는 관점이 다양합니다. 여러 분파 중 이 책에서는 발달심리학자인 다비도프의 정의를 살펴보겠습니다. 다비도프는 다음과 같이 말합니다.

인간은 어린 시절에, 직접적으로 볼 때는 보이지 않는 사물의 속성과 관계를 대표하고 빚어내는 특정 대상, 즉 기호를 활용해 행위하는 능력을 습득한다. 이 능력이 바로 생각의 의미이며, 현실이 매개되고 일반화된 반영이라고 규정할 수 있다.

한 인간에게 주변 세계의 직접적 속성에 대한 정보를 주는 감각 기관의 예비 작업 없이는 일반화와 모형화가 불가능하다는 사실은 틀림없다. 그러므로 아무리 우리의 생각이 추상적이라 해도, 그 지속적인 원천은 감각과 지각이라고 할 수 있다.

이와 같은 생각의 정의는 언어 기호를 직접적으로 다루는 국어 교육에서 활용하기에 유리한 점이 있습니다. 국어과는 '사고 교과적 특성을 지닌다'거나 국어 교육의 목표 중 하나가 사고력 향상이라는 말을 많이 합니다. 이처럼 언어와 사고는 깊게 관련되어 있습니다. 다비도프가 말한 생각의 정의를 보면, 핵심은 '기호'와 '행위'입니다. 기호를 활용하여 행위한다고 하였는데, 이 행위에 해당하는 것은 내면적으로 개념을 조직하는 것, 사회적 규범에 따라 행동을 조직하는 것, 대상의 본질을 정신적으로 구성하는 인지 행위 등을 의미합니다. 이런 행위의 결과는 언어로 표현됩니다. 이렇게 언어로 표현하게 되는 행위의 결과를 문장으로 드러내도록 하는 것이 '2국03-02' 성취기준입니다.

학생들이 '생각 표현하기'를 왜 배워야 할까요?

초등학생들에게 생각 표현하기를 가르쳐야 하는 필요성 몇 가지를 들어 보겠습니다.

첫째, '생각'은 의사소통 내용의 기본이기 때문입니다. 사람들은 다른 사람들과 언어를 활용하여 의사소통합니다. 이때 언어는 의사소통의 수단이고 그 내용은 주로 '느낌이나 생각'입니다. 의사소통 내용의 한 축이 바로 '느낌'이고 다른 한 축은 '생각'입니다. 그러므로 자신의 생각을 표현하는 것을 익혀야 하며, 타인의 표현을 통해 타인의 생각이 어떤지 잘 파악할 수 있어야 합니다. 그래야 타인과의 의사소통이 성공할 수 있습니다. 이런 이유로 학습자에게 생각 표현하기를 가르쳐야 합니다.

둘째, '생각'의 상태와 '언어'의 상태는 동일하지 않기 때문입니다. 생각은 연속적이며 단위가 없습니다.[18] 생각이 연속적이라는 말은 특정 대상에 대한 생각을 하는 시간이 있고 그 시간이 지나면 또 다른 생각을 하는 식으로 생각하는 것이 아니라, 어떤 대상에 대해 생각하다가 갑자기 다른 생각이 떠오르기도 하고, 그 옆에 있는 대상의 색깔에 대하여 생각하다가 다시 맨 처음의 생각으로 되돌아오기도 하고, 아주 다른 생각으로 빠지기도 한다는 것입니다. 즉, 생각은 연속적입니다. 잠시도 쉬지 않고 무엇을 생각하게 됩니다. 이런 특성을 보면 생각은 연속적입니다. 또한 어떤 생각을 합쳐서 더 큰 생각으로 만들거나 어떤 생각을 쪼개어 더 작은 생각으로 만드는 등의 활동은 불가능한 것처럼 보입니다. 이것은 생각에는 단위가 없기 때문입니다. 이러한 생각의 특성 때문에 어느 하나에 집중하여 생각하는 것은 쉽지 않습니다. 그러나 언어의 상태는 분절적이고 경계가 있습니다. 그래서 생각을 언어로 표현하는 과정에서 생각은 더 분명하고 정교해집니다. 이런 이유로 학습자에게 생각 표현하기를 가르쳐야 합니다.

셋째, 생각하는 능력은 발달하기 때문입니다. 비고츠키는 개념 발달을 혼합체적 사고, 복합체적 사고, 의사개념, 진개념의 단계로 발달한다고 설명합니다. 이 발달에는 언어가 핵심적 역할을 합니다. 언어를 정교하게 사용하려고 노력하면 대상을 더 정교하게 바라보게 됩니다. 이것이 생각이 발달하게 되는 과정입니다. 예를 들어 볼까요? 어느 전국 대회에 출전하여 1위를 차지한 사람을 보고 '대박'이라 표현하고, 길을 가다가 100원짜리 동전을 주운 경우에도 '대박'이라 표현한다면, 이런 사람은 대상 세계의 차이에 둔감하게 될 수밖에 없습니다. 실제로는 차이가 나는 대상을 언어로는 동일하게 표현하니까요. 이것은 언어에 의해 사고가 영향을 받는 예입니다. 반대의 경우도 있습니다. '연애의 전 단계로 아직 공식적인 연인 관계로 발전하지는 않았지만 서로에게 특별한 관심을 보이고 자주 만나거나 연락을 주고받는 등의 행동을 하는 것'[19]을 '썸 타다'라고 표현합니다. 예전에는 이런 표현이 없었는데 최근에 생겨난 표현입니다. 생각의 상태로는 분명히 '아무런 사이가 아닌 경우'와 '연인 사이'의 중간 어디쯤으로 인식되는데, 이 상태를 나타내는 언어 표현이 없었습니다. 이런 상태를 분명히 하기 위하여 '썸 타다'라는 언어 표현을 만들었습니다. 그 이후에는 '썸 타다'라는 언어 표현을 사용하여 그런 심리 상태를 더 정교하게 인식할 수 있게 되었습니다. 이처럼 생각은 발달하는데 그 과정에 언어가 중요한 역할을 합니다. 이런 이유로 학습자에게 생각 표현하기를 가르쳐야 합니다.

문장으로 표현하기

성취기준 해설에 따르면 '2국03-02'에 포함된 '문장으로 표현하기'는 두 가지 세부 내용을 가집니다. 하나는 생각이나 느낌을 문장으로 구성하는 것이고, 다른 하나는 꾸며 주는 말을 넣어 자신의 생각이나 느낌을 표현하는 것입니다. 즉, 문장 구성과 수식어 사용으로 나누어 볼 수 있습니다. 문장 구성을 문법 측면으로 보면 문장 성분을 갖추는 것에 초점이 있고, 생각이나 느낌을 표현하는 측면에서는 명제 구성 및 느낌을 나타내는 논항을 갖추는 것에 초점이 있습니다.

'2국03-02'가 쓰기 영역의 성취기준임을 고려하면 생각이나 느낌을 문장으로 쓰게 하는 것은 어떤 의의가 있을까요?

첫째, 문어(文語)에 익숙해지도록 하는 첫걸음이라는 점에서 의의가 있습니다. "어린이는 글자를 골라 모아서 낱말을 만드는 것을 배우지만 글말을 배우지는 않는다."[20]라는 지적이 있습니다. 글쓰기를 지도한다는 것의 중요한 내용 중 하나는 문어 문법에 익숙해지게 하는 것인데, 글의 최소 단위가 문장이기 때문에 문장 쓰기가 문어에 익숙해지게 하는 기초 단계의 활동으로서 중요한 역할을 합니다. 단순히 낱말을 모아 둔 것이 문장이 아닙니다. 낱말을 규칙에 맞게 배열을 해야 문장이 됩니다. 이것이 문어에 익숙해지도록 하는 첫걸음입니다. 그래서 자신의 생각이나 느낌을 낱말 단위가 아닌 문장으로 표현하도록 지도할 필요가 있습니다.

둘째, 사고를 세분화하는 훈련과 관련이 있다는 점에서 의의가 있습니다. 앞서 언급한 바와 같이 생각은 연속적이어서 경계 짓기도 어렵고, 단위가 없어서 조합하기도 어렵습니다. 이런 상태를 가지는 생각을 언어로 표현할 때는 문장을 단위로 세분화하면 사고가 더 분명해집니다. 예를 살펴볼까요? '경험한 일 쓰기'를 할 때, 놀이동산에 간 일을 글로 쓴다고 가정해 봅시다. 놀이동산에 간 경험을 쓰기 위해 학습자가 그때의 상황을 떠올려 보면 아마 다음과 같을 것입니다. 이 상황은 학습자가 자신의 경험을 글로 쓴 것이 아니라 학습자의 머릿속을 가정해서 기술한 것입니다.

놀이동산에 가는 날 아침에 마음이 들떠서 일어났는데, 밖을 보니 비가 오고 있어서 기분이 울적했는데, 집에서 키우는 강아지가 귀엽게 다가와서 나에게 안기는 바람에 기분이 다시 좋아졌고, 텔레비전 뉴스에서 오전에 비가 그칠 것이라는 내용이 흘러나와서 안심이 되었는데, 동생이 화장실을 오랫동안 사용해서 조금 화가 나려고 했고, 부엌에서는 음식 만드는 소리가 들렸고, 그 사이에 동생이 화장실에서 나왔다. 그래서 내가 얼른 세수를 하고 밥을 먹고 가방을 메고 학교로 갔다. 학교 가는 길에 도로를 다니는 차 소리가 시끄러웠고, 출근하는 사람들도 바쁘게 지나갔다.

학교에 도착해서 친구들과 이야기를 나누었고, 놀이동산에 가서 즐겁게 놀다 왔다.

2국
03
-
02

이와 같은 생각의 상태로는 경험한 일 쓰기를 할 수가 없습니다. 놀이동산에 가서 경험한 일은 거의 떠올리지 못하고, 놀이동산 가기 전에 있었던 일만 떠올리고 있기 때문입니다. 이런 경우에는 학습자가 놀이동산에서 경험했던 일을 떠올릴 수 있도록 교사가 도와주어야 합니다.

글을 쓴다는 것은 자신이 생각하는 것이나 경험한 일 중에서 글의 주제나 소재에 맞는 것들만을 골라서 표현하는 것입니다. 그러나 미숙한 필자들은 자신의 생각이나 경험 중에서 글의 주제나 소재에 맞는 것들을 골라내는 일을 잘하지 못합니다. 이런 경우에는 교사가 해당 내용에 대해 질문을 하고, 그 질문에 학습자가 대답을 하도록 한 후, 질문과 대답을 합쳐서 그 내용을 문장으로 표현하도록 지도해야 합니다. 이것이 사고를 세분화하는 과정입니다. 예를 들어 볼까요?

교사 질문	학생 대답	문장으로 표현
- 놀이동산에 언제 갔나요?	- 지난봄에 갔습니다.	지난봄에 놀이동산에 갔습니다.
- 누구랑 갔나요?	- 가족과 갔습니다.	가족과 함께 놀이동산에 갔습니다.
(문장 합치기)		지난봄에 가족과 함께 놀이동산에 갔습니다.

예를 보면 학습자의 머릿속에서는 '놀이동산에 가서 즐겁게 놀다 왔다.'로 뭉뚱그려져 있던 생각이 '지난봄에 가족과 함께 놀이동산에 갔습니다.'로 세분화되었습니다. 언제 갔는지 누구와 함께 갔는지로 세분화된 것입니다. 이처럼 질문과 대답을 합쳐서 문장으로 표현하는 활동을 통해 생각을 세분화하게 되었습니다.

셋째, 생각이 표현되는 단위는 명제인데, 명제는 주로 문장의 형태로 나타난다는 점에서 문장으로 표현하기가 의의를 가집니다. 표현이 정확해지려면 대상 세계를 더 깊이 인식해야 하는데, 이것을 달리 표현하면 명제를 구성하는 참여항들이 특칭화되는 것이 바람직합니다.[21] 이상태(2010)에 제시된 예를 볼까요?

[표현 1] 어부는 바다에서 고기를 잡는다.
[표현 2] 순희 아버지는 이른 봄이면 아들과 함께 목선을 타고 돌섬 앞바다에 나가 숭어를 잡는다.

예를 보면 [표현 1]보다 [표현 2]가 특칭화되었음을 알 수 있습니다. 고기를 잡는 주체는 '어부'에서 '순희 아버지로', 고기를 잡는 장소는 '바다'에서 '돌섬 앞바다'로, 잡는 대상은 '고기'에서 '숭어'로 특칭화되었습니다. 이처럼 대상 세계를 더 깊이 이해하는 방식으로 명제를 구성하는 참여항을 특칭화하는 것입니다. 이것을 문장 쓰기를 통해 가르쳐야 합니다.

다 성취기준 내용 상세화

상세화 대상: 자신의 생각이나 느낌을 문장으로 구성하는 방법

자신의 생각이나 느낌을 문장으로 구성하는 방법은 '감정을 표현하는 방법'과 '생각을 표현하는 방법'으로 나누어 볼 수 있습니다. 이들 각각을 더 상세하게 나누어 살펴봅시다.

감정을 문장으로 표현하는 방법

홍종선 외(2009: 390)에는 감정을 표현하는 방법으로 어휘, 억양, 발화의 맥락과 발화 내용의 상호 작용 등을 들고 있습니다. 이 중에서 억양은 문자 언어 의사소통에서는 그 효과를 드러내기 힘들기 때문에 제외하고, 발화의 맥락과 발화 내용의 상호 작용은 고정된 것이 아니므로 감정 표현의 방법으로 다루기에는 적절하지 않습니다. 그러므로 어휘를 통한 감정 표현을 중심으로 살펴보겠습니다. 그러나 어휘는 단독으로는 감정을 표현하기 힘들고 문장 속에서 그 역할을 하게 됩니다. 감정을 표현하는 문장이 따로 구분되지는 않지만 감정의 표현 구조는 활용할 수 있습니다. 그러므로 감정의 표현 구조를 살펴보고, 그 구조 속에서 감정을 표현하는 어휘를 학습하도록 하는 방법이 가능합니다.

조경순(2018: 16)에는 감정 표현 수단과 표현 사례를 제시하고 있습니다. 이는 [표 2-23]과 같습니다.

[표 2-23] 조경순(2018: 16)에 제시된 감정 표현 수단

<table>
<tr><th colspan="2">감정 표현 수단</th><th>감정 표현 사례</th></tr>
<tr><td colspan="2">몸동작, 표정</td><td>ㄱ. 기뻐하는 표정, 팔을 들기 등</td></tr>
<tr><td colspan="2">신체적 접촉 소리(박수 등)</td><td>ㄴ. 짝짝짝</td></tr>
<tr><td colspan="2">비언어적 발화(비명, 신음 등)</td><td>ㄷ. 와!</td></tr>
<tr><td rowspan="4">언어적 표현</td><td>감탄사</td><td>ㄹ. 어머나</td></tr>
<tr><td>어휘</td><td>ㅁ. 축하</td></tr>
<tr><td>어절/구</td><td>ㅂ. 합격 축하 / 너무 기쁘다</td></tr>
<tr><td>문장</td><td>ㅅ. 수지가 시험에 합격했다니 너무 기쁘다.</td></tr>
</table>

이 중에서 감정을 가장 구체적으로 표현하는 것은 문장인데, 문장이 구성되기 위해서 감정을 느끼거나 표현하는 주체, 감정의 원인이나 대상, 감정 상태를 표현하는 어휘들이 유기적으로 연결되기 때문입니다.[22] 인간이 감정 동사를 서술어로 활용하여 문장을 구성할 때는 일정한 틀 즉 구문을 형성하는데, 각 문장 성분에 감정과 관련한 필수적 요소들이 일정하게 배치되는 것으로, 인간이 느끼는 감정을 구문으로 구현한다고 할 수 있습니다.[23] 이 부분이 문법 영역의 학습 내용으로서의 문장 학습과 생각이나 느낌을 문장으로 표현하는 내용으로서의 문장 학습의 차이점이라 할 수 있습니다. 즉, '2국03-02' 성취기준에서의 문장에 관한 학습은 생각이나 느낌을 잘 표현하기 위한 방법 알기와 직접적으로 관련됩니다.

조경순(2018: 23)에서는 감정 동사가 사용되는 구문의 일반적인 유형을 제시하고 있습니다. 이 유형은 감정을 문장으로 표현하는 방법에 활용할 수 있습니다. 가장 기본적인 감정 동사 구문은 다음과 같습니다.

경험주(~은/는/이/가) + 원인(-에) + 감정 동사

예	나는	합격 소식에	놀랐다.

이것이 감정 동사의 기본 구문이라 할 수 있습니다. 홍종선 외(2009: 415)에는 감정을 유형화하기 위한 표현 구조를 제시하고 있는데, 이 구조도 감정을 문장으로 표현하도록 지도할 때 활용할 수 있습니다. 다음 구조에서 { } 자리에 감정 동사가 들어가도록 하면 됩니다.

ⓐ 감사: "나는 그 일이 너무 {~어서} 그 사람에게 몇 번이고 인사를 했다."
ⓑ 고독: "나는 너무나 {~어서} 친구를 찾아 나섰다."
ⓒ 동정: "나는 그 사람이 {~어서} 도와주고 싶은 마음이 들었다."
ⓓ 두려움: "나는 그 일이 너무 {~어서} 온몸이 떨렸다."
ⓔ 미안함: "나는 그 사람에게 너무 {~어서} 어떻게 보상을 해야 할지 알 수 없었다."
ⓕ 분노: "나는 너무 {~어서} 온몸에 열이 뻗쳐올랐다."
ⓖ 상쾌함: "나는 {~어서} 발걸음이 무척 가벼워졌다."
ⓗ 수용: "나는 그 사람이 {~은} 마음이 들어서 그의 편을 들어 주었다."
ⓘ 수치심: "나는 {~어서} 차마 고개를 들 수가 없었다."
ⓙ 슬픔: "나는 {~어서} 울음을 터뜨렸다."
ⓚ 욕구: "나는 그것이 너무나 {~어서} 당장이라도 그것을 구하러 달려 나가고 싶었다."
ⓛ 이완: "나는 마음이 {~어서} 조용하게 가만히 있었다."

ⓜ 허무: "나는 그 일이 끝난 후 마음이 {~어서} 아무 일도 하고 싶지 않았다."

ⓝ 혐오: "나는 그 사람이 {~어서} 그의 얼굴을 마주 대하고 싶지 않았다."

ⓞ 후회: "나는 그 일이 {~어서} 다시 한번 더 시도해 보고 싶었다."

[표 2-22]에 제시된 감정 동사와 위의 표현 구조를 활용하여 감정을 문장으로 표현하는 연습을 하여 학습자들이 자신의 감정을 익숙하게 문장으로 표현하도록 도울 수 있습니다.

다음 사례를 볼까요? 이 글은 초등학교 2학년 학생이 쓴 글이며, 글쓰기 과제는 '방학 동안 있었던 일 중에서 기억에 남는 일을 글로 쓰기'입니다. 이는 [그림 2-5]와 같습니다.

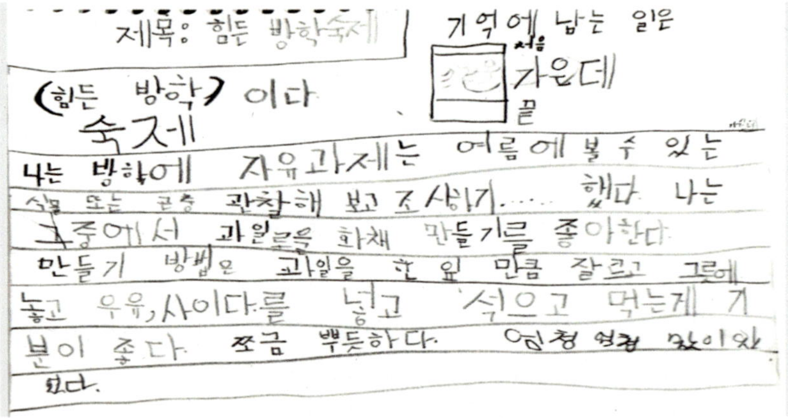

[그림 2-5] 학생의 일기 예시

이 글에 쓰인 감정은 '좋아한다', '뿌듯하다', '기분이 좋다' 등인데

'뿌듯하다'에 해당하는 원인이 드러나 있지 않습니다. 이런 글을 쓰는 학습자에게는 감정 동사 구문을 활용하여 경험주와 원인이 드러나게 문장을 구성하도록 지도할 필요가 있습니다.

생각을 문장으로 표현하는 방법

언어로 표현되는 생각은 어떤 개념들을 바탕으로 전개되는데, 어떤 개념들은 생각의 기본 구조를 형성하는 경우가 있습니다. 다음은 생각의 기본 구조의 예시입니다.[24)]

- 무엇이(누구는) 무엇이다.
- 언제 어디에 무엇이[누가] (어째서) 있다[없다].
- 언제 어디서 무엇이[누가] 무엇을 (왜) (어떻게) 하다.

학습자들이 이런 생각의 구조를 기준으로 자신의 생각을 문장으로 표현하는 훈련을 하도록 해야 합니다. 언어와 사고에 관한 비고츠키의 이론에 의하면 자신의 생각을 정교하게 하는 명시적 방법은 문장 구성 훈련을 강화하는 것입니다. 비고츠키에게 있어서 언어는 사고를 위한 실제적 메커니즘이며, 즉각적인 자극으로부터 사고를 더욱 추상적이고 독립적인 것으로 만드는 것입니다.[25)]

이와 관련하여 이상태(2010: 72-73)에서는 사고 과정을 기본적 사고, 복합적 사고, 초인지 조작으로 구분하였습니다. 초인지 조작은 자기 사고 과정을 스스로 계획하고 감시하며 사정(査定)하기의 의미를 가지는데, 이 부분은 작문의 전 과정에 작용합니다. 또 복합적 사고는 기본적 사고를 토대로 하므로 기본적 사고가 가장 중요합니다. 또한 이 책은 초등학교 1~2학년군을 대상으로 지도하는 데 초점이 있다는 점에서도 기본적 사고가 중점이 됩니다. 이상태(2010: 72)에 제시된 기본적 사고는 다음과 같습니다.

- 인식: 관찰, 기억, 비교, 대조, 지정, 정의, 이름 짓기
- 개념 체계 구성: 구분, 분류, 분석
- 해석: 인과적 해석, 목적론적 해석
- 추리와 논리적 사고: 연역, 귀납
- 평가: 타당성 검증, 가치 순서

이 기본적 사고 모두를 1~2학년군에게 가르칠 수는 없습니다. 1~2학년군에게는 이 중에서 인식하기에 관련되는 내용을 집중적으로 훈련시키는 것이 바람직합니다. 구체적인 문장 쓰기 연습은 이상태(1978: 218-248)에 제시된 내용을 참고할 수 있습니다. 이 중에서 시간 순서, 공간 순서를 문장으로 표현하는 예시를 보이면 다음과 같습니다.

[시간 순서]

- ________하기 전에는 ________(이)라고 생각했다.
- ________한 후에는 ________하게 되었다.
- 내가 ________하는 동안에 영수는 ________해 왔다.

[공간 순서]

- ______ 위에는 ____이/가 있고, ____은/는 ____의 아래에 있다.
- ______ 곳에 ______이/가 있다.

이 자료의 밑줄 부분에 낱말, 구, 절 등을 넣어서 문장을 완성하게 할 수 있습니다. 이런 활동을 통하여 자신의 생각을 문장으로 표현하는 능력을 키울 수 있습니다.

내용 상세화와 국어 수업 연결 따라 가기

이와 관련된 내용 상세화와 국어 수업 연결 따라 가기는 앞에서 제시한 쓰기 영역 관련 성취기준 설명을 참고하면 됩니다.

[2국03-02] 성취기준과 관련된 오개념 중재 방안 알아보기

이 성취기준과 관련된 오개념을 살펴봅시다.

첫째, '문장이나 글은 생각나는 대로 쓰면 된다.'라는 생각은 오개념일 수 있습니다. 앞에서 살펴본 바와 같이, 생각의 상태와 언어의 상태는 동일하지 않습니다. 또한 '생각'의 상태도 끊임없이 연결되어 무엇인가가 떠오르는 '연상'의 상태와 어느 하나에 의식이 집중되는 '사고'의 상태는 다릅니다. 이 두 가지를 모두 '생각'이라는 말로 표현하는데, 학습자가 인식하는 생각이 '연상'이라면, 이 연상의 상태를 글로 나타내는 것은 아주 힘든 일입니다. 그러므로 생각을 문장으로 표현하는 방법을 익히고 훈련해야 합니다.

둘째, '생각이나 느낌은 낱말로만 표현할 수 있다.'라는 생각은 오개념일 수 있습니다. 감정은 비언어적 방법(몸동작, 표정, 박수, 비명, 신음)으로 표현할 수도 있고, 언어적 방법으로 표현할 수도 있습니다. 언어적 방법에도 감탄사로 표현하는 방법, 어휘로 표현하는 방법, 어절이나 구로 표현하는 방법, 문장으로 표현하는 방법이 있습니다. 생각도 마찬가지입니다. 표정, 동작, 낱말, 감탄사 등으로 생각을 나타낼 수 있지만 가장 분명하게 나타내는 방법은 문장으로 표현하는 것입니다. 이 책에서는 해당 성취기준이 문장 쓰기와 관련되기 때문에 문장으로 표현하는 방법에 대해서만 다루었습니다. 의사소통 상황에 따라 여러 가지 방법 중에서 적절한 것을 사용할 수 있습니다.

셋째, '생각과 느낌은 확연히 분리된다.'라는 생각은 오개념일 수 있습니다. 느낌(감정)과 생각은 서로 관련이 깊습니다. 생각을 하려면 생각할 내용이 있어야 합니다. 생각은 일차적으로 외부의 대상을 지각하면서 시작됩니다. 외부의 대상을 지각하면서 감정이 생깁니다. 그러므로 생각과 느낌은 확연히 분리되는 개념이 아니라 서로 연결되어 있습니다.

[2국03-03] 주변 소재에 대해 소개하는 글을 쓴다.

가 성취기준 개요

이 성취기준은 주변 소재에서 소개할 대상을 정하고 대상의 특성을 찾아 소개하는 글을 쓰기 위해 마련되었습니다. 사람, 사물, 동물 등 주변에 있는 것 중에서 소개할 대상을 정하고 소개할 대상의 주요 특징을 중심으로 소개하는 글 쓰기가 주요 학습 내용입니다. 이 성취기준을 좀 더 깊게 들여다볼까요?

쓰기 영역의 내용 체계표에서 꼼꼼하게 살펴보기

[표 2-24]와 같이 2022 개정 국어과 교육과정의 쓰기 영역 내용 체계표에서 [2국03-03] 성취기준의 내용 요소를 자세히 살펴볼까요?

[표 2-24] 2022 개정 국어과 교육과정의 내용 체계표에서 관련 내용 요소 살펴보기

범주		내용 요소		
		초등학교		
		1~2학년	3~4학년	5~6학년
지식·이해	쓰기 맥락		• 상황 맥락	• 상황 맥락 • 사회·문화적 맥락
	글의 유형	• 주변 소재에 대해 소개하는 글 • 겪은 일을 표현하는 글	• 절차와 결과를 보고하는 글 • 이유를 들어 의견을 제시하는 글 • 독자에게 마음을 전하는 글	• 대상의 특성이 나타나게 설명하는 글 • 적절한 근거를 들어 주장하는 글 • 체험에 대한 감상을 나타내는 글
과정·기능	쓰기의 기초	• 글자 쓰기 • 단어 쓰기 • 문장 쓰기	• 문단 쓰기	
	계획하기		• 목적, 주제 고려하기	• 독자, 매체 고려하기
	내용 생성하기	• 일상을 소재로 내용 생성하기	• 목적, 주제에 따라 내용 생성하기	• 독자, 매체를 고려하여 내용 생성하기
	내용 조직하기		• 절차와 결과에 따라 내용 조직하기	• 통일성을 고려하여 내용 조직하기
	표현하기	• 자유롭게 표현하기	• 정확하게 표현하기	• 독자를 고려하여 표현하기
	고쳐쓰기		• 문장, 문단 수준에서 고쳐쓰기	• 글 수준에서 고쳐쓰기
	공유하기	• 쓴 글을 함께 읽고 반응하기		
	점검과 조정		• 쓰기 과정과 전략에 대해 점검·조정하기	
가치·태도		• 쓰기에 대한 흥미	• 쓰기 효능감	• 쓰기에 적극적 참여 • 쓰기 윤리 준수

이 성취기준의 내용 요소는 지식·이해 범주 면에서 살펴볼 수 있습니다. 지식·이해 범주에서 이 성취기준이 제시한 글의 유형은 '주

변 소재에 대해 소개하는 글'입니다. 내용 체계표에서 3~4학년군 지식·이해 범주에는 '절차와 결과를 보고하는 글', 5~6학년군 지식·이해 범주에는 '대상의 특성이 나타나게 설명하는 글'이 제시되어 있습니다. 주변 소재에 대해 소개하는 글을 쓰는 것이 점차 보고하는 글, 설명하는 글로 발전되어 간다는 사실을 [표 2-24]를 통해 확인할 수 있습니다.

이 성취기준은 3~4학년군의 "[4국03-02] 절차와 결과가 드러나게 정확한 표현으로 보고하는 글을 쓴다."와 5~6학년군의 "[6국03-01] 알맞은 내용을 선정하여 대상의 특성이 나타나게 설명하는 글을 쓴다."로 이어집니다. 3~4학년군에서는 소개하는 글 쓰기가 조금 더 확장됨을 확인할 수 있습니다. 3~4학년군 성취기준에서는 보고하는 글의 개념, 보고하는 글에 들어가야 할 내용 요소, 절차와 결과가 드러나게 글의 내용을 조직하는 방법 등을 다루고 있습니다. 소개하는 대상과 대상의 특성을 파악해 소개하는 글 쓰기 방법이 학습에 필요한 기본적인 쓰기 능력과 태도, 교과 학습의 기초가 되고, 특히 국어과 내 타 영역의 성취기준, 타 교과의 성취기준, 범교과 학습 주제와 관련된 쓰기 활동을 계획하여 쓰기 활동이 학습자의 교과 학습에 실제적으로 기여합니다.

여기서 잠깐! 쓰기 영역, [2국03-03] 성취기준의 발자취는?

2007 개정 국어과 교육과정부터 현재까지 이 성취기준의 발자취를 살펴보겠습니다. 기술된 내용이 조금씩 달라지기는 하였으나 1~2학년의 경우 소개하는 글을 쓰는 쓰기 교육 내용은 이어지고 있습니다. 소개하는 글 쓰기는 점차 설명하는 글 쓰기로 확장되기 때문입니다.

이 성취기준은 2007 개정 국어과 교육과정 1학년 쓰기 영역에 "【1-쓰기-(2)】 대상의 특징이 잘 드러나게 소개하는 글을 쓴다."로 제시되었고, 2009 개정 국어과 교육과정 1~2학년군 쓰기 영역에 "(3) 대상의 특징이 드러나게 짧은 글을 쓴다."로 제시되었고, 2015 개정 국어과 교육과정 쓰기 영역에 "[2국03-03] 주변의 사람이나 사물에 대해 짧은 글을 쓴다."로 제시되었던 성취기준과 관련됩니다. 국어과 교육과정이 개정될 때마다 대상의 특징이 드러나게 소개하는 글을 쓰는 성취기준이 빠지지 않고 제시되었음을 확인할 수 있습니다.

2국 03 - 03

나 성취기준과 관련된 배경지식

이 성취기준은 설명하는 글 쓰기의 기초가 된다는 점에서 정보 전달 글 쓰기의 특징과 정보 전달 글 쓰기의 종류를 이해할 필요가 있습니다.(이수진 외, 2024)

정보 전달 글 쓰기의 특징은 첫째, 내용이 타당하고 객관적이어야 합니다. 정보 전달 글 쓰기가 설득하는 글 쓰기나 문학적인 글 쓰기와 다른 점은 글쓴이의 주관적인 의견을 드러내기보다는 내용의 타당성, 정확성, 객관성을 유지한다는 것입니다. 둘째, 체계적이고 논리적이어야 합니다. 정보 전달 글 쓰기는 독자가 내용을 쉽게 파악하고 이해할 수 있도록 설명해야 합니다. 셋째, 정보가 독자에게 가치가 있고 유용해야 합니다. 독자가 다 아는 내용은 정보로서의 가치가 떨어집니다.

다음으로 정보 전달 글 쓰기의 종류에는 설명문, 기사문, 보고서 등이 있습니다. 설명문은 필자가 특정 사항에 대한 독자의 이해를 돕기 위해 객관적, 논리적, 체계적으로 쓴 글입니다. 필자는 설명하고자 하는 정보나 지식을 충분히 갖추어야 하고 부족하다면 다양한 자료를 통해 수집해야 합니다. 기사문은 신문이나 방송 등 대중 매체를 통해 어떠한 사실이나 사건을 신속하게 전달하는 글입니다. 기사문은 보도할 가치가 있는 문제를 신속하고 정확하게 전달해야 합니다. 기사문의 표현은 객관적이고 정확하며 간결해야 합니다. 보고서는 어떠한 일의 진행 내용이나 결과를 독자에게 보고하는 글입니다. 예를 들어, 조사 보고서는 대상을 면밀하게 살펴 조사한 내용과 결과를 독자에게 알리기 위해 쓴 글입니다. 보고서는 학생들이 범교과적 쓰기 차원에서 많이 활용하는 글쓰기입니다.

성취기준 해설에서 단서 찾기

2022 개정 국어과 교육과정에는 이 성취기준에 대한 해설이 제공되지 않습니다. 그래서 2007, 2009, 2015 개정 국어과 교육과정에 각각 제시된 내용을 참고해 볼 수 있습니다. 특히 국어과 교육과정과 별개로 해설서가 나왔던 2007 개정 국어과 교육과정 해설서를 꼼꼼하게 살펴볼 필요가 있습니다.

- **【1-쓰-(2)】 대상의 특징이 잘 드러나게 소개하는 글을 쓴다.**(2007 개정 국어과 교육과정 1학년 쓰기 영역 성취기준)

  이 성취기준은 주위에서 쉽게 접할 수 있는 인물이나 사물의 특징을 글로 자세하게 표현하는 과정에서 쓰기에 흥미를 갖게 하고, 쓰기의 필요성을 인식하도록 하기 위하여 설정하였다. 어떤 대상을 소개하는 글을 쓰는 데 필요한 다양한 학습 경험을 하도록 하되, 특히 대상의 특징을 중심으로 쓸 내용을 생성하고, 조직하는 데 중점을 둔다.

소개하는 글을 쓰게 되는 상황, 소개하는 글의 일반적인 특징, 소개하는 글에 들어갈 적절한 내용을 이해하도록 한다. 소개하는 글에 들어갈 내용은 미리 정해져 있기보다는 소개하는 목적, 소개하는 글을 읽는 이에 따라 달라진다는 점을 이해하도록 한다. 소개할 대상에는 사람이나 사물 등을 두루 다루되, 가깝고 친숙한 대상에서 선정하도록 한다. 소개할 내용은 소개할 대상에 따라 달라질 수 있으나, 될 수 있으면 외양을 묘사하는 데 초점을 두도록 한다. 즉, 사람인 경우에는 얼굴의 생김새, 행동의 특성 등을, 사물인 경우에는 사물의 모양, 색감 등을 적절한 비유를 써서 소개하도록 한다.

[글의 수준과 범위] 자신이 잘 알고 있는 대상을 소개하는 글

가정이나 학교생활에서 자연스럽게 소개할 만한 대상을 선정한다. 예를 들면, 자기 자신, 친구, 선생님, 부모님 등의 외모나 성격, 취미를 소개하거나, 우리 학교, 좋아하는 장난감, 애완동물 등의 특징과 좋아하는 점 등을 소개하는 글을 쓸 수 있다. 읽는 이는 가족, 선생님, 친구 등으로 설정한다.

- **(3) 대상의 특징이 드러나게 짧은 글을 쓴다.**(2009 개정 국어과 교육과정 1~2학년군 쓰기 영역 성취기준)

주변의 대상에서 특징을 발견해 내고 그것을 드러나게 표현하는 것은 설명하는 글을 쓰기 위한 출발점이 될 수 있다. 또한 주위에서 쉽게 접할 수 있는 인물이나 사물을 표현하는 경험을 통해, 학생들은 쓰기에 흥미를 갖게 되고 쓰기의 필요성을 인식할 수 있다. 소개할 대상은 사람이나 사물 등을 두루 다루되 주변의 친숙한 대상에서 선택하도록 하여, 학생들이 글쓰기를 위한 내용 생성에 부담을 느끼지 않고 글쓰기에 쉽게 접근할 수 있도록 한다.

- **[2국03-03] 주변의 사람이나 사물에 대해 짧은 글을 쓴다.**(2015 개정 국어과 교육과정 1~2학년군 쓰기 영역 성취기준)

  이 성취기준은 자신의 주변에서 소재를 찾아 글로 표현하는 능력을 기르기 위해 설정하였다. 자신의 주변에 있는 사람이나 사물에 관심을 가지고 그 특징이 드러나도록 짧은 글로 나타내 보게 한다.

2007, 2009, 2015 개정 국어과 교육과정과 해설에서 성취기준 "[2국03-03] 주변 소재에 대해 소개하는 글을 쓴다."와 관련해 다루어지는 몇 가지 단서를 찾을 수 있습니다. 첫째, 소개하는 대상을 초등학교 1~2학년 학생들이 쉽게 찾을 수 있는 친숙한 소재에서 정해야 한다는 사실입니다. 학생들이 글쓰기를 위한 내용 생성에 부담을 느끼지 않고 글쓰기에 쉽게 접근할 수 있도록 해야 하기 때문입니다. 소개할 소재가 다양하겠지만, 범주화해 보면 주로 인물과 사물로 대별됩니다. 둘째, 소개하는 대상의 특성을 일반적인 것으로 정해야 한다는 사실입니다. 소개하는 소재나 대상의 특성은 보는 시각에 따라 다양하지만, 초등학교 1~2학년 학생들의 눈높이에 맞추는 것이 중요하기 때문입니다. 인물의 경우 외모, 성격, 취미 등으로 특성을 파악합니다. 셋째, 글쓰기 과정에서 흥미나 관심을 불러일으키는 것이 중요합니다. 학생들이 주변 소재에서 소개할 대상으로 선정하는 것은 그것에 흥미나 관심이 있기 때문입니다. 대상에 대한 학생의 관심이 글쓰기 과정을 통해 글쓰기에 대한 흥미로 이어질 수 있어야 합니다.

성취기준에 포함된 핵심어, 차근차근 풀어 가기

소개하는 글 쓰기에서는 글쓴이가 소개할 대상과 대상의 특성을 파악해 독자가 잘 이해할 수 있도록 쓰는 게 중요합니다. 소개하는 글 쓰기는 설명하는 글 쓰기의 초등학교 1~2학년용 버전이라고 할 수 있습니다.

소개하는 글 쓰기는 소개할 대상과 그 특성을 독자에게 알리고 이해시키기 위한 글쓰기 유형입니다. 소개하는 글 쓰기의 특징을 살펴보면, 첫째, 소개하는 글 쓰기는 독자에게 정보를 제공하거나 대상을 설명하는 데 목적이 있습니다. 따라서 글의 목적이 명확해야 합니다. 둘째, 소개하는 글 쓰기는 구체적이고 새로운 정보를 담아내야 합니다. 소개하는 글을 쓰는 사람에게는 구정보이지만, 글을 읽는 독자에게는 신정보이어야 합니다. 셋째, 소개하는 글은 주관적인 의견보다는 객관적인 정보를 전달하는 데 중점을 둡니다. 신뢰할 수 있는 정보를 바탕으로 작성되어야 합니다. 넷째, 독자가 이해하기 쉽게 소개 대상의 특징, 기능, 역사, 장점 등을 체계적으로 설명해야 합니다. 복잡한 용어나 문장을 피하고, 명확하고 간결하게 표현해야 합니다.

이러한 특징을 고려해 초등학교 1~2학년군에서는 소개하는 글 쓰기를 소개하는 대상과 대상의 특성으로 구분해 지도하고 있습니다. 먼저, 초등학생이 소개하고 싶은 대상을 주변에서 선정합니다. 주위에서 쉽게 접할 수 있는 인물이나 사물을 주로 선정합니다. 다음으로, 선정한 대상의 특성이 무엇인지 찾아 글로 자세하게 표현해야 합니다. 이때 소개하는 대상의 특징을 생성하고 조직하는 과정이 중요합니다. 소개하는 글을 쓰는 상황, 소개하는 목적, 소개하는 글을 읽을 독자 등을 고려하는 것이 중요하지만, 초등학교 저학년 수준에서는 소개하는 대상을 선정하고, 대상의 특성을 생성하는 데 방점을 둡니다. 대상이 사람인 경우는 외모나 성격, 취미를 특성으로 소개할 수 있고, 사물인 경우는 사물의 모양이나 색깔, 기능이나 쓰임새를 특성으로 소개할 수도 있습니다.

다 성취기준 내용 상세화

내용 상세화와 국어 수업 연결 따라 가기

"[2국03-03] 주변 소재에 대해 소개하는 글을 쓴다."에 대한 내용 상세화는 [표 2-25]와 같습니다.

[표 2-25] 성취기준 내용 세분화

성취기준 내용	내용	1차 세분화	2차 세분화
[2국03-03] 주변 소재에 대해 소개하는 글을 쓴다.	주변 소재에서 소개할 대상 정하기	소개할 인물 정하기	• 사랑하는 부모님, 존경하는 선생님, 좋아하는 친구, 책 속의 주인공 등
		소개할 사물 정하기	• 좋아하는 물건, 키우는 동물, 기르는 식물, 좋아하는 책 등
	소개할 대상 특성 생성하기	소개할 인물의 특성 생성하기	• 외모, 성격, 취미, 잘하는 것 등
		소개할 사물의 특성 생성하기	• 모양, 색깔, 냄새, 맛, 촉감, 사용 방법, 기능 등

[표 2-25]의 내용 체계는 학습자들에게 가르칠 것이 아니라 교사가 이 성취기준에 의해 구성된 단원을 지도하기 위해서 알고 있어야 할 체계입니다. '소개할 대상 정하기', '소개할 대상의 특성 생성하기'로 구분해 볼 수 있습니다.

'주변 소재에서 소개할 대상 정하기'는 글쓰기 과정 중 계획하기에 해당합니다. 소개하는 글을 쓰기 위해 쓸 대상을 주변 소재에서 정하는 활동입니다. 2학년 수준에서 소개하고 싶은 이유를 생각하며 소개할 대상을 세분화할 수 있습니다. 1차로 소개하고 싶은 것이 인물인지, 사물인지 정해야 합니다. 2차로 인물인 경우 학생 주변에서 자주 만나거나 친분이 있는 인물로 세분화할 수 있습니다. 사물인 경우 물건, 동물, 식물, 책 등으로 다시 세분화할 수 있습니다.

'소개할 대상 특성 생성하기'는 특성을 다양한 시각에서 살펴 쓸 내용을 생성하는 것에 해당합니다. 정한 대상에 따라 특성을 생성하는 활동입니다. 인물인 경우 소개할 인물의 특성을, 사물인 경우 소개할 사물의 특성을 생성하는 것으로 세분화할 수 있습니다. 2차로 인물의 특성은 외모, 성격, 취미, 좋아하는 것, 잘하는 것 등으로, 사물의 특성은 모양, 색깔, 냄새, 맛, 촉감, 사용 방법, 기능, 장점 등으로 세분화할 수 있습니다.

[2국03-03] 성취기준과 관련된 오개념 중재 방안 알아보기

이 성취기준과 관련된 오개념은 소개하는 글이 보고하는 글, 설명하는 글과 별개인 것으로 여긴다는 점입니다. 앞의 [표 2-16] 쓰기 영역의 내용 체계표에서 살펴보았듯이 이 성취기준은 3~4학년군의 '절차와 결과를 보고하는 글' 쓰기, 5~6학년군의 '대상의 특성이 나타나게 설명하는 글' 쓰기와 위계적으로 긴밀하게 연관되어 있습니다. 설명하는 글 쓰기는 궁극적으로 정보를 전달하는 데 목적이 있는 글 쓰기입니다. '주변 소재에 대해 소개하는 글 쓰기' 또한 1~2학년 학생 수준을 고려한 정보 전달을 목적으로 하는 글 쓰기를 목적으로 하고 있습니다. 정보 전달을 목적으로 하는 글 쓰기라는 큰 범주 내에서 이 성취기준을 이해할 필요가 있습니다.

정보 전달을 목적으로 하는 글 쓰기는 타 교과의 학습 활동에서 유용하게 활용할 수 있습니다. 특히 보고하는 글 쓰기는 과학과와 사회과 성취기준과 연계되어 있고, 실제 지도에서 이를 활용할 필요가 있습니다.

> [2국03-04] 겪은 일을 표현하는 글을 자유롭게 쓰고, 쓴 글을 함께 읽고 생각이나 느낌을 나눈다.

가 성취기준 개요

이 성취기준은 자신이 겪은 일을 내용이나 형식에 제한 없이 자유롭게 표현하고, 그 과정과 결과를 독자와 공유하는 데 필요한 능력과 태도를 기르기 위해 마련되었습니다. 자신이 겪은 일 중 글로 쓰고 싶은 경험 떠올리기, 경험에 대한 자신의 생각이나 느낌 떠올리기, 자유롭게 표현하기, 쓴 글을 함께 읽고 반응하기 등이 주요 학습 내용입니다. 이 성취기준과 관련된 쓰기 지도 원리도 살펴보고, 관련 내용도 살펴보면서 이 성취기준을 좀 더 깊게 들여다볼까요?

쓰기 영역의 내용 체계표에서 꼼꼼하게 살펴보기

[표 2-26]과 같이 2022 개정 국어과 교육과정의 쓰기 영역 내용 체계표에서 [2국03-04] 성취기준의 내용 요소를 자세히 살펴볼까요?

[표 2-26] 2022 개정 국어과 교육과정의 내용 체계표에서 관련 내용 요소 살펴보기

범주		내용 요소		
		초등학교		
		1~2학년	3~4학년	5~6학년
지식·이해	쓰기 맥락		• 상황 맥락	• 상황 맥락 • 사회·문화적 맥락
지식·이해	글의 유형	• 주변 소재에 대해 소개하는 글 • 겪은 일을 표현하는 글	• 절차와 결과를 보고하는 글 • 이유를 들어 의견을 제시하는 글 • 독자에게 마음을 전하는 글	• 대상의 특성이 나타나게 설명하는 글 • 적절한 근거를 들어 주장하는 글 • 체험에 대한 감상을 나타내는 글
과정·기능	쓰기의 기초	• 글자 쓰기 • 단어 쓰기 • 문장 쓰기	• 문단 쓰기	
과정·기능	계획하기		• 목적, 주제 고려하기	• 독자, 매체 고려하기
과정·기능	내용 생성하기	• 일상을 소재로 내용 생성하기	• 목적, 주제에 따라 내용 생성하기	• 독자, 매체를 고려하여 내용 생성하기
과정·기능	내용 조직하기		• 절차와 결과에 따라 내용 조직하기	• 통일성을 고려하여 내용 조직하기
과정·기능	표현하기	• 자유롭게 표현하기	• 정확하게 표현하기	• 독자를 고려하여 표현하기
과정·기능	고쳐쓰기		• 문장, 문단 수준에서 고쳐쓰기	• 글 수준에서 고쳐쓰기
과정·기능	공유하기	• 쓴 글을 함께 읽고 반응하기		
과정·기능	점검과 조정		• 쓰기 과정과 전략에 대해 점검·조정하기	
가치·태도		• 쓰기에 대한 흥미	• 쓰기 효능감	• 쓰기에 적극적 참여 • 쓰기 윤리 준수

이 성취기준의 내용 요소는 지식·이해, 과정·기능 범주 면에서 살펴볼 수 있습니다. 지식·이해 범주에서 이 성취기준이 제시한 글의

유형은 '겪은 일을 표현하는 글'입니다. 내용 체계표 1~2학년군 지식·이해 범주에는 '주변 소재에 대해 소개하는 글'과 '겪은 일을 표현하는 글'이 제시되어 있습니다.

과정·기능 범주에서 이 성취기준이 제시한 내용 요소는 내용 생성하기, 표현하기, 공유하기입니다. 내용 체계표에서 1~2학년군의 학습 요소를 살펴보면, '일상을 소재로 내용 생성하기'는 내용 생성하기, '자유롭게 표현하기'는 표현하기, '쓴 글을 함께 읽고 반응하기'는 공유하기임을 확인할 수 있습니다.

이 성취기준은 3~4학년군의 "[4국03-04] 목적과 주제를 고려하여 독자에게 마음을 전하는 글을 쓴다."와 5~6학년군의 "[6국03-03] 체험한 일에 대한 감상을 나타내는 글을 쓴다."로 이어집니다.

여기서 잠깐! 쓰기 영역, [2국03-04] 성취기준의 발자취는?

2007 개정 국어과 교육과정부터 현재까지 이 성취기준의 발자취를 살펴보겠습니다. 기술된 내용이 조금씩 달라지기는 하였으나 저학년의 경우 초등학생이 겪은 일을 중심으로 글쓰기를 접근해야 한다는 논리는 동일하였습니다. 1~2학년 학생들이 글을 쉽고 자유롭게 써야 하기 때문입니다. 글쓰기가 국어 교과에서 가장 어려운 활동이기 때문에 글쓰기를 처음 접하는 1~2학년 학생들이 부담을 적게 가지게 하는 일은 중요합니다.

이 성취기준은 2007 개정 국어과 교육과정 1학년과 2학년 쓰기 영역에 "【1-쓰-(4)】 인상 깊었던 일을 정리하여 그림일기를 쓴다.", "【2-쓰-(4)】 겪은 일이 잘 드러나게 일기를 쓴다."로 제시되었고, 2009 개정 국어과 교육과정 1~2학년군 쓰기 영역에 "(5) 인상 깊었던 일이나 겪은 일을 글로 쓴다."로 제시되었고, 2015 개정 국어과 교육과정 쓰기 영역에 "[2국03-04] 인상 깊었던 일이나 겪은 일에 대한 생각이나 느낌을 쓴다."로 제시되었던 성취기준과 관련됩니다. 국어과 교육과정이 개정될 때마다 '인상 깊었던 일'이나 '겪은 일'에 대해 글을 쓰는 성취기준이 빠지지 않고 제시되었음을 확인할 수 있습니다.

나 성취기준과 관련된 배경지식

2국
03
-
04

이 성취기준의 학습 중요성은 초등학교 쓰기 교육에서 강조하는 과정 중심 글쓰기 지도와 연계해 살펴볼 수 있습니다. 글쓰기 과정은 계획하기, 내용 생성하기, 내용 조직하기, 표현하기, 고쳐쓰기, 공유하기, 점검·조정하기로 구분됩니다. 그러나 이 성취기준은 주로 내용 생성하기, 표현하기에 한정됩니다.

첫째, 1~2학년군 학습 필자의 수준을 고려할 필요가 있습니다. 글쓰기는 복잡한 의미 구성이자 문제 해결 과정이므로 저학년 수준의 학습 필자가 모든 쓰기 과정을 이해하는 것은 쉽지 않습니다. 1~2학년군 학생의 쓰기 수행 수준을 고려해 내용 생성하기, 표현하기, 공유하기로 글쓰기 과정을 한정하였습니다.

둘째, 학습 필자가 친숙한 소재로 글감을 한정할 필요가 있습니다. '일상을 소재로 내용 생성하기'는 학습 필자가 겪은 일 중에서 인상 깊었던 일이나 자신이 경험한 일에서 쓸 내용 생성하기를 강조하고 있습니다. 학습 필자의 일상생활과 연계된 소재로 글쓰기 학습을 강조하고 있습니다.

셋째, 자유롭게 표현하기를 강조할 필요가 있습니다. 학습 필자는 아직 쓰기 규범이나 관습에 익숙하지 않습니다. 표현하기가 학습자의 실패 경험으로 이어지지 않도록 주의해야 합니다. 학습자에 따라 글 또는 글과 그림으로 함께 표현하는 것이 가능합니다. 경우에 따라서는 '말로 쓰기'도 가능합니다. 학습 필자에게 표현하기의 부담을 주지 않는 것이 필요합니다.

넷째, 자신이 쓴 글에 대해 서로 나누는 과정을 강조할 필요가 있습니다. 자신이나 친구의 글을 읽고 서로의 생각이나 느낌을 자유롭게 이야기하는 과정에서 학습 필자는 쓰기의 중요성, 독자에 대한 인식, 의사소통의 필요성을 알게 됩니다. 성공적인 쓰기 경험을 통해 학습 필자는 쓰기에 대해 긍정적으로 인식하게 됩니다.

성취기준 해설에서 단서 찾기

2022 개정 국어과 교육과정에는 이 성취기준에 대한 해설이 제공되지 않습니다. 그래서 2007, 2009, 2015 개정 국어과 교육과정에 각각 제시된 해설을 참고해 볼 수 있습니다. 특히 국어과 교육과정과 별개로 해설서가 나왔던 2007 개정 국어과 교육과정 해설서를 꼼꼼하게 살펴볼 필요가 있습니다.

- **【1-쓰-(4)】 인상 깊었던 일을 정리하여 그림일기를 쓴다.**(2007 개정 국어과 교육과정 1학년 쓰기 영역 성취기준) / **【2-쓰-(4)】 겪은 일이 잘 드러나게 일기를 쓴다.**(2학년 쓰기 영역 성취기준)

  앞의 성취기준은 겪은 일 중에서 가장 인상 깊었던 일을 그림일기로 쓰게 함으로써 쓰기에 대한 흥미를 갖게 하고, 그림일기를 즐겨 쓰는 태도를 갖도록 하기 위하여 설정하였다. 글쓰기는 입체적인 생각이나 느낌을 선조적으로 표현하는 과정으로서 1학년 학습자에게는 다소 어렵고 낯선 표현 방식일 수 있다. 학습자에게 익숙하고 편한 표현 방식인 그림 그리기를 글쓰기와 병행하게 함으로써, 글쓰기에 흥미를 계속 유지할 수 있으며, 어렴풋하게나마 글과 그림의 표현 방식의 차이도 알게 된다.

[글의 수준과 범위] 인상 깊었던 일을 표현한 그림일기

하루 일과를 나열하기보다는 가족이나 친구, 선생님과 특별하게 있었던 사건, 새롭게 알게 된 사실, 주변 환경이나 자연의 변화로부터 느낀 점 등 인상 깊었던 일에서 소재를 찾게 한다. 실제 일어난 일뿐만 아니라 인상 깊게 읽은 책, 텔레비전 프로그램 등에 대한 감상 일기 등도 쓸 수 있다. 그림일기는 그림과 글로 구성됨을 이해하게 하고, 특히 그림과 글은 서로 분리되지 않고 깊이 관련되어 있어야 함을 강조한다. 하루 중에 있었던 일을 시간적 순서에 따라 떠올려 보게 한 후, 그중에서 가장 인상에 남는 일을 그림으로 표현하게 한다.

- **(5) 인상 깊었던 일이나 겪은 일을 글로 쓴다.**(2009 개정 국어과 교육과정 1~2학년군 쓰기 영역 성취기준)

인상 깊었던 일이나 겪은 일을 글로 표현하는 것을 통해 학생들은 글쓰기를 쉽고 재미있게 시작할 수 있다. 학생들이 쉽게 글감을 마련하여 쓸 수 있도록 인상 깊었던 일이나 자신이 경험한 재미있는 일을 친구들에게 이야기하듯이 글로 쓰도록 지도한다. 문자 언어의 관습과 규범에 익숙하지 않은 학생들이 부담 없이 글을 쓸 수 있도록, 처음에는 즐거웠던 경험을 글과 그림으로 함께 표현하도록 한다. 또한 인상 깊었던 일이나 겪은 일을 지속적으로 글로 쓰고 이를 나누는 과정을 통해 쓰기에 대해 호감을 가지고 쓰기가 자신을 표현하는 방법임을 깨닫도록 한다.

- **[2국03-04] 인상 깊었던 일이나 겪은 일에 대한 생각이나 느낌을 쓴다.**(2015 개정 국어과 교육과정 1~2학년군 쓰기 영역 성취기준)

  이 성취기준에 대한 별도의 설명은 없음.

2007, 2009, 2015 개정 국어과 교육과정 해설에서 성취기준 "[2국03-04] 겪은 일을 표현하는 글을 자유롭게 쓰고, 쓴 글을 함께 읽고 생각이나 느낌을 나눈다."가 중요하게 다루는 몇 가지 단서를 찾을 수 있습니다.

첫째, 겪은 일의 범위를 다루고 있습니다. 초등학교 1~2학년이 겪은 일의 범위는 하루 일과를 나열하기보다는 가족이나 친구, 선생님과 특별하게 있었던 사건, 새롭게 알게 된 사실, 주변 환경이나 자연의 변화로부터 느낀 점 등 인상 깊었던 일까지도 넓힐 수 있다는 점입니다. 실제 일어난 일뿐만 아니라 인상 깊게 읽은 책, 인상 깊게 본 텔레비전 프로그램 등도 겪은 일에 포함할 수 있습니다.

둘째, 초등학교 1~2학년이 글을 자유롭게 써야 함을 강조하고 있습니다. 문자 언어의 표현 방식인 글쓰기는 1~2학년 학생들에게 어려운 활동입니다. 글쓰기는 초등학생들의 입체적인 생각이나 느낌을 선조적으로 표현하는 과정으로서 1학년 학습자에게는 어렵고 낯선 표현 방식입니다. 따라서 1~2학년 학생들에게 익숙하고 편한 표현 방식인 그림 그리기를 글쓰기와 병행하게 하고 있습니다. 그림일기는 그림과 글로 구성됨을 이해하게 하고, 특히 그림과 글은 서로 분리되지 않고 깊이 관련되어 있어야 함을 강조하고 있습니다.

2022 개정 국어과 교육과정 '성취기준 적용 시 고려 사항'에 나오는 내용 중 이 성취기준에 관련되는 내용을 뽑을 수 있습니다. 우선,

학습자가 쉽게 글감을 마련하여 쓸 수 있도록 인상 깊었던 일이나 자신이 경험한 일을 친구에게 이야기하듯이 글로 쓰도록 지도할 것을 강조합니다. 문자 언어의 관습과 규범에 익숙하지 않은 학습자들이 큰 어려움을 느끼지 않으며 글을 쓸 수 있도록 자신의 경험을 글과 그림으로 함께 표현하도록 지도하는 것도 가능하다는 것입니다. 또한 자신이 쓴 글을 다른 사람들과 나누는 과정을 통해 쓰기에 대해 긍정적인 인식을 갖게 하여 쓰기가 자신을 표현하고 사람들과 소통하는 방법임을 깨닫도록 할 것을 강조하고 있습니다. 부정적인 피드백을 제공할 경우 글쓰기를 처음 하는 초등학교 저학년 학생들에게 글쓰기에 대한 부정적인 인식을 심어 줄 수 있고, 글쓰기 효능감이 저하될 수 있기 때문입니다.

성취기준에 포함된 핵심어, 차근차근 풀어 가기

이 성취기준이 담고 있는 핵심어는 '자신의 경험 떠올리기', '자유롭게 표현하기', '쓴 글을 함께 읽고 반응하기'입니다.

초등학교 쓰기 교육에서는 과정 중심 글쓰기 교육을 강조하고 있습니다. 과정 중심 과정을 계획하기, 내용 생성하기, 내용 조직하기, 표현하기, 고쳐쓰기, 공유하기, 점검·조정하기로 구분하였을 때, "[2국03-04] 겪은 일을 표현하는 글을 자유롭게 쓰고, 쓴 글을 함께 읽고 생각이나 느낌을 나눈다."라는 성취기준은 주로 내용 생성하기, 표현하기, 공유하기가 핵심어임을 확인할 수 있습니다. '일상을 소재로 내용 생성하기'는 내용 생성하기, '자유롭게 표현하기'는 표현하기, '쓴 글을 함께 읽고 반응하기'는 공유하기와 일대일로 대응됨을 알 수 있습니다. 이 내용을 바탕으로 핵심어 각각을 살펴보겠습니다.

첫째, '일상을 소재로 내용 생성하기'를 살펴보겠습니다. '일상을 소재로 내용 생성하기'는 학습 필자가 겪은 일 중에서 하나 이상을 선정하고, 그와 관련된 내용을 다양하게 생성하는 활동을 말합니다.

둘째, '자유롭게 표현하기'를 살펴보겠습니다. '자유롭게 표현하기'는 학습 필자가 글쓰기를 시작하는 상황을 반영한 결과입니다. 구어 중심의 언어생활을 하던 초등학교 1~2학년 학생이 한글을 익힌 후 문어 중심의 쓰기 세계에 입문하였기 때문에 글쓰기에 대한 부담이 클 수밖에 없는 상황입니다. 글쓰기에 대한 부담을 최소화하기 위해 학습 필자 자신이 겪은 일에 대해 구술하듯이, 쓰기의 형식에 제약을 받지 않고 자유롭게 표현하는 활동입니다.

셋째, '쓴 글을 함께 읽고 반응하기'를 살펴보겠습니다. '쓴 글을 함께 읽고 반응하기'는 학습 필자가 자신의 글을 친구와 바꾸어 읽고, 자신의 생각이나 느낌을 자유롭게 공유하는 활동입니다. 학습 필자가 친구가 쓴 글을 읽음으로써 실제 독자의 역할을 수행합니다. 이 과정에서 학습 필자는 독자의 존재와 중요성을 배울 수 있습니다. 또한 자신이 쓴 글을 매개로 독자와 소통함으로써 바람직한 의사소통 문화의 단초를 이해할 수 있습니다.

다 성취기준 내용 상세화

● 내용 상세화와 국어 수업 연결 따라 가기

"[2국03-04] 겪은 일을 표현하는 글을 자유롭게 쓰고, 쓴 글을 함께 읽고 생각이나 느낌을 나눈다."에 대한 내용 상세화는 [표 2-27]과 같습니다.

[표 2-27] 성취기준 내용 세분화

성취기준 내용	내용	1차 세분화	2차 세분화
[2국03-04] 겪은 일을 표현하는 글을 자유롭게 쓰고, 쓴 글을 함께 읽고 생각이나 느낌을 나눈다.	자신의 경험 떠올리기	직접 경험한 것 떠올리기	• 본 것 떠올리기 • 들은 것 떠올리기 • 먹어 본 것 떠올리기 • 만져 본 것 떠올리기 • 있었던 것 떠올리기
		간접 경험한 것 떠올리기	• 자료 찾아보기 • 책 읽은 것 떠올리기 • 텔레비전, 유튜브 내용 떠올리기
	자유롭게 표현하기	기호로 표현하기	• 그림으로 쓰기 • 그림 문자로 쓰기
		말로 표현하기	• 말로 쓰기
		글로 표현하기	• 얼른 쓰기
	쓴 글을 함께 읽고 반응하기	쓴 글 읽기	• 자신이 쓴 글 읽기 • 친구가 쓴 글 읽기
		반응하기	• 자신이 쓴 글에 대해 생각이나 의견 말하기 • 친구가 쓴 글에 대해 생각이나 의견 말하기 • 서로 이야기 나누기

[표 2-27]의 내용 체계는 학습자들에게 가르칠 것이 아니라 교사가 이 성취기준에 의해 구성된 단원을 지도하기 위해서 알고 있어야 할 체계입니다. '자신의 경험 떠올리기', '자유롭게 표현하기', '쓴 글을 함께 읽고 반응하기'로 구분해 볼 수 있습니다.

'자신의 경험 떠올리기'는 글쓰기 과정 중 내용 생성하기에 해당합니다. 쓸 내용에 대해 자유롭게 떠올려 보는 것으로 '직접 경험한 것'과 '간접 경험한 것'으로 구분해 볼 수 있습니다. 초등학생이 오감을 활용해 자신이 경험한 것을 떠올려 보게 하는 것이 중요합니다. '자유롭게 표현하기'는 초등학생이 표현의 방식에 제약 없이 표현해 보는 것을 말합니다. 그림으로 표현하거나, 글과 그림의 중간 형태인 그림 문자로 표현할 수 있습니다. 또는 초등학생들이 글보다는 말이 더 익숙하므로 말로 자신이 경험한 것을 표현할 수도 있습니다. 글로 표현할 경우 문법 규칙이나 글쓰기 관습에 얽매이지 않고 표현하도록 허용적인 분위기를 조성하는 것이 중요합니다.

[2국03-04] 성취기준과 관련된 오개념 중재 방안 알아보기

이 성취기준과 관련된 오개념은 자유롭게 쓰는 것은 아무렇게나 써도 된다고 생각하는 경우입니다. 자유롭게 쓴다는 것은 학습자의 특성을 반영하였다는 점에 유의해야 합니다. 글쓰기를 시작하는 초등학교 저학년 학생의 부담을 최소화하기 위한 접근 방법이 '자유롭게 쓰기'인 것이지, 아무렇게나 쓰는 것이 자유롭게 쓰기는 아닙니다. 형식적인 글 쓰기로 넘어가기 이전 과정으로서 자유롭게 쓰기임을 알고 지도할 필요가 있습니다. 말로 표현하기, 그림으로 표현하기, 그림 문자로 표현하기 등은 형식화된 글 쓰기로 넘어가기 위한 자유로운 표현의 과정임을 잊지 말아야 합니다.

4장 문법 영역

01. 문법 영역 성취기준 개관

2022 개정 국어과 교육과정 문법 영역 내용 체계에 대해 노은희 외(2022)의 내용을 중심으로 소개합니다. 문법 영역 내용 체계표를 보면 '핵심 아이디어'가 가장 상위에 위치하고 있으며 그 아래에 '지식·이해', '과정·기능', '태도' 범주가 자리하고 있습니다. '핵심 아이디어'는 2015 개정 국어과 교육과정의 '일반화된 지식'을 바탕으로 재구성한 것이라고 할 수 있습니다. 문법 영역의 핵심 아이디어 항목은 문법 영역을 아우르면서 문법 영역의 학습을 통해 일반화할 수 있는 내용을 핵심적으로 진술한 것입니다. 이는 문법 영역 학습의 초점을 부여하여 깊이 있는 학습을 가능하게 하는 토대가 됩니다.

문법 영역의 핵심 아이디어는 모두 네 가지 항목을 담고 있는데, 첫째 항목은 문법 영역 학습에서 학습자가 경험하는 활동의 본질이 문법 탐구임을 분명히 하고 있습니다. 둘째 항목은 학습자들이 문법 탐구를 통해 국어의 체계와 구조를 아는 것에서 더 나아가 언어가 사회 기호로서의 기능, 문화적 산물임을 알아야 함을 명시하고 있습니다. 셋째 항목은 문법 탐구의 대상인 국어 자료에 대한 내용을 담고 있으며, 넷째 항목은 문법 학습을 통한 학습자의 모습을 제시하고 있습니다.

내용 요소를 살펴보겠습니다. 범주는 앞서 언급한 바와 같이 '지식·이해', '과정·기능', '태도'로 나누어져 있습니다. 지식·이해 범주는 문법 영역에서 알고 이해해야 할 내용을 담고 있습니다. 초등학교

급에 제시된 내용을 보면 1~2학년군에서는 이에 해당하는 내용은 없습니다. 3~4학년군에서는 언어가 의사소통의 수단이면서 관계 형성의 수단이라는 점을 알아야 함을 보이고 있습니다. 5~6학년군에서는 음성 언어의 특성과 문자 언어의 특성 및 표준어와 방언에 관한 내용이 제시되어 있습니다. 언어 단위는 음소, 글자, 단어, 문장, 담화까지 언어 단위 전체가 학습 대상으로 설정되어 있습니다. 국어 규범과 관련해서는 한글 맞춤법이 주요 대상입니다. 과정·기능 범주의 핵심은 탐구입니다. 관찰과 분석, 문제 해결 등의 사고 과정이 중시됩니다. 가치·태도 범주에서는 한글에 관한 관심, 국어에 대한 인식에 더하여 국어생활 전체에 걸친 범위를 가집니다.

이와 같은 특성을 가진 문법 영역의 내용 체계표는 [표 2-28]과 같습니다.

[표 2-28] 2022 개정 국어과 교육과정 문법 영역 내용 체계표

핵심 아이디어	• 문법은 국어의 형식과 내용을 이루는 틀로서 규칙과 원리로 구성·운영되며, 문법 탐구는 문법에 대해 사고하는 활동으로 국어에 대한 총체적 앎을 이끈다. • 국어는 체계와 구조를 갖춘 의미 생성 자원이자, 사회적으로 구성된 관습적 규약이며, 공동체의 사고와 가치를 표상하는 문화적 산물이다. • 국어 자료는 다양한 맥락에서 만들어지는 의사소통의 결과물로서, 국어 현상을 파악하고 국어 문제를 발견할 수 있는 문법 탐구의 대상이다. • 국어 사용자는 일상생활에서 국어 현상과 국어 문제를 탐구하고 성찰하면서 언어 주체로서의 정체성과 국어 의식을 형성한다.				
범주		내용 요소			
		초등학교			중학교
		1~2학년	3~4학년	5~6학년	1~3학년
지식·이해	언어의 본질과 맥락		• 의사소통과 관계 형성 수단으로서의 언어 • 참여자 간 관계 및 장면에 따른 언어	• 음성 언어 및 문자 언어의 특성과 매체 • 지역에 따른 언어와 표준어	• 국어의 음운 체계와 문자 체계 • 세대·분야·매체에 따른 언어

	언어 단위	• 글자·단어·문장	• 단어의 의미와 단어 간의 의미 관계 • 단어의 분류 • 문장의 기본 구조 • 글과 담화의 높임 표현과 지시·접속 표현	• 어휘 체계와 고유어 • 관용 표현 • 문장 성분과 호응 • 글과 담화의 시간 표현	• 단어의 형성 방법 • 품사의 종류와 특성 • 어휘의 양상과 쓰임 • 문장의 짜임과 확장 • 글과 담화의 피동· 인용 표현
	한글의 기초와 국어 규범	• 한글 자모의 이름과 소리 • 단어의 발음과 표기 • 문장과 문장 부호	• 단어의 정확한 발음과 표기	• 단어와 문장의 정확한 표기와 사용	• 한글 맞춤법의 원리와 내용
과정·기능	국어의 분석과 활용	• 언어 단위 관찰하기	• 언어 단위 관찰하고 분석하기 • 국어사전 활용하여 문제 해결하기 • 글과 담화에 적절한 표현 사용하기	• 언어 표현의 특징 분석하기 • 글과 담화에 적절한 표현 사용하기	• 기준에 따라 분류하고 분석하기 • 원리 적용하여 표현 창안하기 • 글과 담화에 적절한 표현을 사용하고 효과 비교하기 • 자료를 해석하고 창의적으로 활용하기
과정·기능	국어 실천의 성찰과 비판	• 소리와 표기의 차이 인식하기	• 국어 규범 인지하고 수용하기	• 국어생활 점검하고 실천하기 • 언어 표현의 효과 평가하기	• 국어 규범의 원리 탐색하기 • 언어 표현의 의도 탐색하고 대안 모색하기 • 국어 문제 발견하고 실천 양상 비판하기
가치·태도		• 한글에 대한 호기심	• 국어의 소중함 인식	• 국어생활에 대한 민감성 • 집단·사회의 언어와 나의 언어의 관계 인식	• 다양한 집단·사회의 언어에 대한 언어적 관용 • 언어로 구성되는 세계와 자아 인식

초등학교 1~2학년군 문법 영역의 성취기준은 다음과 같습니다.

- [2국04-01] 한글 자모의 이름과 소릿값을 알고 정확하게 발음하고 쓴다.
- [2국04-02] 소리와 표기가 다를 수 있음을 알고 단어를 바르게 읽고 쓴다.
- [2국04-03] 문장과 문장 부호를 알맞게 쓰고 한글에 호기심을 가진다.

02. 문법 영역 성취기준 내용 상세화

[2국04-01] 한글 자모의 이름과 소릿값을 알고 정확하게 발음하고 쓴다.

가 성취기준 개요

이 성취기준은 한글 자모의 이름과 소릿값을 알고 정확하게 발음하고 쓰는 것을 익힐 수 있게 마련된 것입니다. 한글 자모는 한글로 글을 쓰기 위해 알아야 하는 자음자와 모음자를 일컫는 말로 영어의 알파벳에 해당하는 것입니다. 이 성취기준과 관련된 한글 자모의 이름과 소릿값도 알고, 관련 규정도 살펴보면서 이 성취기준을 좀 더 깊게 들여다볼까요?

문법 영역의 내용 체계표에서 꼼꼼하게 살펴보기

[표 2-29]와 같이 2022 개정 국어과 교육과정의 문법 영역 내용 체계표에서 [2국04-01] 성취기준의 내용 요소를 자세히 살펴볼까요?

[표 2-29] 2022 개정 국어과 교육과정의 내용 체계표에서 관련 내용 요소 살펴보기

범주		내용 요소	
		초등학교	
		1~2학년	3~4학년
지식·이해	언어의 본질과 맥락	• 상황 맥락	• 의사소통과 관계 형성 수단으로서의 언어 • 참여자 간 관계 및 장면에 따른 언어
	언어 단위	• 글자·단어·문장	• 단어의 의미와 단어 간의 의미 관계 • 단어의 분류 • 문장의 기본 구조 • 글과 담화의 높임 표현과 지시·접속 표현
	한글의 기초와 국어 규범	• 한글 자모의 이름과 소리 • 단어의 발음과 표기 • 문장과 문장 부호	• 단어의 정확한 발음과 표기
과정·기능	국어의 분석과 활용	• 언어 단위 관찰하기	• 언어 단위 관찰하고 분석하기 • 국어사전 활용하여 문제 해결하기 • 글과 담화에 적절한 표현 사용하기
	국어 실천의 성찰과 비판	• 소리와 표기의 차이 인식하기	• 국어 규범 인지하고 수용하기
가치·태도		• 한글에 대한 호기심	• 국어의 소중함 인식

문법 영역의 1~2학년군 내용 요소를 보면 이 성취기준은 문법 영역 내용 체계에서 지식·이해 범주의 하위 범주인 한글의 기초와 국어 규범에 속하는 '한글 자모의 이름과 소리' 항목과 관련되며, 과정·기능 범주의 하위 범주인 국어의 분석과 활용에 속하는 '언어 단위 관찰하기' 항목과 관련됩니다. 이 성취기준은 1~2학년군의 "[2국04-02] 소리와 표기가 다를 수 있음을 알고 단어를 바르게 읽고 쓴다."와 "[2국04-03] 문장과 문장 부호를 알맞게 쓰고 한글에 호기심을 가진다."와 관계가 있으며, 읽기 영역의 "[2국02-01] 글자, 단어, 문장, 짧은 글을 정확하게 소리 내어 읽는다." 및 쓰기 영역의 "[2국

03-01] 글자와 단어를 바르게 쓴다."와 연계하여 지도할 수 있습니다.

여기서 잠깐! 문법 영역, [2국04-01] 성취기준의 발자취는?

이 성취기준은 2007 개정 국어과 교육과정 1학년 문법 영역에 "【1-문법-(1)】 한글 자모의 이름과 소리를 안다."로 제시되었고, 2009 개정 국어과 교육과정 1~2학년군 문법 영역에 "(1) 한글 낱자(자모)의 이름과 소릿값을 알고 정확하게 발음하고 쓴다."로 제시되었으며, 2015 개정 국어과 교육과정 1~2학년군 문법 영역에 "[2국04-01] 한글자모의 이름과 소릿값을 알고 정확하게 발음하고 쓴다."로 제시된 성취기준과 관련됩니다. 즉, 각 교육과정 시기마다 초등학교 1학년 시기에 익혀야 하는 문법 영역의 중요한 성취기준이라고 볼 수 있습니다.

나 성취기준과 관련된 배경지식

2022 개정 국어과 교육과정 및 2015 개정 국어과 교육과정에는 이 성취기준에 대한 해설이 제공되지 않습니다. 그래서 그 이전 교육과정인 2009 개정 국어과 교육과정에 제시된 해설을 참고해 볼 수 있습니다.

성취기준 해설에서 단서 찾기

- **(1) 한글 낱자(자모)의 이름과 소릿값을 알고 정확하게 발음하고 쓴다.**
  (2009 개정 국어과 교육과정 1~2학년군 문법 영역 성취기준)
  1~2학년군 문법 영역 (1) 한글 낱자(자모)를 바르게 발음하고 쓰는 것은 소리글자인 한글로 문자 생활을 하는 데 필요한 기초 능력

이다. 먼저 한글 낱자의 이름과 모양을 차례로 익히고 자연스러운 순서에 따라 쓰도록 하며, 이들 낱자들의 결합으로 이루어진 글자를 바르게 쓰고 발음할 수 있도록 지도한다. 이러한 활동을 통해 한글에 흥미를 가지면서 한글을 소중히 여기며 문자 생활에 필요한 기초 능력을 기를 수 있도록 한다.

이 성취기준이 담고 있는 내용의 초점은 한글 자모의 이름과 소릿값, 그리고 이를 정확하게 발음하고 쓰는 것입니다. 그리고 그것의 대상은 '한글 자모'입니다. 즉, 문자 학습이 처음 이루어지는 초등학교 1학년 학생들에게 한글의 자모의 이름과 소릿값을 알게 하고 이를 정확하게 발음하고 쓸 수 있게 하는 것에 초점이 놓인 성취기준입니다.

한글 자모에 대한 정보를 얻을 수 있는 것은 크게 두 가지입니다. 하나는 한글의 제자 원리를 담고 있는 『훈민정음해례본』이고, 또 다른 하나는 현대 국어에서 '한글 자모'를 정의해 놓은 「한글 맞춤법」입니다.

『훈민정음해례본』은 한글, 즉 훈민정음이라는 문자 체계의 사용 방법을 알리기 위해 만들어진 책으로, 우리나라에서는 국보로 지정되어 있고, 유네스코에는 세계 기록 유산으로 등재되어 있습니다. 『훈민정음해례본』은 한글이 어떤 원리를 바탕으로, 어떤 과정을 통해 만들어졌는지를 설명하고 있는 책입니다. 『훈민정음해례본』의 구성은 다음과 같습니다.

■ 임금의 글

- 어제 서문
- 본문(예의): 세종이 간략히 해설한 글자 운용 방법

■ 신하의 글

- 해례(해설과 예시)
  - 제자해: 글자 창제에 관한 해설
  - 초성해: 초성 글자에 관한 해설
  - 중성해: 중성 글자에 관한 해설
  - 종성해: 종성 글자에 관한 해설
  - 합자해: 초중종성 글자를 합한 글자에 관한 해설
  - 용자례: 글자를 활용한 예시
- 정인지 후서(책 내용의 대상이나 그와 관련된 일을 간략하게 적은 글)

「한글 맞춤법」은 한글로써 우리말을 표기하는 법을 체계화한 규정을 뜻합니다. 시작은 당연히 훈민정음이라고 할 수 있겠지만 현대 국어는 1933년의 「한글 맞춤법 통일안」을 기본으로 만들어졌으며, 문교부 고시 「한글 맞춤법」을 거쳐 현재는 2017년의 문화체육관광부 고시 「한글 맞춤법」을 사용하고 있습니다. 「한글 맞춤법」은 다음의 내용과 같이 6장 57항으로 이루어져 있고, 부록으로 문장 부호를 제시하고 있습니다. 그리고 한글 자모에 관한 규정은 제2장 4항에 제시되어 있습니다. 자세한 내용은 뒷부분에서 살펴보겠습니다.

제1장 총직	제2장 자모
제3장 소리에 관한 것	제4장 형태에 관한 것
제5장 띄어쓰기	제6장 그 밖의 것
부록 문장 부호	

성취기준에 포함된 핵심어, 차근차근 풀어 가기

해당 성취기준이 담고 있는 핵심어는 '한글 자모'입니다. 이에 대해 자세히 살펴보겠습니다.

우선 '자모'의 의미부터 살펴보겠습니다. '한글 자모'라고 하면 많은 사람이 자음과 모음의 첫 글자를 딴 말로 생각을 하는데 이는 절반은 맞고 절반은 틀린 표현입니다. '자모'는 정확한 의미로 "음소 문자 체계에서 쓰이는 낱낱의 글자."를 뜻합니다. 초등학교 학생들은 '낱자'라고 배우기도 합니다. 즉, 영어의 알파벳과 같은 의미가 '한글의 자모'에 해당하는 것입니다. 그리고 한글 자모는 자음자와 모음자로 나눌 수 있는데 이는 한글 자모의 제자 원리가 담긴 『훈민정음 해례본』에 잘 나타나 있습니다.

자음자

『훈민정음해례본』에 따르면 한글 자음은 발음 기관의 모양(상형)을 본떠 만들었습니다. 특히 기본 자음자 5개를 먼저 만들고, 나머지는 획을 더하는 방식 등을 활용하여 만들었습니다. 이는 [표 2-30]과 같습니다.

[표 2-30] 한글 기본 자음자

기본 자음자	발음 기관	설명
ㄱ	혀뿌리가 목구멍을 막는 모양	'혀뿌리 소리'(아음)
ㄴ	혀끝이 윗잇몸에 닿은 모양	'혀끝 소리'(설음)
ㅁ	입술 모양	'입술 소리'(순음)
ㅅ	이의 모양	'이 소리'(치음)
ㅇ	목구멍을 열어 놓은 모양	'목구멍 소리'(후음)

2국 04 - 01

나머지 자음자들은 획을 더하거나 변형하여 확장한 것입니다. 새롭게 만든 28개의 글자 중 17개가 자음이므로 기본자에 획을 더하거나 변형한 글자를 제시하면 [표 2-31]과 같습니다.

[표 2-31] 『훈민정음해례본』에 제시된 17개 자음자

기본자 (모양을 본뜸)	가획자 (획을 더함)	이체자 (다른 모양으로 변형함)
ㄱ	ㅋ	ㆁ
ㄴ	ㄷ, ㅌ	ㄹ
ㅁ	ㅂ, ㅍ	-
ㅅ	ㅈ, ㅊ	ㅿ
ㅇ	ㆆ, ㅎ	-

한글이 처음 만들어질 때 자음자는 17개였지만 현재는 14개를 쓰고 있습니다. 즉, 3개의 문자가 현재 사용되지 않는 것입니다. 사용하지 않는 글자는 가획자 중에서는 여린 이응(ㆆ), 이체자 중에는 옛이응(ㆁ)과 반치음(ㅿ)입니다. 그런데 옛이응(ㆁ)은 글자는 사용하지 않지만 소리는 사용하고 있습니다. 현재 우리가 사용하는 이응(ㅇ)은 연구개음(해례본 기준 혀뿌리 소리)에 해당하는 소리입니다. 따라서 옛이응(ㆁ)은 글자는 없어졌지만 '이응(ㅇ)'으로 모양이 바뀌어 남아 있는 것으로 볼 수 있습니다.[26)]

이러한 한글 자음자의 명칭은 최세진의 『훈몽자회』(1527)에서 비롯합니다. 『훈몽자회』의 범례에서 한글 자모가 초성에 쓰인 것과 종성에 쓰인 것을 짝 지어 표시했는데, 그것이 자모의 이름으로 이어졌습니다.[27)]

初聲終聲通用八字(초성과 종성에 두루 쓰이는 여덟 자)
ㄱ其役(기역) ㄴ尼隱(니은) ㄷ池末(디귿) ㄹ梨乙(리을)
ㅁ眉音(미음) ㅂ非邑(비읍) ㅅ時依(시옷) ㆁ異凝(이응)

'ㅈ, ㅊ, ㅋ, ㅌ, ㅍ, ㅎ'은 당시 종성으로 쓰이지 않던 것들이어서 초성에 모음 'ㅣ'를 붙인 '지, 치, 키, 티, 피, 히'로만 음가를 나타내 주었는데, 1933년의 「한글 맞춤법 통일안」에서 '지읒, 치읓, 키읔, 티읕, 피읖, 히읗'과 같은 이름이 확정되었습니다.

모음자

『훈민정음해례본』에 따르면 모음자는 하늘(천, ·), 땅(지, ㅡ), 사람(인, ㅣ)의 삼재를 바탕으로 기본자를 만들었습니다. 이는 [표 2-32]와 같습니다.

[표 2-32] 한글 기본 모음자

기본 모음자	상징	모양	의미
·	하늘	점	하늘의 정수
ㅡ	땅	가로선	평평한 지면
ㅣ	사람	세로선	선 사람의 모습

나머지 모음자들은 이러한 기본 모음자를 결합하여 만들었습니다. 이는 [표 2-33]과 같습니다.

2국 04 - 01

[표 2-33] 『훈민정음해례본』에 제시된 11개 모음자

기본자	초출자	재출자
·	• + ㅡ ➜ ㅗ • + ㅣ ➜ ㅏ	• ㅗ + · ➜ ㅛ • ㅏ + · ➜ ㅑ
ㅡ	• + ㅡ ➜ ㅜ	• ㅜ + · ➜ ㅠ
ㅣ	• + ㅣ ➜ ㅓ	• ㅓ + · ➜ ㅕ

모음자 역시 처음 만들어질 때는 11개였지만 현재는 10개를 쓰고 있습니다. 즉, 1개의 문자를 현재 사용하지 않고 있습니다. 이는 기본자 중 하나인 아래아(·)입니다. 모음자의 기본자는 하늘, 땅, 사람의 삼재를 뜻하기도 하지만 양성 모음(·), 음성 모음(ㅡ), 중성 모음(ㅣ)으로 구분하기도 합니다. 그러다보니 처음 한글이 만들어졌을 때 '·, ㅗ, ㅏ, ㅛ, ㅑ'는 양성 모음, 'ㅡ, ㅜ, ㅓ, ㅠ, ㅕ'는 음성 모음으로 구분하여 모음 조화의 규칙을 잘 지켰는데, 양성 모음의 대표격인 '·'를 사용하지 않게 되면서 모음 조화의 규칙이 약화되었습니다.

병서

한글 자모를 이해하기 위해서는 훈민정음에서 제시한 병서를 이해할 필요가 있습니다. 『훈민정음해례본』에서는 두 개 이상의 자음 또는 모음을 가로로 병기해 새로운 글자를 만드는 병서를 제시하고 있는데, 병서는 각자 병서와 합용 병서의 두 종류가 있습니다. 현재 각자 병서는 자음(쌍자음)만, 합용 병서는 종성 자음(겹받침)과 모음(이중 모음)이 남아 있습니다.

각자 병서는 같은 글자를 나란히 표기한 것을 뜻하는 말로 훈민정음 창제 당시에는 현재와 달리 더 많이 있었으나 오늘날에는 된소리를 표기하는 'ㄲ, ㄸ, ㅃ, ㅆ, ㅉ'이 여기에 해당합니다.

합용 병서는 두 개 이상의 서로 다른 글자를 합쳐 새로운 글자를 만드는 것으로 자음, 모음 모두 가능합니다. 훈민정음 창제 당시는 합용 병서가 다양하게 사용되었으나 현재는 겹받침과 복잡한 모음자에만 사용하고 있습니다. 현대 국어를 기준으로 살펴보면 종성에 사용하는 합용 병서로는 'ㄳ, ㄵ, ㄶ, ㄺ, ㄻ, ㄼ, ㄽ, ㄾ, ㄿ, ㅀ, ㅄ'의 11개 겹받침이 있고, 중성에 사용하는 합용 병서로는 'ㅐ, ㅒ, ㅔ, ㅖ, ㅘ, ㅙ, ㅚ, ㅝ, ㅞ, ㅟ, ㅢ'의 11개 복잡한 모음자가 있습니다.

여기서 잠깐! 단모음과 이중 모음을 알아볼까요?

모음은 공기의 흐름이 어떤 방해도 입지 않은 채 나는 소리로, 그 소릿값은 공깃길의 모양에 따라 결정됩니다. 공깃길의 모양을 결정하는 데는 해당 모음을 발음할 때 혀의 전후 위치, 혀의 높낮이(또는 입을 벌리는 정도), 입술의 모양 등이 관여합니다. 이 세 요소의 작용에 의해 한번 만들어진 공깃길의 모양이 끝까지 유지된 채로 소리가 나는 모음을 단모음이라고 하고, 소리가 나는 동안에 혀가 움직이거나 입술의 모양이 변하는 등의 작용에 의해 공깃길의 모양이 변하는 모음을 이중 모음이라고 합니다.

이에 따라 단모음은 'ㅏ, ㅐ, ㅓ, ㅔ, ㅗ, ㅚ, ㅜ, ㅟ, ㅡ, ㅣ'이고, 이중 모음은 'ㅑ, ㅒ, ㅕ, ㅖ, ㅘ, ㅙ, ㅛ, ㅝ, ㅞ, ㅠ, ㅢ'로 나누어집니다. 세 가지 요소가 변하지 않는 단모음을 좀 더 자세히 살펴보면 [표 2-34]와 같습니다.

2국
04
-
01

[표 2-34] 국어의 단모음 체계

혀의 전후 위치 / 입술의 모양 / 혀의 높이	전설 모음		후설 모음	
	평순 모음	원순 모음	평순 모음	원순 모음
고모음	ㅣ i	ㅟ y	ㅡ ɨ	ㅜ u
중모음	ㅔ e	ㅚ ø	ㅓ ə	ㅗ o
저모음	ㅐ ɛ		ㅏ a	

이중 모음은 세 가지 요소가 변하기 때문에(혀의 위치나 입술의 모양이 변하기 때문에) 하나로 지정할 수 없으므로 위와 같은 표로 나타낼 수는 없습니다. 사실 이중 모음은 소리가 나는 것이 단모음 둘이 이어 나는 것과 비슷하기 때문에 이중 모음이라고 하지만 실제로는 단모음 하나에 반모음 하나가 결합하여 만들어집니다.

다 성취기준 내용 상세화

[2국04-01]의 성취기준을 상세화하면 학습자들이 달성해야 하는 것은 크게 '한글 자모의 이름 알기', '한글 자모의 소릿값 알기', '한글 자모 바르게 발음하기', '한글 자모 바르게 쓰기'로 나눌 수 있습니다. 이와 관련된 내용을 하나씩 살펴보겠습니다.

한글 자모의 이름 알기

앞서 언급한 것처럼 자모는 한글을 표기하는 낱자를 의미합니다. 이는 다시 자음자와 모음자로 구분할 수 있습니다. 한글 자모의 이름을 정확하게 규정해 놓은 것은 「한글 맞춤법」입니다. 「한글 맞춤법」

제2장 자모의 제4항은 "한글 자모의 수는 스물넉 자로 하고, 그 순서와 이름은 다음과 같이 정한다."라고 하고 있습니다. 그리고 아래와 같이 한글 자모 스물넉 자의 이름을 제시하고 있습니다.

ㄱ(기역) ㄴ(니은) ㄷ(디귿) ㄹ(리을) ㅁ(미음)
ㅂ(비읍) ㅅ(시옷) ㅇ(이응) ㅈ(지읒) ㅊ(치읓)
ㅋ(키읔) ㅌ(티읕) ㅍ(피읖) ㅎ(히읗)
ㅏ(아) ㅑ(야) ㅓ(어) ㅕ(여) ㅗ(오)
ㅛ(요) ㅜ(우) ㅠ(유) ㅡ(으) ㅣ(이)

이후 [붙임 1]과 [붙임 2]를 추가로 제시하고 있는데 한글 자모의 이름과 관련이 있는 [붙임 1]을 살펴보면 다음과 같습니다.[28)29)]

ㄲ(쌍기역) ㄸ(쌍디귿) ㅃ(쌍비읍) ㅆ(쌍시옷) ㅉ(쌍지읒)
ㅐ(애) ㅒ(얘) ㅔ(에) ㅖ(예) ㅘ(와) ㅙ(왜)
ㅚ(외) ㅝ(워) ㅞ(웨) ㅟ(위) ㅢ(의)

한글 자모의 이름은 「한글 맞춤법 통일안」(1933)에서부터 제시되었고, 「한글 맞춤법」(1988)도 이를 이어받았습니다. 이는 앞서 살펴본 최세진의 『훈몽자회』(1527)에서 비롯된 것임을 한글 맞춤법 해설 등에서 살펴볼 수 있습니다.

한글 자모의 소릿값 알기

한글 자모의 소릿값 역시 자음자의 소릿값과 모음자의 소릿값으로 구분할 수 있습니다. 이 중 모음자는 홀로 소리를 낼 수 있습니다. 그러다보니 모음자는 이름이 곧 소릿값이 됩니다.

ㅏ(아) ㅐ(애) ㅑ(야) ㅒ(얘) ㅓ(어) ㅔ(에) ㅕ(여) ㅖ(예)
ㅗ(오) ㅘ(와) ㅙ(왜) ㅚ(외) ㅛ(요) ㅜ(우) ㅝ(워) ㅞ(웨)
ㅟ(위) ㅠ(유) ㅡ(으) ㅢ(의) ㅣ(이)

하지만 자음자의 경우 홀로 소리를 내지 못하고 모음과 결합하여 소리를 낼 수 있습니다. 그러다보니 이름은 있지만 소릿값을 나타낼 수가 없습니다. 『훈민정음해례본』에서도 'ㄱ은 君(군)자의 시작 소리'라는 형태로 제시되어 있습니다. 따라서 자음자의 경우 소리가 나는 위치와 방법을 다음과 같이 설명할 수 있지만 정확한 소릿값을 표기하기는 어렵습니다. 이는 [표 2-35]를 참고하시기 바랍니다.

[표 2-35] 한글 자음의 조음 위치와 방법 및 국제 음성 기호

조음 위치 / 조음 방법		양순음	치조음	경구개음	연구개음	성문음
파열음	예사소리	ㅂ p	ㄷ t		ㄱ k	
	된소리	ㅃ p'	ㄸ t'		ㄲ k'	
	거센소리	ㅍ p^h	ㅌ t^h		ㅋ k^h	
파찰음	예사소리			ㅈ tɕ		
	된소리			ㅉ tɕ'		
	거센소리			ㅊ tɕ^h		
마찰음	예사소리		ㅅ s			ㅎ h
	된소리		ㅆ s'			
비음		ㅁ m	ㄴ n		ㅇ ŋ	
유음			ㄹ l			

한글 자모 바르게 발음하기

한글 자모의 이름을 익히는 것과 함께 다루어야 하는 것이 한글 자모를 바르게 발음하는 것입니다. 한글은 소리를 나타내는 문자입니다. 그리고 자모를 바탕으로 한 음소 문자입니다. 그렇다고 하더라도 같은 음소 문자인 영어와 차이가 있습니다. 한글은 각 글자가 나타내는 음소들의 변별적 자질이 글자의 외형에 반영되어 있기 때문입니다. 이를 『문자 체계』(샘슨, 1985)라는 책에서는 '자질 문자[featural alphabet]'라는 말로 설명하고 있습니다. 다시 말하면 자질 문자는 음성의 조음 특성(자질), 즉 소리를 내는 방식이나 위치 등에 따라 글자 자체의 모양을 달리하여 나타낸 문자 체계를 뜻합니다. 이를 바꾸어 말하면 한글 자모는 음성의 조음 특성을 가지고 있는 문자 체계이므로 낱자의 발음을 익히면 글자를 쉽게 읽을 수 있게 되어 있습니다. 즉, 알파벳 a는 위치에 따라 다양하게 발음되지만 한글 'ㅏ'는 어느 위치에서도 그 소릿값을 가지고 있다는 뜻입니다. 그러므로 한글을 처음 배울 때 바르게 발음하는 것을 배우는 것이 중요하다고 할 수 있습니다.

한글 자모를 바르게 발음하는 것은 한글 자모가 가진 소릿값을 음성 기관을 통해 소리를 내는 것입니다. 소리를 내기 위해서는 음성 기관(또는 발음 기관)이 필요한데 이는 크게 세 부분은 나뉩니다. 공기를 내보내는 발동부(폐), 공기를 울리는 발성부(성대), 소리를 만드는 조음부(구강, 비강 등)가 그것입니다.

모음자는 홀로 소리를 낼 수 있는데, 모음을 정확하게 발음하기 위해서는 혀의 위치 및 높낮이, 입술의 모양을 이해하는 것이 필요합니다. 모음은 발동부에서 나온 공기가 발성부를 통과한 다음 조음부에서 공깃길을 조절하는 것에 따라 달라지므로 혀와 입술이 중요한 역할을 합니다. 모음을 소리 낼 때 혀와 입술의 위치나 모양을 고려해야 하지만 혀의 위치나 입술의 모양이 바뀌지 않고 소리가 나는 모음(단모음)과 혀의 위치나 입술의 모양이 바뀌는 모음(이중 모음)을 구분하여 지도할 필요가 있습니다. 다음 [그림 2-6]은 단모음을 정확하게 발음할 때 혀의 위치와 입술의 모양을 나타낸 자료입니다.

<모음 삼각도(단모음)>

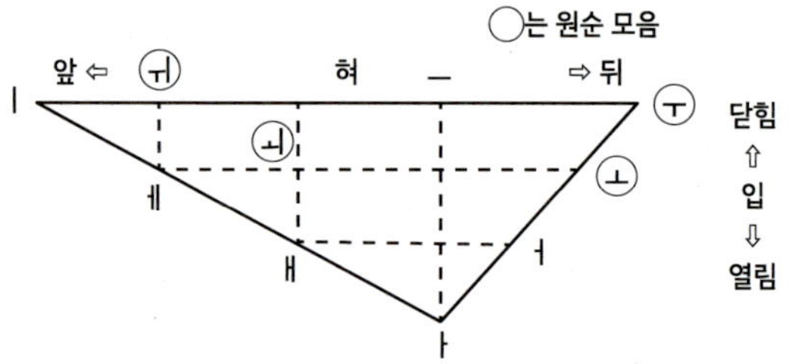

[그림 2-6] 혀의 위치와 입술 모양

자음자는 홀로 소리를 낼 수 없어 모음자와 결합하여 소리를 내야 하는데, 앞서 살펴본 [그림 2-6]처럼 조음 위치와 조음 방법을 고려해서 발음해야 합니다. 한글 자음의 조음 위치를 [그림 2-7]로 살펴보면 다음과 같습니다.

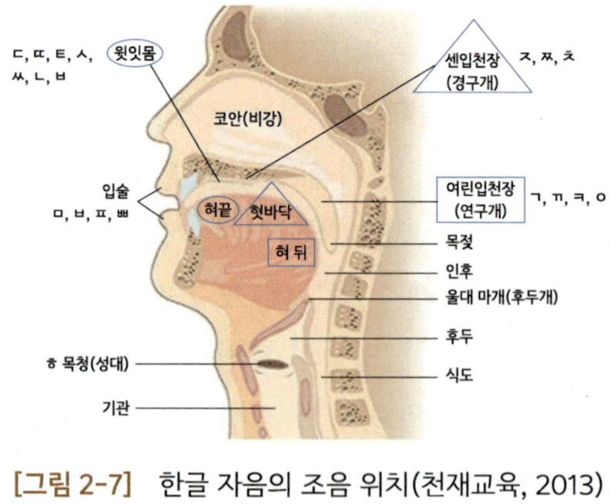

[그림 2-7] 한글 자음의 조음 위치(천재교육, 2013)

한글 자모 바르게 쓰기

한글 자모를 바르게 쓰는 것은 필순에 맞게 쓰는 것을 뜻합니다. 즉, 자음자와 모음자를 모양과 순서를 고려하여 바르게 쓰는 것을 의미합니다.

먼저 자음자를 바르게 쓰는 방법을 살펴보면 [표 2-36]과 같습니다.

[표 2-36] 자음자 바르게 쓰기(교육부, 2024)

필순	방법
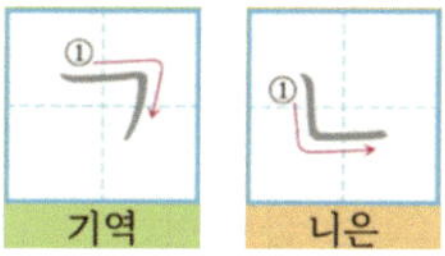	'ㄱ(기역)'과 'ㄴ(니은)'을 쓸 때는 종이에서 연필을 떼지 않고 한 번에 쓴다. 'ㄱ'은 왼쪽에서 오른쪽으로 긋다가 멈추고, 약간 힘을 주며 방향을 바꾸어 아래로 내리그어야 한다. 'ㄴ'은 위에서 아래로 내리긋다가 오른쪽으로 방향을 바꾸어야 한다.
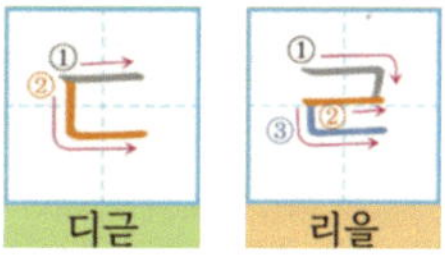	'ㄷ(디귿)'은 먼저 옆으로 획을 긋고, 다음으로 그 획의 시필점에 'ㄴ'을 덧붙여 써야 한다. 'ㄹ(리을)'은 먼저 'ㄱ' 자형을 쓰고, 다음으로 'ㄷ'을 덧붙여 써야 한다. 특히, 'ㄱ'의 종필점과 'ㄴ'의 옆으로 긋는 획(ㅡ)의 종필점이 맞닿게 써야 한다.
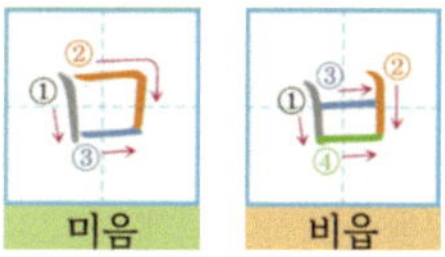	'ㅁ(미음)'은 내리긋는 획(ㅣ)을 먼저 쓰고, 다음에 'ㄱ'을 내리긋는 획의 시필점 가까이에 이어 쓴 다음, 옆으로 긋는 획을 써야 한다. 이때 옆으로 긋는 획의 시필점은 내리긋는 획의 종필점과 맞닿아서는 안 되고, 'ㄱ'의 종필점과 맞닿아야 한다. 'ㅂ(비읍)'은 내리긋는 두 획(ㅣㅣ)을 먼저 쓰고, 옆으로 긋는 두 획을 위에서 아래로 차례로 써야 한다. 이때 옆으로 긋는 두 획은 내리긋는 획에 닿게 써야 한다.
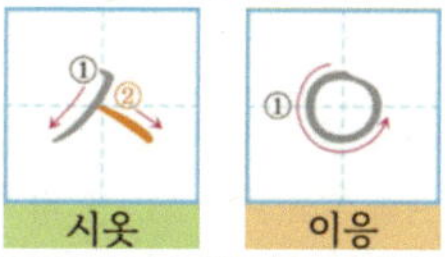	'ㅅ(시옷)'은 삐침(ノ)을 먼저 쓰고, 그 옆에 비스듬하게 점을 찍어야 한다. 'ㅇ(이응)'은 시필점에서 시작하여 왼쪽으로 동그랗게 한 번에 써야 한다. 이때 종이에서 연필을 떼어서는 안 된다.
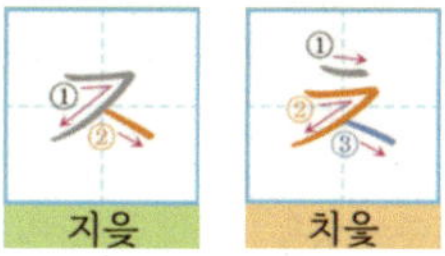	'ㅈ(지읒)'은 꺾어 삐치는 획(ㄱ)을 먼저 쓰고, 그에 닿게 점을 비스듬하게 찍어야 한다. 'ㅊ(치읓)'은 먼저 점을 오른쪽으로 비스듬하게 찍고, 다음에 꺾어 삐치는 획(ㄱ)을 점에 닿지 않도록 쓰고, 그 획에 닿게 점을 비스듬히 찍어야 한다.

필순	방법
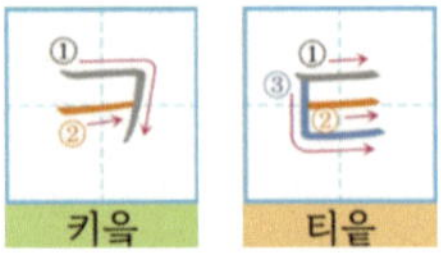	‘ㅋ(키읔)’은 ‘ㄱ’과 같이 꺾인 획을 먼저 쓰고, 삐치는 획(—)을 ‘ㄱ’의 안에 써야 한다. 이때 삐치는 획의 끝은 꺾인 획에 닿게 써야 한다. ‘ㅌ(티읕)’은 ‘ㄷ’의 첫 획을 그을 때처럼 두 획을 가로로 나란히 그은 다음, 첫째 획의 시필점에 연필을 대고 ‘ㄴ’을 쓰듯이 구부려 쓴다.
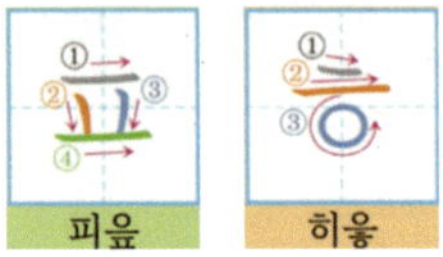	‘ㅍ(피읖)’을 쓸 때는 아래의 가로획이 위의 가로획보다 길어야 하고, 두 세로 획(ㅣㅣ)의 끝이 아래 가로획에 닿아야 한다. ‘ㅎ(히읗)’은 ‘ㅊ’을 쓸 때의 모양으로 먼저 점을 찍고, 가로획이 닿지 않도록 그은 다음에 ‘ㅇ’을 써야 한다.

쌍자음을 쓸 때는 홑자음을 쓰는 방법을 한 번 더 하면 됩니다. 겹받침을 쓸 때도 홑자음을 쓰는 방법과 동일하게 쓰면 됩니다.

다음으로, 모음자를 바르게 쓰는 방법을 살펴보겠습니다. [표 2-37]을 참고하시기 바랍니다.

[표 2-37] 모음자 바르게 쓰기(교육부, 2024)

필순	방법
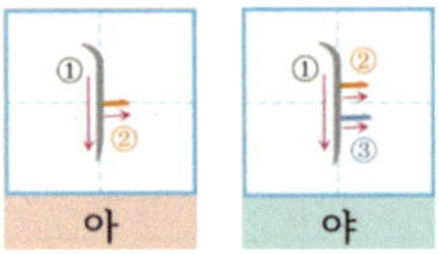	‘ㅏ, ㅑ’처럼 점이 오른쪽에 있는 모음자는 내리긋는 획(ㅣ)을 먼저 써야 한다. 내리긋는 획을 쓸 때는 연필을 종이에서 떼지 않고 한 번에 써야 하고, 끝나는 곳을 생각하며 곧게 내리그어야 한다. 점은 오른쪽에 찍어야 하는데, 점이 하나일 때에는 가로 보조선에 맞게, 점이 둘일 때에는 가로 보조선을 사이에 두고 위, 아래에 찍어야 한다.
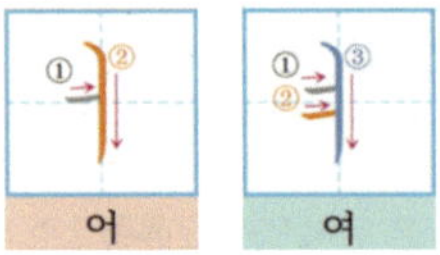	‘ㅓ, ㅕ’처럼 점이 왼쪽에 있을 때는 점을 먼저 찍고, 그다음에 내리긋는 획을 써야 한다. 왼쪽에 점을 찍을 때는 ‘ㅏ, ㅑ’의 점을 찍을 때의 위치와 차례를 지켜야 한다. 그러나 ‘ㅓ, ㅕ’의 점을 찍을 때는 ‘ㅏ, ㅑ’의 점처럼 끝나는 곳에 힘을 주어서는 안 된다. ‘ㄴ, ㄹ’의 끝을 마칠 때처럼 써야 한다.
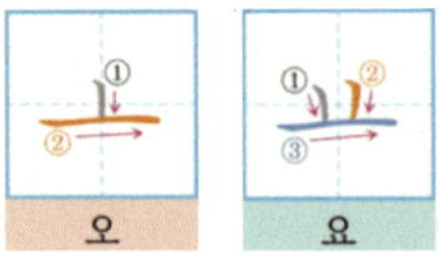	‘ㅗ, ㅛ’는 점을 먼저 찍고 옆으로 긋는 획을 나중에 쓴다. 점을 찍을 때는 시필점에 힘을 주고, 종필점에서 힘을 빼도록 한다. 그리고 점의 종필점이 옆으로 긋는 획에 닿도록 한다.

필순		방법
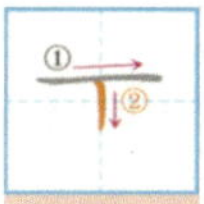 우	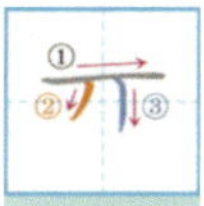 유	'ㅜ, ㅠ'는 먼저 옆으로 긋는 획을 쓰고 아래로 내리긋는 획을 나중에 쓴다. 아래로 내리긋는 획을 쓸 때는 그 시필점이 옆으로 내리긋는 획에 닿게 하고, 끝나는 곳에서 힘을 뺀다. 특히 'ㅠ'의 왼쪽 획은 삐쳐 쓴다.
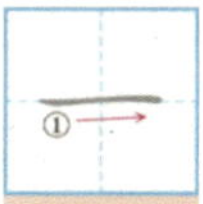 으	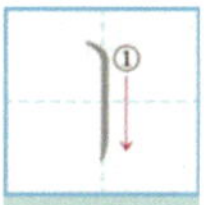 이	'ㅡ'를 쓸 때는 연필을 종이에서 떼지 않고 한 번에 쓴다. 그리고 시필점에 힘을 주고, 중간에서는 힘을 약간 빼고 종필점에 힘을 준다. 'ㅣ'를 쓸 때는 한 번에 써야 한다. 시필점에 힘을 주고 종필점에서 힘을 빼야 한다.

기본 모음자 외에 복잡한 모음자를 쓸 때도 왼쪽에서 오른쪽으로 위에서 아래로 쓰는 규칙을 그대로 따르면 됩니다.

내용 상세화와 국어 수업 연결 따라 가기

이 부분은 앞의 내용을 참고하여 내용 상세화와 국어 수업 연결 따라 가기를 모색하여 보시기 바랍니다.

[2국04-01] 성취기준과 관련된 오개념 중재 방안 알아보기

이 성취기준과 관련된 오개념을 살펴보고자 합니다.

첫째, '자모'의 개념에 관한 오개념입니다. '한글 자모'라고 할 때 '자모'를 자음자, 모음자를 합한 말로 생각하는데 틀린 말은 아니지만 정확한 표현도 아닙니다. '한글 자모'의 예로 '자음자'와 '모음자'를 들 수 있으나 한글 자모의 정확한 개념은 한글의 문자 체계에 쓰이는 낱낱의 글자를 말합니다. 즉, 음소 문자에서 음소를 일컫는 말입니다. 다시 말하면 영어의 알파벳과 같은 개념이 한글 자모입니다.

둘째, 한글 자모 중 자음자도 모음자와 마찬가지로 이름과 소리가 같다고 생각하는 경우가 있습니다. 예를 들어 모음자 'ㅏ'는 [아]로 발음이 나고, 이름도 '아'입니다. 그래서 모음자는 이름과 소릿값이 같습니다. 하지만 자음자는 스스로 소리를 낼 수 없기 때문에 소리와 이름이 다릅니다. 즉, 자음자 'ㄱ'은 '군'이라고 할 때의 첫소리로 나는 것이고, 이름은 '기역'입니다.

셋째, 자음자의 이름은 모두 동일한 규칙을 갖는다고 생각하는 경우가 있습니다. 니은, 리을, 미음 등 자음의 이름은 '자음자+ㅣ 으+자음자'의 형태가 일반적이지만 ㄱ, ㄷ, ㅅ의 경우 기역, 디귿, 시옷으로 규칙에 맞지 않습니다. 그러므로 자음자의 이름을 지도할 때는 규칙을 설명하되 규칙에 맞지 않는 것이 있다는 것도 안내해야 합니다.

넷째, 단모음과 기본 모음자가 같다고 생각하는 경우가 있습니다. 「한글 맞춤법」에 따르면 한글 자모 스물넉 자 중 모음자는 'ㅏ, ㅑ, ㅓ, ㅕ, ㅗ, ㅛ, ㅜ, ㅠ, ㅡ, ㅣ'의 열 개로 되어 있는데 단모음의 수가 열 개이다 보니 오개념을 가지기도 합니다. 따라서 기본 모음자와 입술 모양이 바뀌지 않는 모음자를 구분해서 지도할 필요가 있습니다.

다섯째, 한글 자모 쓰기에서 필순을 중요하지 않게 생각하는 경우가 있습니다. 자모의 필순은 이후 글자 쓰기, 자형에 맞게 쓰기 등 후속 학습에 영향을 미치게 됩니다. 그러므로 자모 쓰기에서 필순을 함께 지도할 필요가 있습니다.

[2국04-02] 소리와 표기가 다를 수 있음을 알고 단어를 바르게 읽고 쓴다.

가 성취기준 개요

이 성취기준은 낱말을 읽거나 표기할 때 소리와 표기가 다를 수 있음을 알고, 정확하게 읽고 바르게 표기하기 위해 마련되었습니다. 소리와 표기는 같을 수도 있고, 다른 경우도 있습니다. 이 성취기준과 관련된 표기 원리와 관련 규정을 살펴보면서 이에 대해 좀 더 깊게 들여다볼까요?

문법 영역의 내용 체계표에서 꼼꼼하게 살펴보기

[표 2-38]과 같이 2022 개정 국어과 교육과정의 문법 영역 내용 체계표를 통해 [2국04-02] 성취기준의 내용 요소를 자세히 살펴볼까요?

[표 2-38] 2022 개정 국어과 교육과정의 내용 체계표에서 관련 내용 요소 살펴보기

범주		내용 요소	
		초등학교	
		1~2학년	3~4학년
지식·이해	언어의 본질과 맥락		• 의사소통과 관계 형성 수단으로서의 언어 • 참여자 간 관계 및 장면에 따른 언어
	언어 단위	• 글자·단어·문장	• 단어의 의미와 단어 간의 의미 관계 • 단어의 분류 • 문장의 기본 구조 • 글과 담화의 높임 표현과 지시·접속 표현
	한글의 기초와 국어 규범	• 한글 자모의 이름과 소리 • 단어의 발음과 표기 • 문장과 문장 부호	• 단어의 정확한 발음과 표기

과정·기능	국어의 분석과 활용	• 언어 단위 관찰하기	• 언어 단위 관찰하고 분석하기 • 국어사전 활용하여 문제 해결하기 • 글과 담화에 적절한 표현 사용하기
	국어 실천의 성찰과 비판	• 소리와 표기의 차이 인식하기	• 국어 규범 인지하고 수용하기
가치·태도		• 한글에 대한 호기심	• 국어의 소중함 인식

문법 영역의 1~2학년군 내용 요소를 검토하면, 이 성취기준은 지식·이해 범주의 한글의 기초와 국어 규범에서 '단어의 발음과 표기' 항목과 관련됩니다. 또한, 과정·기능 범주의 국어 실천의 성찰과 비판에서 '소리와 표기의 차이 인식하기' 항목과 연계됩니다. 이 성취기준은 3~4학년군의 "[4국04-02] 단어를 분류하고 국어사전을 활용하여 능동적인 국어 활동을 한다."와 5~6학년군의 "[6국04-06] 글과 담화에 쓰인 단어 및 문장, 띄어쓰기를 민감하게 살펴 바르게 고치는 태도를 지닌다."로 이어집니다.

여기서 잠깐! 문법 영역, [2국04-02] 성취기준의 발자취는?

이 성취기준은 2007 개정 국어과 교육과정 1학년 문법 영역에 "【1-문법-(2)】 소리와 표기가 다를 수 있음을 이해한다.", 2009 개정 국어과 교육과정 3~4학년군 문법 영역에 "(1) 소리와 표기가 다를 수 있음을 알고 낱말을 바르게 발음하고 쓴다.", 2015 개정 국어과 교육과정 1~2학년군 문법 영역에 "[2국04-02] 소리와 표기가 다를 수 있음을 알고 낱말을 바르게 읽고 쓴다."로 제시되었던 성취기준과 관련됩니다. 즉, 각 교육과정 시기마다 빠지지 않고 제시되는 것으로 보아 중요성이 크다고 볼 수 있습니다.

나 성취기준과 관련된 배경지식

2022 개정 국어과 교육과정에는 이 성취기준에 대한 해설이 별도로 제공되지는 않았습니다. 따라서 2015 개정 국어과 교육과정에 제시된 해설을 참고해 볼 수 있습니다.

성취기준 해설에서 단서 찾기

- **[2국04-02] 소리와 표기가 다를 수 있음을 알고 낱말을 바르게 읽고 쓴다.**(2015 개정 국어과 교육과정 1~2학년군 문법 영역 성취기준)

  이 성취기준은 소리와 표기가 일치하는 낱말과 그렇지 않은 낱말이 있음을 알고 소리와 표기 사이의 관계를 이해하여 낱말을 바르게 쓰는 능력을 기르기 위해 설정하였다. 소리와 표기가 일치하는 쉬운 낱말부터 소리와 표기가 일치하지 않는 낱말로 점차 학습 범위를 확장하며 소리와 표기가 일치하지 않는 낱말을 어법에 맞게 적을 수 있도록 한다. 또한 소리와 표기가 일치하는 낱말이나 그렇지 않은 낱말을 그 소릿값에 맞게 바르게 읽을 수 있도록 한다.

2국 04 - 02

이 성취기준이 담고 있는 내용의 초점은 소리와 표기의 관계입니다. 이 관계의 대상이 되는 언어 단위는 낱말입니다. 2007 개정 국어과 교육과정에서는 성취기준의 대상을 구체적으로 드러내지 않았지만, 2009·2015 개정 국어과 교육과정에서는 그 대상이 낱말임을 명확히 제시하고 있습니다. 2022 개정 국어과 교육과정에서는 '낱말' 대신 '단어'를 사용하도록 용어를 바꾸었는데, '낱말'은 고유어이고 '단어(單語)'는 한자어입니다. 그 외의 차이점은 없습니다. 문법 및 문법 교육 관련 학술 자료에는 '단어'가 주로 사용되고[30], 초등학교

국어과 교과서에서는 '낱말'이 더 자주 사용됩니다.[31]

다른 측면에서 이 성취기준은 소리와 표기의 관계를 단순히 문법 지식 차원에서 접근할 것이 아니라, 의사소통 차원에서 접근할 필요가 있습니다. 왜냐하면, 소리와 표기의 관계를 알고, 바르게 읽고, 바르게 쓰는 것은 의사소통을 위해 필요한 일이기 때문입니다. 언어적 의사소통에 사용되는 수단은 말(음성 언어, 혹은 구어)이거나 글(문자 언어, 문어)입니다. 이 성취기준은 '바르게 읽기', '바르게 쓰기' 등의 표현으로 보아, 문자 언어 의사소통을 전제로 하고 있습니다. 문자 언어 의사소통은 발신자(필자)가 수신자(독자)에게 자신이 전하고자 하는 바(메시지)를 글(텍스트)로 전하는 과정으로 볼 수 있습니다.[32] 필자는 자신이 전하고자 하는 바를 조직하여 텍스트로 표현하고, 독자는 텍스트를 읽고 내용을 파악하고, 추론하고, 평가하는 과정을 수행합니다. 의사소통[33]의 과정은 의사소통의 주체인 발신자, 메시지, 매체, 수신자, 효과, 상황, 송환 작용[feedback] 등으로 구성[34]되는 복잡한 과정입니다. 그러나 이 과정을 아주 단순하게 나타내면 [그림 2-8]처럼 나타낼 수 있습니다.

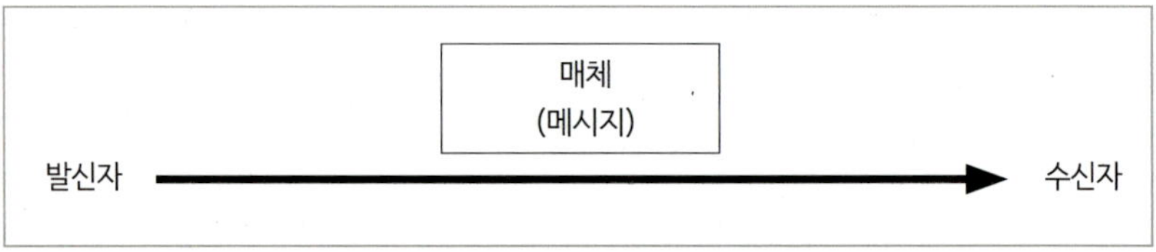

[그림 2-8] 의사소통의 과정

의사소통을 아주 단순화하면 '발신자가 자신의 의도를 매체를 이용하여 수신자에게 전달하는 것'으로 볼 수 있습니다. 의사소통의 기본 구성 요소는 발신자, 수신자, 매체(메시지)로 볼 수 있습니다. 메시지는 발신자의 의도, 뜻, 의미 등으로 해석될 수 있고, 매체는 메시지를 실어 나르는 도구이며 주로 말(음성)이나 글(문자)가 이용됩니다.

이 구성 요소들 중에서 이 성취기준과 직접적으로 관련되는 요소는 메시지입니다. 메시지란 발신자가 의사소통 목적을 달성하기 위하여 고안한 내용과 기호들의 집합을 가리키는데, 발신자의 머릿속에 있는 생각이 기호로 바뀌어 밖으로 표출된 상태를 의미합니다.[35] 국어과에서는 주로 음성(말)과 문자(글)로 표현된 것에 기본적으로 관심을 가집니다. 의사소통은 발신자가 표현하고자 하는 대상이 있고, 그 대상을 음성이나 문자로 표현하고 그 표현을 수신자가 이해하는 활동입니다.[36]

이 성취기준이 담고 있는 핵심어는 의사소통의 구성 요인 중에서 메시지에 관계되며, 특히 문자와 관련이 깊습니다. 발신자가 자신이 전하고자 하는 바(의미, 뜻, 의도 등)를 문자로 표현하고, 수신자는 이것을 읽어서 그 뜻을 파악합니다. 발신자가 문자로 표현하는 것을 표기(表記)라 하고, 발신자가 표기한 것을 수신자가 소리 내어 읽는 것을 음독(音讀)이라고 합니다. 즉, 문자로 하는 의사소통은 발신자가 표기한 것을 수신자가 해석하는 것과 같습니다. 그러나 의사소통을 문자로만 하는 것은 아닙니다. 문자를 사용할 줄 모르는 사람들도 우리말을 사용합니다. 문자가 개입되지 않은 구어 의사소통을 구술(口述)이라 할 수 있습니다. 그러므로 이 성취기준에서의 발음은 음독과 구술을 포함하는 의미로 해석할 수 있습니다. 이렇게 보면 메시지와 관련된 핵심 내용에는 표현하거나 해석하고자 하는 대상(의미, 의도 등)이 있고, 이는 구술(구어로 표현), 표기(문자로 표현), 음독(표기된 내용을 소리 내어 읽기)으로 구분할 수 있습니다.

성취기준에 포함된 핵심어, 차근차근 풀어 가기

이 성취기준이 담고 있는 핵심어는 '소리와 표기의 관계', '바르게 읽기', '바르게 쓰기'로 볼 수 있습니다. 이들 각각에 대하여 자세히 살펴보겠습니다.

소리와 표기의 관계

우선 '소리와 표기의 관계'를 살펴보겠습니다. 이 핵심어를 소리, 표기, 이들의 관계로 나누어 살펴보겠습니다.

① 소리

이 성취기준에 제시된 '소리'는 말소리를 의미합니다. 말소리란 사람이 발음 기관을 통해 내는 구체적이고 물리적인 소리를 의미하는데, 음성(音聲)이라고도 합니다. 구체적인 소리란, 입술의 모양과 입을 여는 정도에 따라 달라지는 소리를 말합니다. 입술을 평평하게 하고 입을 크게 벌리면 [아] 소리가 나고, 입을 최소한으로 벌리면 [이] 소리가 납니다. 이처럼 [아], [이]가 구체적인 소리의 예입니다. 또 물리적인 소리란 실제 귀로 들을 수 있는 소리라는 의미입니다.

여기서 잠깐! 실제 귀로 들리지 않는 소리도 있나요?

앞의 설명처럼 물리적 소리가 실제 귀로 들을 수 있는 소리라면, 귀로 들리지 않는 소리도 있다는 것일까요? 그런 소리가 있습니다. 이런 상황을 가정해 봅시다. A, B, C, D 네 사람이 있고, 눈을 가린 E가 있습니다. A, B, C, D 네 사람이 각각 차례대로 칠판에 적힌 '나무'라는 낱말을 읽습니다. [나무]라고 소리 내어 읽겠지요? 이 말을 들은 E에게 자신이 들은 말을 종이에 적으라고 하면 어떻게 적을까요?

아마 A, B, C, D 네 사람이 한 말을 동일하게 '나무'라고 적겠지요? 이것이 가능한 이유가 무엇일까요? 너무나 당연한 것을 왜 묻지? 이런 생각이 들지요? 그러나 자세히 들여다보면 이것이 그렇게 간단한 문제가 아니라는 것을 알게 됩니다. A, B, C, D 네 사람이 각각 발음한 [나무]라는 말소리는 물리적으로 다른 소리입니다. 소리의 크기나 높낮이, 음의 길이, 음색 등이 동일할 수가 없습니다. 그런데도 E는 '나무'라고 적을 수 있습니다. 이것이 가능한 이유는 동일한 언어를 사용하는 사람들은 각각의 말소리에 대한 '추상적인 소리'를 가지고 있기 때문입니다. 즉, 한국어 사용자들은 심리적으로 [ㄴ], [ㅏ], [ㅁ], [ㅜ] 등의 소릿값을 가지고 있습니다. 그래서 말하는 사람의 음색, 말소리의 크기, 톤이 다르더라도 그 말의 소리를 알아챌 수 있습니다. 이와 같은 상황이 가능한 이유는 우리가 '물리적 소리'가 아니라 '추상적 소리' 혹은 '심리적 소리'를 가지고 있기 때문입니다. 우리가 전혀 알지 못하는 외국어를 들을 때, '음성'을 들을 수는 있지만 음절 경계를 파악하기 어려운 경우가 있습니다. 이런 경우는 그 외국어의 말소리가 우리의 '심리적 소리'에 대응되지 않기 때문입니다.

② 표기(表記)

표준국어대사전의 뜻풀이에 따르면 표기란 '문자 또는 음성 기호로 언어를 표시하는 것'을 의미합니다. 한국어를 표기하는 데 사용되는 문자는 한글입니다. 그러므로 초등 국어 교육 장면에서의 표기란 한글을 사용하여 국어를 표시하는 것이라 할 수 있습니다. 언어는 단위를 이루고 있는데 보통 음소-음절-단어-문장으로 구분합니다. 이때 표기한다는 것은 모든 단위에 적용됩니다. 음소를 표기한 예는 'ㄱ, ㄴ, ㄷ', 'ㅏ, ㅑ, ㅓ' 등이고, 음절을 표기한 예는 '자', '텅' 등입니다. 단어를 표기한 예는 '나무', '하늘' 등입니다. 문장을 표기한 예는 '국어 교육은 모든 교육의 근간이다.'입니다. 음소를 표기할 수는 있으나 음소만 표기해서는 의사소통을 할 수 없습니다. 음절 표기도 마찬가지입니다. 문장 표기는 단어 표기를 근간으로 합니다. 결국 '표기'의 대상은 단어입니다. 즉, 초등 국어 교육에서 표기를 한다는 것은 단어를 문자로 표시하는 것을 의미합니다.

③ 소리와 표기의 관계

앞에서 소리와 표기에 대하여 살펴보았습니다. 그러면 이제는 소리와 표기의 관계를 살펴보겠습니다. 우선 [표 2-39]를 통해 이들의 관계를 알아봅시다.

[표 2-39] 대상, 구술, 표기, 음독의 관계[37)]

대상(의미)	구술	표기	음독
㉠ 포유류의 얼굴 중앙에 튀어나온 부분. 호흡을 하며 냄새를 맡는 구실을 하고, 발성(發聲)을 돕는다.	[코]	코	[코]
㉡『지구』지구 위에서 육지를 제외한 부분으로 짠물이 괴어 하나로 이어진 넓고 큰 부분.	[바다]	바다	[바다]
㉢ 시간, 공간, 사물 따위에서 마지막 한계가 되는 곳.	[끋]	끝	[끋]
㉣ 벼루에 먹을 갈아 만든 검은 물.	[멍물]	먹물	[멍물]

[표 2-39]를 통해서 구술과 표기, 음독의 관계를 확인할 수 있습니다. 우선 쉽게 확인할 수 있는 것은 동일한 대상에 대한 구술과 음독은 일치한다는 것입니다. 이것은 표준어 규정의 제2부 표준

발음법 규정과도 관련이 있습니다. 표준 발음법 제1항은 "표준 발음법은 표준어의 실제 발음을 따르되, 국어의 전통성과 합리성을 고려하여 정함을 원칙으로 한다."입니다. 즉, 방언이 아닌 표준어의 실제 발음으로 발음하도록 규정하고 있습니다. 표기된 것을 음독할 때도 이에 준하여 발음하므로 구술과 음독은 일치합니다. [표 2-39]의 ㉠, ㉡이 여기에 해당합니다. 다음은 발음(구술 혹은 음독)과 표기가 다른 경우입니다. [표 2-39]의 ㉢, ㉣이 여기에 해당합니다. ㉢은 음절의 끝소리 규칙에 의해 받침 'ㅌ'이 'ㄷ'으로 소리 나는 경우이고, ㉣은 연구개, 파열음인 'ㄱ' 이 양순음, 비음인 'ㅁ'을 만나 연구개, 비음인 'ㅇ'으로 바뀌는 비음화로 설명할 수 있습니다. 이 외에도 발음과 표기가 다른 경우는 여러 가지가 있습니다. 이에 대한 자세한 내용은 다음의 '다 성취기준 내용 상세화'에서 설명합니다.

바르게 읽기

'바르게 읽는다'는 것은 어떤 의미를 지닐까요? 읽는다는 것은 크게 보아 두 가지 의미로 나누어 볼 수 있습니다. 하나는 문자를 음성으로 소리를 내는 것입니다. 다른 말로 음독(音讀)이라 합니다. '하늘'을 [하늘]이라 소리 내고, '간다'를 [간다]로 소리 내는 것이 읽는 것입니다. 다른 하나는 이해하는 것을 뜻합니다. "좋은 글을 읽고 감동을 받았다.", "일기를 읽어 보니 어린 시절이 떠오른다." 등에 쓰인 '읽다'는 내용을 이해하는 것을 의미합니다. 이 성취기준에 제시된 읽기는 주로 음독에 해당합니다.

언어 단위와 관련지어 보면 읽기는 주로 단어 읽기와 관련됩니다. 앞서 언급한 바와 같이 언어 단위는 음소-음절-단어-문장 등으로 구분해 볼 수 있는데, 음소가 단독으로 사용되는 경우는 거의 없으므로 음소 읽기는 큰 의미가 없습니다. 모음은 단독으로 소리 낼 수 있지만 자음은 단독으로 소리 낼 수 없습니다. 모음이 있어야만 소리 낼 수 있는데, 자음과 모음이 함께 있거나 모음만 있는 경우는 음절이 됩니다. 따라서 음소를 개별적으로 읽는 것은 불가능하거나 음절 단위로 읽게 됩니다. 음절 읽기도 특별한 경우가 아니면 큰 의미가 없습니다. 문장 단위의 읽기에서 억양, 쉼, 강세 등은 중요한 요소이지만 [2국04-02]에는 이런 요소가 포함되어 있지 않습니다. 그렇다면 문장 읽기는 결국 단어 읽기가 됩니다.

그렇다면 단어를 바르게 읽는다는 것은 무엇을 의미할까요? 이것은 표준 발음법에 맞게 읽는다는 것을 의미합니다. 단어를 읽는 것은 적힌 대로 소리 내어 읽을 수도 있고, [표 2-39]의 ㉢, ㉣처럼 읽어야 하는 경우도 있습니다. 이런 여러 경우에 단어를 어떻게 읽어야 하는가를 규정해 놓은 것이 표준 발음법입니다. 자세한 내용은 다음의 '다 성취기준 내용 상세화'에서 볼 수 있습니다.

학생들이 '단어를 바르게 읽기'를 왜 배워야 할까요?

단어를 바르게 읽는 것을 배워야 하는 이유를 살펴보겠습니다.

첫째, 단어를 바르게 읽는 것이 글 읽기의 출발점입니다. 글을 구성 요소 측면에서 보면, 단어가 모여서 문장이 되고, 문장이 모여서 글이 됩니다. 언어의 단위는 음소-음절-단어-구-문장-텍스트로 볼 수 있는데, 이 중에서 의미를 가진 최소 단위는 단어입니다. 문장에 쓰인 단어는 의미적, 기능적 측면에서 실질적, 어휘적 의미를 가지는 부분도 있고 문법적 의미를 지니는 부분도 있습니다. 단어를 바르게 읽는다는 것은 글로 적힌 것을 소리 내어 읽고, 그 소리와 의미를 연결하여 문장의 내용을 이해하는 것의 기초가 됩니다. 이것을 바탕으로 글 전체의 내용을 이해할 수 있게 되는데 이런 과정을 글 읽기 혹은 독서라 합니다. 단어 읽기는 독서를 위해 꼭 익혀야 하는 기초 기능입니다.

둘째, 읽기 유창성 향상을 위해 단어를 바르게 읽을 수 있어야 합니다. 단어를 막힘없이 술술 읽는 것이 떠듬떠듬 읽는 것보다 독해 성과가 높다는 연구 결과가 있습니다. 단어를 떠듬떠듬 읽게 되면 표기된 것을 소리 내는 데 에너지를 많이 쓰게 되어 내용을 이해하는 데 집중하기가 힘들어집니다. 그래서 문장이나 글 전체의 의미를 파악하기 힘들게 됩니다. 읽기의 일차적인 목적은 글을 읽고 내용을 파악하는 것입니다. 이 목표에 도달하기 위해서는 단어를 유창하게 읽을 수 있어야 하고, 유창하게 읽기 위해서는 단어를 정확하게 소리 내어 읽을 수 있어야 합니다.

셋째, 단어를 정확하게 읽는 것은 표기와 구술, 음독과의 관계를 인식할 수 있게 합니다. 앞에서 살펴본 [표 2-39]의 내용을 다시 짚어 봅시다. [표 2-39]의 ㉠과 ㉡은 표기된 대로 소리 내어 읽으면 됩니다. 그러나 ㉢과 ㉣의 경우는 다릅니다. ㉢의 경우는 표기된 대로 소리를 낼 수가 없습니다. '끝'을 소리 내면 [끋]으로 소리 나게 되는데, 받침의 소리가 'ㅌ'이 아니라 'ㄷ' 소리가 납니다. 왜냐하면 한국어의 받침소리는 'ㄱ, ㄴ, ㄷ, ㄹ, ㅁ, ㅂ, ㅇ'의 일곱 개만 가능하기 때문입니다. ㉣의 경우는 표기된 대로 [먹물]로 소리 낼 수는 있지만, 구술로는 [멍물]이라 소리 내는데 이것과 달라서 어색하기도 하고 발음하기도 힘듭니다. 그래서 구술과 동일하게 [멍물]로 읽어야 합니다. 이처럼 단어를 정확하게 읽는 것은 표기와 구술, 음독의 관계를 인식할 수 있게 해 줍니다.

● 바르게 쓰기

'바르게 쓴다'는 것은 어떤 의미를 지닐까요? 우선 생각해 볼 수 있는 것은 글자를 바른 모양으로 쓴다는 것입니다. 이것은 글자를 쓸 때 읽는 이가 잘 알아볼 수 있도록 바르게 글자를 쓰는 것을 말합니다. 두 번째 의미는 표기를 바르게 하는 것입니다. 이는 여러 가지 표기의 방법 중에서 규칙에 맞게 표기하는 것을 뜻합니다. 한국어를 한글로 바르게 표기하는 것과 관련된 규칙에는 한글 맞춤법이 있습니다. 즉, 표기를 바르게 한다는 것은 한글 맞춤법에 맞게 표기하는 것을 의미합니다. 자세한 내용은 다음의 '다 성취기준 내용 상세화'에서 설명합니다.

학생들이 '단어를 바르게 쓰기'를 왜 배워야 할까요?

단어 바르게 쓰기 지도의 의의는 아래와 같이 정리해 볼 수 있습니다.

첫째, 단어를 바르게 쓰는 것은 문장 쓰기의 기초를 이룹니다. 문장 쓰기는 자신의 생각을 문장으로 드러내는 것인데, 형식적인 면에서 문장은 단어가 모여서 구성된 단위입니다. 내용적인 면에서도 문장은 단어로 구성됩니다. 이때의 단어는 성질에 따라 분류하면 실질적 의미를 가지는 단어와 문법적 의미를 가지는 단어로 나누어 볼 수 있습니다.[38] 즉, 문장은 개념들 간의 관계를 나타낸 것인데, 개념을 담당하는 부분이 실질적 의미를 가지는 단어이고, 관계를 맺는 기능을 하는 것이 문법적 의미를 가지는 단어입니다. 이처럼 단어는 문장 구성의 기본 요소라는 점에서 학습의 중요성이 있습니다. 이렇게 중요한 역할을 하는 단어가 정확하게 표기되지 않으면 독자들이 다른 단어로 인식하게 되고, 그렇게 되면 필자가 전하고자 하는 바가 제대로 전달되지 않게 됩니다.

둘째, 쓰기 유창성 향상을 위해 단어 바르게 쓰기를 익혀야 합니다. 글을 쓴다는 것은 자신의 사고를 언어로 표기하는 것인데, 글은 문장이 모인 것입니다. 문장은 단어로 구성되는데 단어를 표기하는 것이 능숙하지 않으면 작문의 속도가 느려지게 됩니다. 작문의 속도가 느려지면 필자의 사고가 작문의 내용 생성에 초점을 두지 못하고, 표기에 초점을 두게 되어 작문 활동이 원활하게 이루어질 수 없습니다. 이런 문제점을 해결하기 위해서는 단어를 정확하고 신속하게 표기할 수 있도록 학습해야 합니다.

셋째, 단어를 정확하게 표기하는 것은 표기와 구술, 음독과의 관계를 인식하게 합니다. 앞서 살핀 바와 같이 단어를 표기하는 것은 대상의 의미나 대상을 지칭하는 음성을 문자로 표기하는 것인데, 표기된 것을 소리 내어 읽는 음독과도 관련됩니다. 앞의 [표 2-39]에서 살핀 바와 같이 표준 발음법 규정에는 구술과 음독이 일치하도록 정하고 있습니다. 또, 한글 맞춤법에서는 표기하는 방식을 소리 나는 대로 적되 어법에 맞도록 함을 원칙으로 하고 있습니다. 어법에 맞도록 표기한다는 것은 표기된 형태를 통해 낱말의 의미를 잘 유추할 수 있도록 하기 위함입니다. 낱말의 의미를 유추해야 하는 경우는 표기와 발음이 일치하지 않는 경우에 해당합니다. 이런 경우는 평소 발음하는 대로 표기해서는 안 됩니다. 또한, 표기된 형태를 보고 평소 구술하는 것과 다르게 읽어서도 안 됩니다. 예를 들어, “밥도 먹고, 떡도 먹었다.”를 [밥또먹꼬떡또머걷따]라고 발음합니다. 이것을 “밥또 먹꼬 떡또 머걷따.”로 표기하면, ‘나도 너도’에 쓰인 ‘도’와 동일한 기능을 하는 ‘도’가 어떤 경우에는 ‘또’로 표기되고 어떤 경우에는 ‘도’

2국
04
-
02

로 표기되어 독자들이 혼란스러울 수 있습니다. 반대로 '밥도 먹고 떡도 먹었다.'를 표기된 대로 [밥][도][먹][고][떡][도][먹][얻][다]로 읽어서도 안 됩니다. 그렇게 읽으면 평소 음성 언어 의사소통에 쓰이는 말하기와 너무 차이가 커서 어색하게 느껴집니다. 이처럼 낱말을 정확하게 표기하는 학습을 통해 구술, 표기, 음독의 관계를 인식할 수 있게 합니다.

다 성취기준 내용 상세화

단어 읽기에 관한 지도 내용

단어 읽기에 관한 지도 내용은 '소리와 표기가 일치하는 낱말 읽기 지도'와 '소리와 표기가 일치하지 않는 낱말 읽기 지도'로 나누어 볼 수 있습니다. 이에 관한 전체 내용은 표준 발음법의 내용 전체에 해당합니다. 자세한 내용은 [표 2-40]과 같습니다.

[표 2-40] 단어 읽기 지도 내용

활동	내용	1차 세분화	2차 세분화	관련 규정
단어 읽기	소리-표기 일치		표기된 대로 읽기	표준 발음법 제1항
	소리-표기 불일치	연음	연음되는 단어 읽기	표준 발음법 제13항
		음운 변동	구개음화되는 단어 읽기	표준 발음법 제17항
			비음화되는 단어 읽기	표준 발음법 제18항~제19항
			유음화되는 단어 읽기	표준 발음법 제20항
			경음화되는 단어 읽기	표준 발음법 제23항~제28항
			'ㄴ' 첨가되는 단어 읽기	표준 발음법 제29항
			사이시옷 붙은 단어 읽기	표준 발음법 제30항

[표 2-40]의 내용 체계는 학습자들에게 가르칠 것이 아니라 교사가 이 성취기준에 의해 구성된 단원을 지도하기 위해서 알고 있어야 할 체계입니다.

단어 읽기와 관련된 지도 내용은 표기와 발음의 일치 여부를 기준으로 표기와 발음이 일치하는 경우와 불일치하는 경우로 나눌 수 있습니다. 표기와 발음이 일치하는 경우는 표기된 대로 발음하면 됩니다. 이와 관련된 내용은 표준 발음법 제1항에 제시되어 있습니다. 표준 발음법 제1항은 "표준 발음법은 표준어의 실제 발음을 따르되, 국어의 전통성과 합리성을 고려하여 정함을 원칙으로 한다."입니다. 표기와 발음이 일치하는 경우의 발음에 대해 직접적인 언급은 없으나 '표준어의 실제 발음을 따른다'라는 부분에 표기와 발음이 일치하는 낱말의 발음을 포괄하고 있습니다.

표기와 발음이 일치하지 않는 경우는 몇 가지로 나누어 볼 수 있습니다. 음운 변동 여부에 따라 음운 변동이 없는 경우와 음운 변동이 있는 경우로 나누어 볼 수 있습니다. 표기와 발음이 불일치하는 낱말 중에서 음운 변동이 없는 경우에는 연음되는 단어가 포함됩니다. '옷이[오시][39]', '덮이다[더피다]' 등이 이에 해당합니다. 이런 낱말들은 받침소리가 다른 소리로 변동된 것이 아니라 발음되는 자리만 뒤 음절로 바뀐 경우입니다.

표기와 발음이 일치하지 않는 경우 중에서 음운 변동이 일어나는 낱말은 음운 변동의 종류에 따라 구개음화, 비음화, 유음화, 경음화, 음의 첨가, 사이시옷이 표기된 낱말로 나누어 볼 수 있습니다.

2국
04
-
02

여기서 잠깐! 자음의 발음 위치와 방법을 알아볼까요?

자음은 발음할 때 공기의 흐름이 방해를 받으면서 발음되는 소리입니다. 발음할 때 공기의 흐름이 방해를 받는다는 것은 발음 기관끼리 닿거나 목구멍이 좁아지는 일이 생긴다는 것을 의미합니다. 자음을 분류할 때는 소리가 나는 위치(자리)와 방법을 기준으로 분류합니다. 우선, [그림 2-9]를 보며 발음 기관의 명칭부터 살펴볼까요?

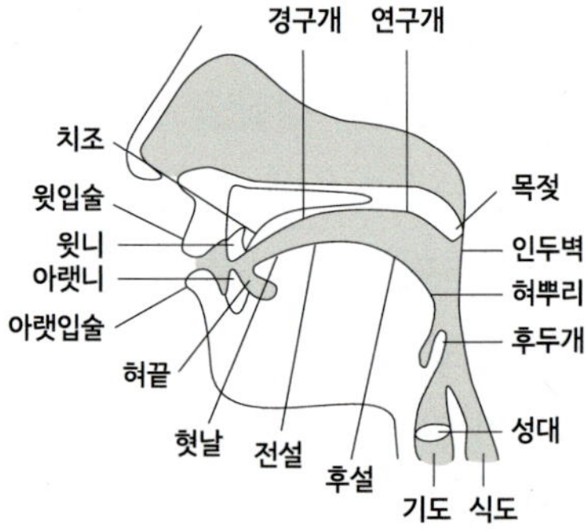

[그림 2-9] 발음 기관의 명칭

[그림 2-9][40]에서 자음의 발음과 관련되는 것은 혀와 입술, 치조(잇몸), 경구개(입천장에서 단단한 부분), 연구개(입천장에서 부드러운 부분), 후음(목구멍)입니다. 이 그림에서 명칭이 표기되지는 않았지만 코의 안쪽 공간인 비강도 자음의 발음에 관여합니다. 각 위치별로 발음되는 자음을 알아봅시다.

- 양순음(두 입술): ㅂ, ㅍ, ㅃ, ㅁ
- 치조음(잇몸): ㄷ, ㅌ, ㄸ, ㅅ, ㅆ, ㄴ, ㄹ
- 경구개음: ㅈ, ㅊ, ㅉ
- 연구개음: ㄱ, ㅋ, ㄲ, ㅇ
- 후음: ㅎ

자음이 발음되는 자리를 확인하는 방법은 해당 자음에 모음을 붙여서 소리를 내어 본 뒤, 소리 내기 직전에 멈추면 발음 기관끼리 닿는 부분이 느껴집니다. 그곳이 해당 자음이 발음되는 자리입니다. 예를 들어 'ㅂ'이 발음되는 자리를 확인할 때는 'ㅂ'에 'ㅏ'를 붙여 '바'를 소리 내어 봅니다. 그 후에 [바]를 소리 내기 직전에 소리 내기를 멈추어 보면, 두 입술이 붙어 있는 것을 확인할 수 있습니다. 그러면 'ㅂ'이 발음되는 위치는 두 입술입니다. 그래서 'ㅂ'을 양순음이라고 합니다.

자리와 더불어 발음하는 '방법'도 중요하게 작용합니다. 먼저, 발음을 할 때 공기의 흐름이 막혔다가 터지면서 나는 소리를 '파열음'이라 합니다. 이와는 달리 발음 기관끼리 거의 붙을 정도로 가까워진 상태에서 어느 한 기관이 미끄러지듯이 움직이면서 나는 소리가 마찰음입니다. 예를 들어, '사'를 천천히 소리 내어 보면, 맨 처음에는 혀끝이 잇몸에 닿아 있다가 혀가 목구멍 쪽으로 움직여 가면서 소리가 납니다. 이것이 마찰음입니다. 'ㅆ'도 이런 방법으로 소리가 납니다. 그러나 'ㅎ'은 '하', '허', '흐' 등으로 소리 내어 봐도 발음 기관끼리 부딪히는 느낌은 없습니다. 'ㅎ'은 목구멍이 아주 좁아진 상태에서 나는 소리이기 때문입니다. 이처럼 목구멍을 좁혀서 내는 소리도 마찰음이라 합니다. 파열과 마찰이 동시에 일어나면서 소리 내는 방법을 파찰이라 합니다. 'ㅈ'. 'ㅊ', 'ㅉ'이 이에 해당합니다. 코 안쪽의 공간인 비강을 울리면서 내는 소리가 있습니다. 이것이 비음입니다. 'ㅁ', 'ㄴ', 'ㅇ'이 이런 방법으로 나는 소리입니다. 코뼈 위에 손을 살짝 얹은 상태에서 '마', '나', '앙' 등을 발음해 보면 손에 약간의 울림이 느껴질 겁니다. 이것은 이 소리들이 비강을 울려서 나는 소리이기 때문입니다. 다른 자음이 포함된 '다', '사' 등을 발음할 때와 비음을 발음할 때 손에 전해지는 떨림의 차이에 집중해 보면 비음의 특성을 알 수 있습니다. 유음(流音)은 혀 옆으로 공기가 흐르면서 나는 소리입니다. 'ㄹ'이 여기에 해당합니다.

이 내용을 정리하여 표로 나타내면 [표 2-41]과 같이 자음 체계를 정리할 수 있습니다.

[표 2-41] 자음 체계

방법＼자리	양순음	치조음	경구개음	연구개음	후음
파열음	ㅂ, ㅍ, ㅃ	ㄷ, ㅌ, ㄸ		ㄱ, ㅋ, ㄲ	
마찰음		ㅅ, ㅆ			ㅎ
파찰음			ㅈ, ㅊ, ㅉ		
비음	ㅁ	ㄴ		ㅇ	
유음		ㄹ			

이제 음운 변동 각각에 대하여 살펴봅시다.

첫째, 구개음화되는 단어 읽기를 봅시다. 구개음화란 원래는 구개음이 아닌데, 어떤 이유로 구개음으로 발음되는 것을 의미합니다. 이에 해당하는 낱말로는 '굳이', '밭이', '미닫이' 등이 있습니다. 'ㄷ', 'ㅌ' 등은 치조음입니다. 이 치조음 뒤에 'ㅣ' 모음이 오면, [디], [티]로 소리 내지 않고 경구개음인 [지], [치]로 소리 내는 것을 구개음화라 합니다. 이 구개음화가 일어나는 이유는 모음 'ㅣ'를 발음할 때는 혀가 경구개 근처에 있게 되는데 이것의 영향으로 치조에서 발음되는 자음을 경구개에서 발음되는 자음 소리로 바꾸어 발음하는 것이 편하기 때문입니다. 이에 해당하는 단어는 구술 상황에서 구개음화된 상태로 발음하므로 음독할 때도 표기는 구개음화된 상태로 표기되어 있지 않더라도 구술과 동일하게 구개음으로 소리 냅니다.

둘째, 비음화되는 단어 읽기를 봅시다. 비음화란 원래 비음이 아닌 소리를 비음으로 소리 내는 것을 의미합니다. 이에 해당하는 단어로는 '먹는', '국물' 등이 있습니다. '먹는'의 경우 [먹]을 발음한 후 [는]을 발음하는 경우 연구개, 파열음 'ㄱ'을 발음한 후 치조, 비음 'ㄴ'을 발음해야 하는데, 자리와 방법 모두를 바꾸어 발음해야 하므로 불편함이 따릅니다. 그래서 발음 위치 연구개는 그대로 두고 방법을 이어지는 소리 'ㄴ'을 발음하는 방법인 비음으로 바꾸어 [멍는]으로 소리 냅니다.(앞의 [표 2-41]을 참조하세요.) 이런 방법을 비음화라고 합니다. 비음화되는 단어는 표기된 대로 읽는 것이 아니라 비음화하여 음독합니다. 이에 해당하는 단어는 구술 상황에서 비음화하여 발음하므로 음독할 때도 표기는 비음화된 상태로 표기되어 있지 않더라도 구술과 동일하게 비음으로 소리 냅니다.

셋째, 유음화되는 단어 읽기를 봅시다. 원래 유음이 아닌 소리가 유음으로 소리 나는 것을 유음화라 합니다. 이에 해당하는 단어로는 '난로', '신라' 등이 있습니다. '난로'를 표기된 대로 발음하면 [난][로]처럼 발음하게 되는데 '난'의 받침 'ㄴ'은 치조, 비음입니다. 이 치조, 비음을 발음한 후 'ㄹ'을 발음하게 되는데 'ㄹ'은 치조, 유음입니다. 그래서 같은 치조 자리에서 'ㄹ'과 동일한 유음 방식으로 발음하여 [날:로]처럼 발음하면 발음이 더 편해지기 때문에 유음으로 발음합니다. 이에 해당하는 단어는 구술 상황에서 유음화하여 발음하므로 음독할 때도 표기는 유음화된 상태로 표기되어 있지 않더라도 구술과 동일하게 유음으로 소리 냅니다.

넷째, 경음화되는 단어 읽기를 봅시다. 두 소리가 연결될 때 평음이 경음으로 대치되는 현상을 경음화라고 합니다. 'ㄱ', 'ㄷ', 'ㅂ', 'ㅅ'

등을 평음이라 합니다. 이런 평음이 'ㄲ', 'ㄸ', 'ㅃ', 'ㅆ' 등으로 소리가 바뀌어 나는 것을 경음화라고 합니다. 이에 해당하는 단어로는 '국밥', '덮개', '옆집' 등이 있습니다. 경음화는 두 자음이 연결될 때 뒤의 소리 평음이 경음으로 바뀌게 됩니다. 그래서 위의 낱말도 실제 발음은 [국빱], [덥깨], [엽찝]으로 소리 납니다. 여기에 해당하는 단어는 구술 상황에서 경음으로 발음하므로 음독할 때도 표기는 평음으로 표기되어 있더라도 구술과 동일하게 경음으로 소리 냅니다.

다섯째, 음이 첨가되는 단어 읽기를 살펴봅시다. 'ㄴ'이 첨가되는 단어 읽기를 봅시다. 첨가란 원래는 없던 소리가 특정 조건에서 덧붙는 현상입니다. 이에 해당하는 단어로는 '솜이불', '꽃잎' 등이 있습니다. '솜이불'은 '솜'과 '이불'이 합쳐진 합성어인데, 이 각각에는 'ㄴ' 소리가 없는데 합성된 '솜이불'은 [솜:니불]처럼 [ㄴ] 소리가 첨가됩니다. 이에 해당하는 단어는 구술 상황에서 'ㄴ' 음이 첨가된 상태를 발음하므로 음독할 때도 표기에는 'ㄴ' 이 없더라도 구술과 동일하게 'ㄴ'이 첨가된 소리로 발음해야 합니다.

여섯째, 사이시옷이 붙은 단어에 대하여 살펴봅시다. 사이시옷이란 사잇소리 현상을 나타내기 위해 표기한 'ㅅ'을 뜻합니다. 사잇소리 현상이란 두 개의 형태소나 단어가 결합하여 합성어가 될 때 원래의 형태소나 단어는 가지고 있지 않던 소리가 생기거나 원래 있던 소리가 변하는 경우를 의미합니다. '코+날'→[콘날]이 되어 원래는 없던 'ㄴ' 소리가 생긴 경우에 해당하고, '코+등'→[코뜽]이 되어 'ㄷ'이 'ㄸ'으로 소리가 바뀐 경우에 해당합니다. 이런 경우에는 'ㅅ'을 표기하는데, 이것이 사이시옷입니다. 사이시옷이 표기된 단어를 읽을 때는 구술 상황에서 발음하는 것과 동일하게 발음해야 합니다. 이 내용과 관련된 내용은 표준 발음법 제30항에 제시되어 있습니다.

단어 쓰기에 관한 지도 내용

단어 쓰기에 관한 지도 내용은 '소리와 표기가 일치하는 낱말 표기 지도'와 '소리와 표기가 일치하지 않는 낱말 표기 지도'로 나누어 볼 수 있습니다. 이에 관한 전체 내용은 한글 맞춤법의 내용 전체에 해당합니다. 자세한 내용은 [표 2-42]와 같습니다.

[표 2-42] 단어 표기 지도 내용

<table>
<tr><th>활동</th><th>내용</th><th>1차
세분화</th><th colspan="2">2차 세분화</th><th>관련 규정</th></tr>
<tr><td rowspan="8">단어
쓰기</td><td>소리-표기
일치</td><td>소리 나는
대로 쓰기</td><td colspan="2"></td><td>• 한글 맞춤법 제1항</td></tr>
<tr><td rowspan="7">소리-표기
불일치</td><td>연음</td><td colspan="2">연음되는
단어 표기</td><td>• 한글 맞춤법 제14항, 제15항
• 표준 발음법 제13항, 제14항, 제15항</td></tr>
<tr><td rowspan="5">음운 변동</td><td colspan="2">음절의 끝소리 규칙
(겹받침 발음)</td><td>• 한글 맞춤법 제1항
• 표준 발음법 제8항, 제9항, 제10항, 제11항, 제12항, 제18항</td></tr>
<tr><td rowspan="2">음운의
동화</td><td>비음화</td><td>• 한글 맞춤법 제1항, 제15항, 제27항
• 표준 발음법 제18항, 제19항</td></tr>
<tr><td>유음화</td><td>• 한글 맞춤법 제1항, 제15항, 제27항
• 표준 발음법 제20항</td></tr>
<tr><td colspan="2">경음화되는
단어 표기</td><td>• 한글 맞춤법 제1항, 제5항, 제15항, 제27항
• 표준 발음법 제23항, 제24항, 제25항, 제26항, 제27항, 제28항</td></tr>
<tr><td colspan="2">구개음화되는
단어 표기</td><td>• 한글 맞춤법 제6항
• 표준 발음법 제17항</td></tr>
<tr><td>사이시옷</td><td colspan="2">사이시옷 표기</td><td>• 한글 맞춤법 제30항
• 표준 발음법 제30항</td></tr>
</table>

[표 2-42]의 내용 체계는 학습자들에게 가르칠 것이 아니라 교사가 이 성취기준에 의해 구성된 단원을 지도하기 위해서 알고 있어야 할 체계입니다.

단어 쓰기와 관련된 지도 내용은 소리와 표기의 일치 여부를 기준으로 소리와 표기가 일치하는 경우와 소리와 표기가 불일치하는 경우로 나눌 수 있습니다. 소리와 표기가 일치하는 경우는 소리 나는 대로 표기하면 됩니다. 이와 관련된 내용은 「한글 맞춤법」 제1항과 관련됩니다. "제1항. ㉠ 한글 맞춤법은 표준어를 소리대로 적되, ㉡[41] 어법에 맞도록 함을 원칙으로 한다."를 보면 ㉠은 소리와 표기가 일치하는 경우에 해당하고, ㉡은 소리와 표기가 불일치하는 경우에 해당합니다. 앞서 언급한 바와 같이 소리와 표기가 일치하는 경우는 소리 나는 대로 표기하면 됩니다. 그러나 불일치하는 경우는 소리 나는 대로 표기하면 안 됩니다. 소리와 표기가 일치하지 않는 원인에는 여러 가지가 있습니다.

소리와 표기가 불일치하는 원인에 따라 1차 세분화를 하면 연음, 음운 변동, 사이시옷에 의한 불일치로 나누어 볼 수 있습니다.

첫째, 연음에 의한 불일치를 살펴봅시다. 연음이란 자음으로 끝나는 형태소 뒤에 모음으로 시작하는 형태소가 결합할 때 앞 형태소의 자음이 그대로 뒤 형태소의 초성으로 이동하는 현상을 가리킵니다.[42] 즉, 앞말에 받침이 있고, 모음으로 시작하는 형태소가 오면 받침이 뒤 음절의 첫소리로 옮겨 가서 소리 나는 것을 말합니다. 연음은 받침의 소리가 변하지 않고 뒤 음절의 첫소리로 자리만 옮겨 가는 것입니다. 이에 비하여 음운 변동에 의한 소리와 표기의 불일치나 사이시옷에 의한 불일치는 음가가 변한다는 점이 연음과 다릅니다.

둘째, 음운 변동에 의한 불일치를 살펴봅시다. 음운 변동이란 형태소들이 활발하게 결합하는 과정에서 일어나는 공시적 음운 현상[43]을 가리킵니다. 즉, 음운 변동은 형태소 간에 결합이 일어나야 한다는 점과 시간의 흐름에 따른 역사적 변화가 아니라 현재 사용되는 언어에서 일어나는 현상이어야 한다는 두 조건을 만족해야 합니다. 음운 변동이 있는 단어를 표기하는 것은 [표 2-39]의 ㉢, ㉣이 해당하는데, 음운 변동의 종류에 따라 음절의 끝소리 규칙, 음운의 동화(비음화, 유음화), 경음화, 구개음화로 분류해 볼 수 있습니다. 음절의 끝소리 규칙이란 음절의 끝소리 자리에서 모든 자음이 'ㄱ, ㄴ, ㄷ, ㄹ, ㅁ, ㅂ, ㅇ' 중 하나로 소리 나는 현상[44]을 말합니다. 음운의 동화란 한 소리의 소릿값이 그 놓이는 음성 환경과 같아지는 쪽으로 바뀌는 것[45]을 말합니다. 비음화는 비음이 아닌 소리가 비음으로 변하는 것이고, 유음화는 유음 'ㄹ'이 아닌 소리가 'ㄹ'로 변하는 것입니다. 경음화는 경음이 아닌 소리가 경음으로 바뀌는 것이고 구개음화는 구개음이 아닌 소리가 구개음 'ㅈ, ㅊ'으로 바뀌는 것입니다. 이들 각각의 표기와 발음에 관한 규정은 [표 2-42]의 관련 규정을 참고할 수 있습니다.

셋째, 사이시옷 표기에 의한 불일치를 살펴봅시다. 'ㅅ'은 음절의 끝소리 규칙에 의하여 받침소리로 실현되지 않습니다.(받침으로 표기는 되지만 [ㅅ]은 [ㅅ]의 음가대로 소리 나지는 않습니다.) 그래서 표기와 소리가 일치하지 않는 경우에 속합니다. 사이시옷이 표기되는 경우는 순우리말로 된 합성어로서 앞말이 모음으로 끝난 경우와 순우리말과 한자어로 된 합성어로서 앞말이 모음으로 끝난 경우이며 한글 맞춤법에서 정한 두 음절로 된 한자어 '곳간(庫間), 셋방(貰房), 숫자(數字), 찻간(車間), 툇간(退間), 횟수(回數)'입니다. 사이시옷 표기와 관련하여 헷갈리는 경우가 있습니다. '해를 인격화하여 높이거

2국
04
-
02

나 다정하게 이르는 말'을 나타내는 표기로 '해님'과 '햇님' 중 어느 것이 바른 표기일까요? 「한글 맞춤법」 제30항의 내용을 토대로 판단해 봅시다. '해님'과 '햇님'은 다음과 같이 분석해 볼 수 있습니다.

㉠ 해님: 해(명사)+님(접미사)
㉡ 햇님: 해(명사)+ㅅ(사이시옷)+님(접미사)

㉠과 ㉡에 쓰인 '님'의 표준국어사전 뜻풀이는 "((사람이 아닌 일부 명사 뒤에 붙어)) '그 대상을 인격화하여 높임'의 뜻을 더하는 접미사."입니다. 즉, '님'은 접사입니다. 접사가 붙은 말은 합성어가 아니라 파생어입니다. 그러므로 사이시옷의 표기 대상인 합성어가 아니므로 '해님'이 바른 표기입니다.

내용 상세화와 국어 수업 연결 따라 가기

이 성취기준이 반영된 단원을 수업할 때 예시로 사용할 낱말은 앞의 [표 2-42]에 제시된 한글 맞춤법과 표준 발음법의 해당 항을 참고할 수 있습니다.

[2국04-02] 성취기준과 관련된 오개념 중재 방안 알아보기

이 성취기준과 관련된 오개념을 살펴봅시다.

첫째, 발음 현상과 발음 규칙의 관계에 관한 오개념입니다. 앞의 [표 2-39]의 ㉢, ㉣을 설명하는 부분에서 음절의 끝소리 규칙, 비음화에 대하여 언급하였습니다. 실제 발음과 발음 규칙의 관계에서 발음 규칙에 의하여 실제 발음이 이루어진다고 생각하는 경우가 있습니다. 이것은 오개념입니다. 실제 발음이 있(었)고, 실제 발음에서 규칙을 추출한 것이 발음 규칙입니다. 비음화를 예로 들면, 비음화 규칙이 만들어져서 있어서 '먹물'을 [멍물]로 발음하는 것이 아니라, 일상에서 언중들이 '먹물'을 [멍물]로 발음하고, '국물'을 [궁물]로 발음하기 때문에, 이것을 규칙으로 만들어 '비음화'라는 이름을 붙인 것입니다. '쌀, 보리 따위의 곡식을 씻어서 솥 따위의 용기에 넣고 물을 알맞게 부어, 낟알이 풀어지지 않고 물기가 잦아들게 끓여 익힌 음식'을 [밥]이라고 말하고, '다른 것으로부터 제한하여 어느 것을 한정함을 나타내는 보조사'를 [만]이라고 발음하는데, 이 둘이 결합했을 때는 [밥][만]이라 말하지 않고[46] [밤만]이라 발음합니다. 이렇게 발음하는 현상을 탐구하여 "받침 'ㄱ(ㄲ, ㅋ, ㄳ, ㄺ), ㄷ(ㅅ, ㅆ, ㅈ, ㅊ, ㅌ, ㅎ), ㅂ(ㅍ, ㄼ, ㄿ, ㅄ)'은 'ㄴ, ㅁ' 앞에서 [ㅇ, ㄴ, ㅁ]으로 발음된다."라는 원리를 추출하였고, 이런 현상에 '비음화'라는 이름을 붙였습니다. 이 원리를 어문 규정 중 하나인 표준어 규정의 표준 발음법에 적용하였습니다. 정리하자면 현실의 발음에서 원리를 추출하고, 이렇게 추출된 원리를 어문 규범에 적용한 것으로 보는 것이 타당합니다.

그러나 현실에서 추출된 원리가 규범으로 한번 정해지고 나면 그 규범은 구속력을 가집니다. 그 이후로는 규범이 바뀌기 전까지는 지켜야 할 기준이 됩니다. 이 기준에 의하여 현실 발음이 어떤 경우는 표준 발음으로 인정되지만, 어떤 경우는 표준 발음으로 인정되지 못하게 됩니다.

둘째, 어떤 낱말의 발음이 여러 가지로 실현될 때 자신의 발음을 기준으로 그 발음의 적절성을 판단하는 경우입니다. 발음은 지역 방언의 영향을 많이 받습니다. 이로 인해 표준 발음에 대해 판단할 때, 자신의 평소 언어 사용을 기준으로 해당 발음이 표준 발음인지 아닌지를 판단하는 경우가 있습니다. 이는 오개념으로 연결될 수 있습니다. 예를 들어, '김 위에 밥을 펴 놓고 여러 가지 반찬으로 소를 박아 둘둘 말아 싸서 썰어 먹는 음식'을 무엇이라 하나요? 그것을 여러분은 어떻게 발음하나요? 대부분의 경우 [김:빱]이라고 발음합니다. 그러나 표준국어대사전에 제시된 발음 정보에는 [김:밥/김:빱]으로 제시되어 두 발음 모두 표준 발음에 해당합니다. 또 어느 지역에서는 '읽기'를 [이끼/익끼]로 발음하고, 이 발음을 표준 발음으로 알고 있는 경우도 있습니다. 그러나 표준국어대사전에 제시된 이 낱말의 표준 발음은 [일끼]입니다.

셋째, 말소리를 문자로 표기하는 능력과 맞춤법에 맞게 표기하는 것을 동일시하는 것은 오개념일 수 있습니다. 예를 들어 봅시다. '분류'를 '불류'로 표기하는 학생이 있다면 이 학생은 말소리를 문자로 표기하는 능력은 있으나 맞춤법에 맞게 표기하는 것이 서툰 학생입니다. 그러나 '처음'을 '처엄'으로 표기하는 학생[47)]이 있다면 이 학생은 말소리를 문자로 표기하는 기능이 충분히 발달하지 않은 경우에 해당합니다. 소리와 표기가 다른 경우에 낱말을 표기하는 방법은 소리 나는 대로 적는 방법이 있고, 뜻을 밝혀 적는 방법이 있습니다. 이 중에서 현재 우리나라에서는 후자를 택하고 있습니다. 이 방법은 필자 입장에서는 표기 규칙을 익혀야 한다는 고통이 있겠지만, 독자 입장에서는 표기된 것이 무엇을 의미하는지 쉽게 알 수 있다는 장점이 있습니다. 맞춤법에 익숙하지 못한 학생의 상태를 '틀렸다'고 판단하기보다는 '익숙하지 못하다'는 관점으로 바라볼 필요가 있습니다.

이와 같은 오개념을 중재하는 방안은 첫째, 국어사전을 활용하는 것입니다. 국어사전에는 여러 가지 정보가 담겨 있습니다. 발음에 관한 정보, 표기에 관한 정보, 해당 낱말의 사용 예 등이 담겨 있습니다. 둘째, 표준 발음법 규정을 수시로 참고하는 방법이 있습니다. 이 규정을 모두 암기하기는 힘들고, 또 그렇게 할 필요도 없습니다만 규정의 내용을 숙지하는 것은 도움이 됩니다. 그러므로 이 규정을 자주 접하게 되면 자연스럽게 규정의 내용을 숙지할 수 있습니다. 국립국어원 누리집(https://www.korean.go.kr/)에 접속하면 어문 규정을 쉽게 검색할 수 있고, 참고할 만한 다른 자료들도 쉽게 활용할 수 있습니다. 셋째, 어문 규범에 적용된 원리를 학습하는 방법입니다. 어문 규범을 제정할 때는 어떤 원리를 바탕으로 하고 있습니다. 이 원리를 알게 되면 어문 규범의 내용을 더 잘 이해할 수 있고, 헷갈리는 발음이나 표기의 바른 형태를 찾아내는 데도 도움이 됩니다. 넷째, 표기와 발음에 관하여 기존의 사고방식을 점검해 보는 것입니다. 예를 들면, '정답/오답', '맞다/틀리다'는 식의 사고방식보다는 '어느 부분의 발달이 어떻게 변해 가고 있다 / 현재 수준에 머물러 있다', '적절하다 / 덜 적절하다', '설명적 타당성이 높다/낮다'는 식의 사고방식을 가질 필요가 있습니다. 표기를 정확하게 하지 못하는 학생을 보는 시선을 '표기가 몇 개 틀렸다'보다는 '비음화되는 낱말을 표기하는 능력이 점차 좋아지고 있다'는 식으로 바꿀 필요가 있습니다.

[2국04-03] 문장과 문장 부호를 알맞게 쓰고 한글에 호기심을 가진다.

가 성취기준 개요

이 성취기준은 문장으로 의사소통을 하기 위해 필요한 기초적인 문식성을 기르고 글자, 단어, 문장을 주의 깊게 관찰하고 탐구하는 자세를 기르기 위해 설정된 것입니다. 즉, 생각의 최소 단위인 문장과 문장을 사용할 때 함께 사용되는 문장 부호를 이해하고 사용하는 것과 한글에 대해 호기심을 가질 수 있게 하는 성취기준이라고 할 수 있을 것입니다. 이 성취기준과 관련된 문장과 문장 부호에 대해 살펴보고 관련 규정도 찾아보면서 이 성취기준을 좀 더 깊게 들여다볼까요?

문법 영역의 내용 체계표에서 꼼꼼하게 살펴보기

[표 2-43]과 같이 2022 개정 국어과 교육과정의 문법 영역 내용 체계표에서 [2국04-03] 성취기준의 내용 요소를 자세히 살펴볼까요?

[표 2-43] 2022 개정 국어과 교육과정의 내용 체계표에서 관련 내용 요소 살펴보기

범주		내용 요소	
		초등학교	
		1~2학년	3~4학년
지식·이해	언어의 본질과 맥락	• 상황 맥락	• 의사소통과 관계 형성 수단으로서의 언어 • 참여자 간 관계 및 장면에 따른 언어

	언어 단위	• 글자·단어·문장	• 단어의 의미와 단어 간의 의미 관계 • 단어의 분류 • 문장의 기본 구조 • 글과 담화의 높임 표현과 지시·접속 표현
	한글의 기초와 국어 규범	• 한글 자모의 이름과 소리 • 단어의 발음과 표기 • 문장과 문장 부호	• 단어의 정확한 발음과 표기
과정·기능	국어의 분석과 활용	• 언어 단위 관찰하기	• 언어 단위 관찰하고 분석하기 • 국어사전 활용하여 문제 해결하기 • 글과 담화에 적절한 표현 사용하기
과정·기능	국어 실천의 성찰과 비판	• 소리와 표기의 차이 인식하기	• 국어 규범 인지하고 수용하기
가치·태도		• 한글에 대한 호기심	• 국어의 소중함 인식

문법 영역의 1~2학년군 내용 요소를 보면 이 성취기준은 문법 영역 내용 체계에서 지식·이해 범주의 하위 범주인 한글의 기초와 국어 규범에 속하는 '문장과 문장 부호' 항목과 관련되며, 과정·기능 범주의 하위 범주인 국어의 분석과 활용에 속하는 '언어 단위 관찰하기' 항목과 관련됩니다. 또한 가치·태도 범주의 '한글에 대한 호기심'과 관련됩니다. 이 성취기준은 문법 영역의 "[2국04-01] 한글 자모의 이름과 소릿값을 알고 정확하게 발음하고 쓴다." 및 "[2국04-02] 소리와 표기가 다를 수 있음을 알고 단어를 바르게 읽고 쓴다."와 관계가 있으며, 읽기 영역의 "[2국02-01] 글자, 단어, 문장, 짧은 글을 정화하게 소리 내어 읽는다." 및 쓰기 영역의 "[2국03-01] 글자와 단어를 바르게 쓴다."와 연계하여 지도할 수 있습니다.

여기서 잠깐! 문법 영역, [2국04-03] 성취기준의 발자취는?

이 성취기준은 2009 개정 국어과 교육과정 1~2학년군 문법 영역에 "(2) 다양한 고유어(토박이말)를 익히고 소중히 여기는 태도를 갖는다."와 "(4) 문장의 기본 구조를 이해하고 문장 부호를 바르게 쓴다."로 제시되었으며, 2015 개정 국어과 교육과정 1~학년군 문법 영역에 "[2국04-03] 문장에 따라 알맞을 문장 부호를 사용한다."와 "[2국04-04] 글자, 낱말, 문장을 관심 있게 살펴보고 흥미를 가진다."로 제시되었습니다. 즉, 각 교육과정 시기마다 초등학교 1학년 시기에 문장에 대한 학습과 우리말이나 우리글에 대한 흥미나 관심을 가져야 하는 내용이 포함되어 있었습니다. 2022 개정 국어과 교육과정에서는 두 개로 제시되던 성취기준을 하나로 제시했다고 볼 수 있습니다.

나 성취기준과 관련된 배경지식

2022 개정 국어과 교육과정에는 이 성취기준에 대한 해설이 제공되어 있습니다. 이를 살펴보면 다음과 같습니다.

성취기준 해설에서 단서 찾기

- **[2국04-03] 문장과 문장 부호를 알맞게 쓰고 한글에 호기심을 가진다.**(2022 개정 국어과 교육과정 1~2학년군 문법 영역 성취기준)

  이 성취기준은 문장으로 의사소통하기 위해 필요한 기초적인 문식성을 기르고, 글자, 단어, 문장을 주의 깊게 관찰하고 탐구하는 자세를 기르기 위해 설정하였다. 자신의 생각을 문장으로 쓰는 것은 의사소통 능력의 핵심으로서, 특히 한글 학습 초기에는 음성 언어와는 다른 문자 언어의 특성을 이해하는 것이 중요하다. 문장 부호의 이름과 쓰임, 평서문·의문문·감탄문 등 다양한 종류의 문장 쓰기와 그에 따른 문장 부호 사용하기를 다루되, 문장 부호 사용의 필요성을 깨닫고 문장을 비롯하여 문장을 이루는 글자, 단어에도 호기심을 갖도록 한다.

성취기준 해설을 살펴볼 때 이 성취기준이 담고 있는 내용의 초점은 문장과 문장 부호에 대한 적절한 사용, 언어 단위에 대한 관심으로 볼 수 있습니다.

문장은 개인의 생각이 감정을 완결된 내용으로 표현하는 최소의 언어 형식입니다. 흔히 최소 생각의 단위라는 말로 문장의 성격을 드러내고 있습니다. 언어 형식이라는 말에서 알 수 있듯이 문장은 구성상으로 볼 때 주어와 서술어를 갖추어야 하며, 형식상으로 문장이 끝났음을 나타내는 표지가 있어야 합니다. 즉, 내용적으로는 완결된 생각을, 형식적으로는 주어와 서술어를 갖추고 끝맺음을 알 수 있는 표지를 갖춘 것이 문장이라고 할 수 있겠습니다.

문장 부호는 글에서 문장의 구조를 잘 드러내거나 글쓴이의 의도를 쉽게 전달하기 위해 쓰는 여러 가지 부호를 의미합니다. 문장 부호의 이름과 사용법은 [2국04-01]에서 언급한 「한글 맞춤법」에 상세히 제시되어 있습니다. 그렇다고 해서 「한글 맞춤법」이 처음 만들어질 때부터 제시된 것은 아니고 「한글 맞춤법」(1988)의 부록에서 처음 정리가 되었던 것이 2015년에 크게 수정 작업이 이루어졌고,

2국 04 - 03

현재 「한글 맞춤법」(2017)의 규정으로 이어져 오고 있습니다. 「한글 맞춤법」 '부록'에서 다루고 있는 문장 부호는 다음과 같습니다.

1. 마침표(.)	2. 물음표(?)	3. 느낌표(!)
4. 쉼표(,)	5. 가운뎃점(·)	6. 쌍점(:)
7. 빗금(/)	8. 큰따옴표(" ")	9. 작은따옴표(' ')
10. 소괄호(( ))	11. 중괄호({ })	12. 대괄호([ ])
13. 겹낫표(『 』)와 겹화살괄호(《 》)		
14. 홑낫표(「 」)와 홑화살괄호(〈 〉)		
15. 줄표(—)	16. 붙임표(-)	17. 물결표(~)
18. 드러냄표(˚)와 밑줄(_)		19. 숨김표(○, ×)
20. 빠짐표(□)	21. 줄임표(……)	

또한 성취기준에는 '한글에 호기심 갖기'로 되어 있지만 성취기준 해설에는 문장을 이루는 글자, 단어에 관심을 가져야 함을 밝히고 있습니다. 결국 이 성취기준에서 말하는 것은 문장을 이루는 언어 단위에 대해서 관심을 갖고 문자 언어로 소통할 수 있는 태도를 가지게 하는 것임을 알 수 있습니다.

성취기준에 포함된 핵심어, 차근차근 풀어 가기

해당 성취기준이 담고 있는 핵심어는 드러난 것으로는 '문장, 문장 부호'이고 드러나지 않은 것으로는 '문장을 이루는 언어 단위'입니다. 이에 대해 자세히 살펴보겠습니다.

문장

문장의 의미는 앞서 언급한 것처럼 "생각이나 감정을 말과 글로 표현할 때 완결된 내용을 나타내는 최소의 단위."로 정의할 수 있습니다. 이러한 문장을 구성하는 언어 단위(문법 단위)로는 구 또는 절이 있습니다. 또한 문장은 어절로 구성된다고도 할 수 있습니다.

어절은 문장을 구성하는 기본적인 문법 단위로 대체로 띄어쓰기 단위와 일치합니다. 어절의 사전적 의미는 "문장을 구성하고 있는 각각의 마디. 문장 성분의 최소 단위로서 띄어쓰기의 단위가 된다."입니다. 예를 들어, "철수는 체육복을 입은 민수가 달려오는 것을 멀리서 보았다."라는 문장은 8개의 어절로 이루어진 문장입니다.

둘 이상의 어절이 결합하여 더 큰 문법 단위를 이루는 것을 '구' 또는 '절'이라고 부릅니다. 그중 '구'는 둘 이상의 어절이 결합하여 하나의 의미 단위를 이루지만 둘 사이의 관계가 주어와 서술어의 관계가 아닐 때 사용하는 언어 단위입니다. 앞의 문장에서 '멀리서 보았다'가 이에 해당한다고 볼 수 있습니다. 이에 반해 '절'은 '구'와 같이 둘 이상의 어절이 결합하여 하나의 의미 단위를 이루면서 둘 사이의 관계가 주어와 서술어처럼 쓰이는 것을 뜻합니다. 앞의 문장에서 '민수가 달려오는'이 절에 해당한다고 볼 수 있습니다.

문장은 일정한 문법적 기능을 하는 문장 성분[48)]들로 이루어집니다. 문장 성분은 대체로 어절 단위로 일치합니다. 다만 문장에 따라서는 어절이 모여서 이루어진 구나 절이 하나의 문장 성분으로 쓰이기도 합니다. 문장 성분은 문장을 구성하는 데 반드시 있어야 할 주성분과 주성분의 내용을 꾸며 주는 부속 성분, 다른 문장 성분과는 직접 관련이 없는 독립 성분으로 구분됩니다. 이를 정리하면 [표 2-44]와 같습니다.

2국
04
I
03

[표 2-44] 문장 성분

구분	문장 성분	예
주성분	주어, 서술어, 목적어, 보어	하늘이 예쁘다. / 철수가 밥을 먹었다. / 물이 얼음이 되었다. 등
부속 성분	관형어, 부사어	파란 하늘이 예쁘다. / 철수가 밥을 많이 먹었다. 등
독립 성분	독립어	우아, 하늘이 정말 예쁘다. 등

여기서 잠깐! 부사어도 필수 성분이 될 수 있나요? - 서술어의 자릿수

한국어의 문장 성분 중 가장 중요한 역할을 하는 것은 서술어라고 할 수 있습니다. 서술어가 있어야 문장을 마무리할 수 있기 때문입니다. 그러므로 문장을 구성할 때 서술어의 역할이 매우 중요한데 서술어는 성격에 따라 그것이 반드시 필요로 하는 문장 성분이 있습니다. 이때 반드시 필요한 문장 성분의 숫자를 서술어의 자릿수라고 합니다.

예를 들어, '예쁘다'나 '자다'와 같은 서술어는 "고양이가 예쁘다.", "사자가 잔다."처럼 주어 하나만 있어도 문장을 완성할 수 있기 때문에 '한 자리 서술어'라고 합니다. 하지만 '읽다, 먹다'는 "현수가 책을 읽었다.", "강아지가 밥을 먹었다."처럼 주어와 목적어, 두 가지 성분을 필요로 하기 때문에 '두 자리 서술어'라고 합니다. 또한 '보내다, 삼다' 등의 서술어는 "은지가 현수에게 과자를 보냈다.", "왕은 청년을 사위로 삼았다."처럼 주어, 목적어, 부사어의 세 가지 문장 성분을 필요로 하기 때문에 '세 자리 서술어'라고 합니다.

세 자리 서술어는 주어와 목적어 외에 부사어를 반드시 필요로 하기 때문에 부사어가 이 상황에서는 필수 성분이 됩니다. 이러한 부사어를 '필수 부사어'라고 부르기도 합니다. 하지만 대부분의 문장에서는 부사어를 반드시 필요로 하지 않기 때문에 부사어는 부속 성분으로 분류됩니다.

부사어를 반드시 필요로 하는 서술어는 대부분 세 자리 서술어입니다. 앞서 살펴본 '보내다, 삼다' 외에 '주다, 드리다, 여기다' 등도 이에 해당합니다. 하지만 두 자리 서술어도 필수 부사어를 필요로 하는 경우가 있는데 '닮다, 같다' 등의 서술어는 두 자리 서술어지만 필수 부사어를 필요로 하는 서술어입니다.

문장 부호

문장 부호는 앞서 제시한 것처럼 「한글 맞춤법」 규정 '부록'에 상세한 내용이 잘 나타나 있습니다. 문장 부호를 처음으로 규정한 「한글 맞춤법」(1988)에서는 분수를 표시하는 빗금, 단어 구성 성분을 표시한 붙임표 등 수학이나 언어학과 같은 전문 분야에서 쓰이는 부호의 용법까지 다루고 있었습니다. 그러나 2015년도에 바뀐 문장 부호 관련 규정은 일상의 글에서 사용되는 부호들 가운데 문장의 구조를 드러내거나 글쓴이의 의도를 전달하는 데 사용되는 부호들로 범위를 한정하여 제시하고 있습니다.

문장 부호는 글의 구조를 분명하게 드러내거나 글쓴이의 의도를 전달하는 데 보조적으로 사용되는 수단입니다. '마음이 예쁜 민수의 동생'에서 마음이 예쁜 사람은 '민수'일 수도 있고 '민수의 동생'일 수도 있습니다. 이 표현을 '마음이 예쁜, 민수의 동생'과 같이 쓰면 마음이 예쁜 사람이 '민수의 동생'임을 분명히 드러낼 수 있습니다.

2015년에 개정된 문장 부호 규정(현재는 2017년에 개정된 한글 맞춤법을 사용하고 있습니다.)은 2단계 구조[1.-(1)]로 되어 있습니다. 종전 규정이 3단계 구조[I-1-(1)]로 되어 있던 것이 간단해진 것입니다. 이전에는 마침표, 쉼표, 따옴표, 묶음표, 이음표, 드러냄표, 안드러냄표 등이 개별 부호를 아우르는 상위의 개념으로 설정되어 있었다면 수정된 규정에서는 해당 용어들이 개별 부호를 지칭하는 것으로 바뀌었습니다. 즉, 종전 규정에서는 '마침표' 속에 온점, 물음표, 느낌표 등이 포함되어 있었다면, 현행 규정에서는 '마침표'는 온점을 의미하는 것으로 바뀐 것입니다. 또한 개정된 문장 부호 규정은 세로쓰기 부호를 제외하고 가로쓰기 부호만 제시하였습니다.[49] 이를 비교해 보면 [표 2-45]와 같습니다.

[표 2-45] 한글 맞춤법 비교하기

한글 맞춤법 (1988, 문교부 고시 제 88-1호)	한글 맞춤법 (2017, 문화체육관광부 고시 제2017-12호)
I. 마침표[終止符]	1. 마침표(.)
1. 온점(.), 고리점(。)	2. 물음표(?)
2. 물음표(?)	3. 느낌표(!)
3. 느낌표(!)	4. 쉼표(,)
II. 쉼표[休止符]	5. 가운뎃점(·)
1. 반점(,), 모점(、)	6. 쌍점(:)
2. 가운뎃점(·)	7. 빗금(/)
3. 쌍점(:)	8. 큰따옴표(" ")
4. 빗금(/)	9. 작은따옴표(' ')
III. 따옴표[引用符]	10. 소괄호(( ))
1. 큰따옴표(" "), 겹낫표(『 』)	11. 중괄호({ })
2. 작은따옴표(' '), 낫표(「 」)	12. 대괄호([ ])
IV. 묶음표[括弧符]	13. 겹낫표(『 』)와 겹화살괄호(≪ ≫)
1. 소괄호(( ))	14. 홑낫표(「 」)와 홑화살괄호(〈 〉)
2. 중괄호({ })	15. 줄표(—)
3. 대괄호([ ])	16. 붙임표(-)

한글 맞춤법 (1988, 문교부 고시 제 88-1호)	한글 맞춤법 (2017, 문화체육관광부 고시 제2017-12호)
V. 이음표[連結符] 1. 줄표(—) 2. 붙임표(-) 3. 물결표(~) VI. 드러냄표[顯在符] 1. 드러냄표(˚, ˙) VII. 안드러냄표[潛在符] 1. 숨김표(××, ○○) 2. 빠짐표(□) 3. 줄임표(……)	17. 물결표(~) 18. 드러냄표(˙)와 밑줄(_) 19. 숨김표(○, ×) 20. 빠짐표(□) 21. 줄임표(……)

개정된 문장 부호는 체제나 용어가 기존의 내용이 많이 달라졌지만 용례는 대부분 비슷합니다. 하지만 줄임표의 경우 많은 부분이 변화되었습니다. 초등학교 수업에서 다루는 문장 부호는 뒤에서 살펴보기로 하고 여기서는 가장 많은 변화를 가져온 줄임표만 간단히 살펴보겠습니다.

21. 줄임표(……)

(1) 할 말을 줄였을 때 쓴다.

㉠ "어디 나하고 한번……." 하고 민수가 나섰다.

(2) 말이 없음을 나타낼 때 쓴다.

㉠ "빨리 말해!"

"……."

(3) 문장이나 글의 일부를 생략할 때 쓴다.

㉠ '고유'라는 말은 문자 그대로 본디부터 있었다는 뜻은 아닙니다. …… 같은 역사적 환경에서 공동의 집단생활을 영위해 오는 동안 공동으로 발견된, 사물에 대한 공동의 사고방식을 우리는 한국의 고유 사상이라 부를 수 있다는 것입니다.

2국 04-03

(4) 머뭇거림을 보일 때 쓴다.

예 "우리는 모두…… 그러니까…… 예외 없이 눈물만…… 흘렸다."

[붙임 1] 점은 가운데에 찍는 대신 아래쪽에 찍을 수도 있다.

예 "어디 나하고 한번......" 하고 민수가 나섰다.

예 "실은...... 저 사람...... 우리 아저씨일지 몰라."

[붙임 2] 점은 여섯 점을 찍는 대신 세 점을 찍을 수도 있다.

예 "어디 나하고 한번…." 하고 민수가 나섰다.

예 "실은... 저 사람... 우리 아저씨일지 몰라."

[붙임 3] 줄임표는 앞말에 붙여 쓴다. 다만, (3)에서는 줄임표의 앞뒤를 띄어 쓴다.

문장 부호의 용례 중 가장 많이 바뀐 것이 줄임표라고 하였는데 이는 [붙임]을 통해 확인할 수 있습니다. 종전 규정의 줄임표는 가운데에 점 여섯 개를 찍어야 하는데, 바뀐 규정에 따르면 가운데 세 개를 찍거나 아래에 찍어도 됩니다. 이는 언어 사용자의 편의와 시대의 변화(컴퓨터 사용 등)를 반영하여 규정이 바뀐 것으로 볼 수 있습니다.

다 성취기준 내용 상세화

[2국04-03]의 성취기준을 상세화하면 학습자들이 달성해야 해야 하는 것은 크게 '문장 알맞게 쓰기', '문장 부호 알맞게 쓰기', '한글에 호기심 갖기'로 나눌 수 있습니다. 이와 관련된 내용을 하나씩 살펴보겠습니다.

문장 쓰기

성취기준과 성취기준 해설을 살펴보면 1~2학군에서 문장은 자신의 생각을 '문장'이라는 형식으로 적절하게 표현하는 것을 의미합니다. 이를 위해서 크게 두 가지를 학습해야 하는데 하나는 문장의 기본 형식이고 다른 하나는 문장의 종류입니다. 특히 문장의 종류는 성취기준 해설에서 '평서문, 의문문, 감탄문 등 다양한 종류의 문장'이라고 언급하고 있습니다. 따라서 문장 쓰기를 지도하기 위해서 문장 기본 형식과 문장의 종류를 이해해야 합니다.

문장의 형식을 알기 위해서는 한국어의 기본 문형을 이해하는 것이 필요합니다. 다만, 문장 관련 성취기준이 3~4학년군에서 기본적인 문장의 짜임([4국04-03] 기본적인 문장의 짜임을 이해하고 적절하게 사용한다.)을 다루고 있고, 5~6학년군에서 문장 성분과 호응 관계를 다루고 있기 때문에 1~2학년군에서는 문장의 짜임, 문장 성분을 직접적으로 다루기보다는 '문장을 완성하는(또는 끝맺는) 말(서술어)'를 중심으로 생각을 표현하는 것에 초점을 두어 지도해야 합니다. 즉, 동작을 나타내는 말(동사)과 성질이나 상태를 나타내는 말(형용사)을 사용하여 생각을 표현하게 합니다. 물론 이름을 나타내는 말(서술격 조사 포함)을 사용하기도 합니다. 이와 같은 방법을 정리하면 서울대학교 국어교육연구소(2022)처럼 국어의 문형을 다음의 세 가지로 제시할 수 있습니다.

> 무엇이 어찌한다.(동사 서술어)
> 무엇이 어떠하다.(형용사 서술어)
> 무엇이 무엇이다.(명사+서술격 조사 서술어)

이와 달리 국립국어원(2005)에서는 국어의 기본 문형을 다음과 같이 제시하였습니다.

제1유형: 주어+서술어
제2유형: 주어+보어+서술어
제3유형: 주어+부사어+서술어
제4유형: 주어+목적어+서술어
제5유형: 주어+목적어+부사어+서술어

두 자료의 차이를 살펴보면, 국어교육연구소(2002)의 문형은 서술어의 종류에 따라 문형이 달라지는 것에 중점을 두고 문형을 설정하였고, 국립국어원(2005)은 문장 성분을 중심으로 문장의 골격을 이해할 수 있게 문형을 설정한 것으로 볼 수 있습니다. 초등학생들에게 문장의 개념을 지도할 때는 용어를 드러내지 않기 위해서 국어교육연소(2022)의 방식을 많이 사용해 왔는데, 문장의 주술 관계나 호응 관계를 명확하게 지도하기 위해서 국립국어원(2005)의 방식도 활용할 필요가 있습니다.[50)]

문장의 종류는 문장의 종결 표현과 관련이 있습니다. 한국어는 문장의 종류가 종결 어미에 의해 표현되기 때문에 문장을 끝까지 살펴봐야 합니다. 또한 한국어의 종결 어미는 문장을 끝맺는 기능뿐만 아니라 화자의 의도를 표현하는 기능을 하기도 합니다. 예를 들어 의문문은 말하는 이가 듣는 이에게 질문을 하여 그에 대한 대답을 요구하는 문장인데 '-니, -까' 등의 종결 어미를 사용해야 이러한 의도를 정확하게 나타낼 수 있습니다. 우리말의 문장 종류는 [표 2-46]과 같습니다.

[표 2-46] 문장의 종류

문장의 종류	의미	종결 어미	예
평서문	말하는 이가 듣는 이에게 하고 싶은 말을 진술하는 문장	-다, -ㅂ니다, -습니다 등	철수가 간다.
감탄문	말하는 이가 듣는 이를 별로 의식하지 않고 자신의 느낌을 표현하는 문장	-는구나, -는구려 등	철수가 가는구나!
의문문	말하는 이가 듣는 이에게 질문을 하여 그에 대한 대답을 요구하는 문장	-느냐, -는가, -니, -ㄹ까 등	철수가 가느냐?
명령문	말하는 이가 듣는 이에게 어떤 행동을 하라고 요구하는 문장	-어라, -너라 등	철수야, 가거라.
청유문	말하는 이가 듣는 이에게 어떤 행동을 함께 하자고 요청하는 문장	-자, -세 등	철수가 가자.

문장 부호 쓰기

초등학교 1~2학년군에서 다루는 문장 부호는 성취기준 해설에서 범위를 확인할 수 있습니다. 성취기준 해설에서는 "… 다양한 종류의 문장 쓰기와 그에 따른 문장 부호 사용하기를 다루되 …"라고 하고 있어 자신의 생각을 다양한 종류의 문장을 표현하고 그 문장에 적절한 문장 부호를 학습하는 것으로 볼 수 있습니다. 즉, 문장을 종결할 때 사용하는 문장 부호를 지도해야 하는 것입니다. 따라서 마침표, 느낌표, 물음표 등이 이에 해당합니다. 이와 관련된 내용을 한글 맞춤법에서 간단히 살펴보면 다음과 같습니다.

1. 마침표(.)

(1) 서술, 명령, 청유 등을 나타내는 문장의 끝에 쓴다.

㉮ 젊은이는 나라의 기둥입니다. ㉮ 제 손을 꼭 잡으세요.

2국
04
-
03

2. 물음표(?)

(1) 의문문이나 의문을 나타내는 어구의 끝에 쓴다.

　㉮ 점심 먹었어?　㉮ 이번에 가시면 언제 돌아오세요?

3. 느낌표(!)

(1) 감탄문이나 감탄사의 끝에 쓴다.

　㉮ 이거 정말 큰일이 났구나!　㉮ 어머!

하지만 실제 초등학교 교과서 등을 보면 세 가지 문장 부호 외에 여러 문장 부호를 가르치기도 합니다. 이는 초등학생들이 읽는 교과서나 동화책, 그림책 등에서 문장 부호가 자주 등장하기 때문입니다. 즉, 학습자들의 학년성을 고려하여 문장 부호를 지도하고 있습니다. 그렇다고 하더라도 문장에 쓰이는 모든 문장 부호를 지도하는 것은 아니고 '쉼표, 따옴표' 등 자주 만나게 되는 문장 부호를 지도하는 것입니다. 이와 관련된 내용을 한글 맞춤법에서 간단히 살펴보겠습니다.

4. 쉼표(,)

(1) 같은 자격의 어구를 열거할 때 그 사이에 쓴다.

　㉮ 근면, 검소, 협동은 우리 겨레의 미덕이다.

8. 큰따옴표(" ")

(1) 글 가운데에서 직접 대화를 표시할 때 쓴다.

　㉮ "어머니, 제가 가겠어요." "아니다. 내가 다녀오마."

(2) 말이나 글을 직접 인용할 때 쓴다.

　㉮ 나는 "어, 광훈이 아니냐?" 하는 소리에 깜짝 놀랐다.

9. 작은따옴표(' ')

(1) 인용한 말 안에 있는 인용한 말을 나타낼 때 쓴다.

㉮ 그는 "여러분! '시작이 반이다.'라는 말 들어 보셨죠?"라고 말하며 강연을 시작했다.

(2) 마음속으로 한 말을 적을 때 쓴다.

㉮ 나는 '일이 다 틀렸나 보군.' 하고 생각하였다.

한글에 호기심 갖기

'한글에 호기심을 가진다'는 내용은 1~2학년군 문법 영역 성취기준 중 가치·태도 범주에 해당하는 내용입니다. 해당 내용을 이해하기 위해서는 성취기준 해설을 좀 더 살펴볼 필요가 있는데, 해설에는 "글자, 단어, 문장을 주의 깊게 관찰하고 탐구하는 자세를 기르기 위해 설정하였다."라는 말이 나옵니다. 즉, 문자 언어를 처음 배우는 초등학교 1~2학년 학생들에게 자신들이 사용한 문자(한글)에 대해 관심을 갖게 하기 위한 성취기준으로 볼 수 있습니다. 그런데 이를 위해서 '한글'을 개념적으로 다루는 것이 아니라 학습자들이 실제 사용하고 있는 '글자, 단어, 문장'을 관찰하고 탐구할 수 있게 하고 있습니다. 즉, 언어생활 속에서 사용하는 언어 단위를 학습자가 이해하고 이에 대해 관심을 갖게 함으로써 한글에 대한 호기심을 갖는 것으로 확대한다고 볼 수 있습니다.

글자, 단어, 문장은 언어를 표현하는 단위입니다. 이에 대한 내용은 [2국04-01]과 [2국04-02]에서도 한글 자모와 단어에 대해 다루고 있습니다. 글자, 문장 등의 내용을 포함하여 언어 단위에 대한 개념을 정리하면 [표 2-47]과 같습니다.

2국 04 - 03

[표 2-47] 언어 단위의 명칭과 뜻

언어 단위	뜻	예	비고
음소(소리)/ 자모(표기)	더 이상 작게 나눌 수 없는 음운론상의 최소 단위 / 문자 체계에 쓰이는 낱낱의 글자	ㄱ, ㄴ, ㅏ, ㅑ	낱자
음절(소리)/ 글자(표기)	말소리의 단위 / 자모를 결합하여 소리낼 수 있게 만들 것	가, 강, 국	모음은 그 자체로 음절이 됨
형태소	뜻을 가진 가장 작은 단위	작- / -다	문법적 의미도 해당함.
단어	홀로 쓰일 수 있는 가장 작은 단위	작다	
어절	띄어쓰기 단위	철수가 / 밥을	
구/절	두 개 이상의 어절이 결합된 단위(주술 관계에 따라 구분)	미리 보다 / 파란 하늘	
문장	생각을 나타내는 최소 단위		

내용 상세화와 국어 수업 연결 따라 가기

이와 관련된 내용은 앞부분을 참고하여 내용 상세화와 국어 수업 연결 따라 가기를 참고할 수 있습니다.

[2국04-03] 성취기준과 관련된 오개념 중재 방안 알아보기

이 성취기준과 관련된 오개념을 살펴보고자 합니다.

첫째, 문장은 반드시 서술어가 있어야 한다고 생각하는 경우가 있습니다. 일반적으로 한국어의 문장은 서술어가 있어야 하지만 맥락을 고려하여 서술어가 생략되는 경우도 있습니다. 서술어가 생략된 문장도 문장에 해당하기 때문에 문장을 지도할 때는 형식적인 측면뿐만 아니라 내용적인 측면을 강조하여 지도할 필요가 있습니다.

둘째, 문장 부호의 쓰임이 한정된다고 생각하는 경우가 있습니다.

예를 들어, 마침표는 문장을 마칠 때만 사용한다고 생각하는 것입니다. 하지만 마침표는 평서문, 명령문, 청유문의 끝에 쓰이는 것과 동시에 아라비아 숫자만으로 연월일을 나타낼 때, 특정한 의미가 있는 날을 나타낼 때, 장, 절, 항 등을 표시할 때 등 다양한 용법을 가지고 있습니다. 그러므로 문장 부호를 지도할 때 기본적인 용법을 먼저 알려 주고, 추후 학습자들이 읽는 글에서 이러한 용법으로 사용된 예에 대해 관심을 가지면 단계적으로 지도하는 것이 필요합니다.

셋째, 문장 부호의 이름을 잘못 알고 있는 경우가 있습니다. 최근에 한글 맞춤법이 개정되다보니 이전의 내용을 바탕으로 지도하는 경우 학생들이 오개념을 갖게 됩니다. 초등학교 1~2학년 학생들은 이전의 규정을 모르고 있으나 이를 지도하는 선생님이 오개념을 갖고 잘못 지도하는 경우에 발생하는 것입니다. 예를 들어 마침표, 쉼표 등이 예전에는 개별 부호를 포함하는 상위 개념으로 사용되었는데 현재는 개별 부호를 지시하는 용어로 수정되었으므로 이에 대해 명확하게 이해하고 지도해야 합니다.

5장 문학 영역

01. 문학 영역 성취기준 개관

2022 개정 국어과 교육과정 문학 영역 내용 체계에 대해 노은희 외(2022)의 내용을 중심으로 소개합니다. 문학 영역 내용 체계표를 보면 '핵심 아이디어'가 가장 상위에 위치하고 있으며 그 아래에 '지식·이해', '과정·기능', '태도' 범주가 자리하고 있습니다. '핵심 아이디어'는 2015 개정 국어과 교육과정의 '일반화된 지식'을 바탕으로 재구성한 것이라고 할 수 있습니다. 문학 영역의 핵심 아이디어는 문학 영역을 통해 학습자들이 일반화할 수 있는 내용을 핵심적으로 진술한 것으로 문학 영역 학습을 통해 학생들이 성취하기를 기대하는 결과이며, 내용 체계의 설계를 위한 핵심 조직자의 기능을 담당합니다.

문학 영역의 핵심 아이디어는 크게 네 가지 질문에 따라 도출합니다. '질문 ① 문학 영역의 학습을 통해 학습자는 궁극적으로 어떤 앎에 이르게 되는가?'로 도출된 첫 번째 핵심 아이디어는 인간의 삶을 언어로 형상화한 문학 작품을 매개로 이루어지는 소통 행위를 아우르는 포괄적 개념을 제시합니다. '질문 ② 문학 작품을 통한 소통을 원활히 수행하기 위해 학습자가 반드시 알고 고려해야 할 사항은 무엇인가?'로 도출된 두 번째 핵심 아이디어는 문학 작품을 매개로 이루어지는 소통에서 텍스트 변인이라 할 수 있는 문학 작품의 갈래적 특성, 콘텍스트 변인이라 할 수 있는 작가, 독자, 사회·문화, 문학사 맥락의 특성이 모두 작용한다는 점을 명확히 합니다. 그리고 이 두 번째 핵심 아이디어가 문학 영역 '지식·이해' 범주의 내용 요소를 선정하고 조직하는 기본 원리로 작용합니다. '질문 ③ 문학 영역의 학습 과정에서 학습자는 어떤 경험을 하게 되고 그 경험을 통해 어떤 능력을 가지게 되는가?'로부터 도출된 세 번째 핵심 아이디어는 문학 영역 학습에서 학습자가 작품을 읽고 쓰며 경험하는 활동의 양태를 해석, 감상, 비평, 창작 활동으로 구체화하여 제시하며, 이 활동 경험의 축적을 통해 문학 영역 학습의 핵심적인 목표이기도 한 '문학 수용·생산 능력'이 향상됨을 분명히 하고 있습니다. 이 세 번째 핵심 아이디어가 문학 영역의 '과정·기능' 범주의 내용 요소를 선정하고 조직하는 기본 원리로 작용합니다. '질문 ④ 문학을 통해 학습자는 어떠한 존재로 성장하는가?'로부터 도출된 네 번째 핵심 아이디어는 문학을 통해 학습자가 어떤 존재로 성장하게 되는지 보이고 있습니다. 다양한 문학 작품을 읽고 쓰며 작품을 매개로 소통하는 가운데 인간은 자아를 성찰하고 타자를 이해하며 공동체의 일원으로 성장한다는 점을 명확히 하고 있습니다. 이 네 번째 핵심 아이디어는 문학 영역의 '가치·태도' 범주의 내용 요소를 선정하고 조직하는 기본 원리로 작용합니다.

문학 영역 역시 '지식·이해', '과정·기능', '가치·태도'의 세 범주로 내용을 구성하고 있으며 각 범주에는 하위 범주를 설정하여 '문학' 영역의 특성에 맞게 내용을 체계화하고 있습니다. '지식·이해' 범주에는 문학 영역의 학습에 중핵을 이루고 원활하게 문학 소통을 수행하는 데 기본을 이루는 지식 가운데 '갈래'와 '맥락'에 관련된 내용을 선정, 조직하였습니다. '과정·기능' 범주는 문학 작품을 매개로 이루어지는 소통의 과정, 그 과정에 동원하여 활용하게 되는 개념이나 방법적 지식, 문학의 요소를 활용한 수용과 생산의 전략 등을 포괄하여 내용을 선정하고 조직하였습니다. '가치·태도' 범주는 학습자들이 문학 영역의 학습을 통해 가지게 될 '문학에 대한 태도'와 '문학 주체의 정체성 형성'에 관련된 내용들을 설정하였습니다.

문학 영역의 학년군별 내용 요소는 앞에서 살펴본 내용 체계의 범주 설정에 따라 중요하게 가르쳐야 할 내용 요소들을 우선적으로 선정하고, 하위 범주별 내용을 학년군별 수준에 맞게 배열하여 내용을 계열화하였습니다.

이와 같은 특성을 가진 문법 영역의 내용 체계표는 [표 2-48]과 같습니다.

[표 2-48] 2022 개정 국어과 교육과정의 문학 영역 내용 체계표

핵심 아이디어		• 문학은 인간의 삶을 언어로 형상화한 작품을 통해 즐거움과 깨달음을 얻고 타자와 소통하는 행위이다. • 문학 작품을 통한 소통은 작품의 갈래, 작가와 독자, 사회와 문화, 문학사의 영향 등을 고려하며 이루어진다. • 문학 수용·생산 능력은 문학의 해석, 감상, 비평, 창작 활동을 통해 향상된다. • 인간은 문학을 향유하면서 자아를 성찰하고 타자를 이해하며 공동체의 일원으로 성장한다.			
범주		내용 요소			
		초등학교			중학교
		1~2학년	3~4학년	5~6학년	1~3학년
지식·이해	갈래	• 시, 노래 • 이야기, 그림책	• 시 • 이야기 • 극	• 시 • 소설 • 극 • 수필	• 서정 • 서사 • 극 • 교술
	맥락		• 독자 맥락	• 작가 맥락 • 독자 맥락	• 작가 맥락 • 독자 맥락 • 사회·문화적 맥락
과정·기능	작품 읽기와 이해	• 낭송하기, 말놀이하기 • 말의 재미 느끼기	• 자신의 경험을 바탕으로 읽기 • 사실과 허구의 차이 이해하기	• 작가의 의도를 생각하며 읽기 • 갈래의 기본 특성 이해하기	• 사회·문화적 상황을 생각하며 읽기 • 연관된 작품들과의 관계 이해하기

해석과 감상	• 작품 속 인물 상상하기 • 작품 읽고 느낀 점 말하기	• 인물의 성격과 역할 파악하기 • 이야기의 흐름 생각하며 감상하기	• 인물, 사건, 배경 파악하기 • 비유적 표현에 유의하여 감상하기	• 근거를 바탕으로 작품 해석하기 • 갈등의 진행과 해결 과정 파악하기 • 보는 이, 말하는 이의 효과 파악하기 • 운율, 비유, 상징의 특성과 효과를 생각하며 감상하기
비평		• 마음에 드는 작품 소개하기	• 인상적인 부분을 중심으로 작품에 대해 의견 나누기	• 다양한 해석 비교·평가하기
창작	• 시, 노래, 이야기, 그림 등 다양한 형식으로 표현하기	• 감각적 표현 활용하여 표현하기	• 갈래 특성에 따라 표현하기	• 개성적 발상과 표현으로 형상화하기
가치·태도	• 문학에 대한 흥미	• 작품 감상의 즐거움	• 문학을 통한 자아 성찰 • 문학 소통의 즐거움	• 문학을 통한 타자 이해 • 문학을 통한 공동체 문제에의 참여 • 문학의 가치 내면화

초등학교 1~2학년군 문학 영역의 성취기준은 다음과 같습니다.

- [2국05-01] 말놀이, 낭송 등을 통해 말의 재미와 즐거움을 느낀다.
- [2국05-02] 작품을 듣거나 읽으면서 느끼거나 생각한 점을 말한다.
- [2국05-03] 작품 속 인물의 모습, 행동, 마음을 상상하며 시, 노래, 이야기, 그림 등으로 표현한다.
- [2국05-04] 시나 노래, 이야기에 흥미를 가진다.

02. 문학 영역 성취기준 내용 상세화

[2국05-01] 말놀이, 낭송 등을 통해 말의 재미와 즐거움을 느낀다.

가 성취기준 개요

이 성취기준이 담고 있는 내용의 핵심은 말의 재미와 즐거움입니다. 이를 위해서 1~2학년에서 말놀이와 낭송이라는 언어 활동을 제안하고 있습니다. 학생들이 말의 재미와 즐거움을 느낄 수 있는 언어 활동을 통해 언어적 감수성을 길러 문학을 즐겨 향유하도록 교육할 필요성을 강조하고 있습니다. 감수성은 "외부 세계의 자극을 받아들이고 느끼는 성질."을 의미합니다. 언어적 감수성을 가진다는 말은 평소에 자신이 사용하고 있는 익숙하고 습관적인 언어를 낯설게 하여 민감성을 가진다는 뜻입니다. 물론 언어적 감수성은 문학을 감상하거나 문학을 창작할 때도 필요하지만 일상에서도 필요합니다.

문학 영역의 내용 체계표에서 꼼꼼하게 살펴보기

[표 2-49]와 같이 2022 개정 국어과 교육과정의 문학 영역 내용 체계표에서 [2국05-01] 성취기준의 내용 요소를 자세히 살펴볼까요?

[표 2-49] 2022 개정 국어과 교육과정의 내용 체계표에서 살펴보기

범주		내용 요소		
		초등학교		
		1~2학년	3~4학년	5~6학년
과정·기능	작품 읽기와 이해	• 낭송하기, 말놀이하기 • 말의 재미 느끼기	• 자신의 경험을 바탕으로 읽기 • 사실과 허구의 차이 이해하기	• 작가의 의도를 생각하며 읽기 • 갈래의 기본 특성 이해하기
	해석과 감상	• 작품 속 인물 상상하기 • 작품 읽고 느낀 점 말하기	• 인물의 성격과 역할 파악하기 • 이야기의 흐름 생각하며 감상하기	• 인물, 사건, 배경 파악하기 • 비유적 표현에 유의하여 감상하기
	비평		• 마음에 드는 작품 소개하기	• 인상적인 부분을 중심으로 작품에 대해 의견 나누기
	창작	• 시, 노래, 이야기, 그림 등 다양한 형식으로 표현하기	• 감각적 표현 활용하여 표현하기	• 갈래 특성에 따라 표현하기

이 성취기준은 문학 영역 내용 체계에서 초등학교 1~2학년군 과정·기능 범주의 하위 범주인 '작품 읽기와 이해'에 속하는 '낭송하기, 말놀이하기', '말의 재미 느끼기' 항목과 관련이 있습니다. 이 성취기준은 3~4학년군의 "[4국05-04] 감각적 표현에 유의하여 작품을 감상하고, 감각적 표현을 활용하여 자신의 생각이나 감정을 표현한다."와 5~6학년군의 "[6국05-02] 비유적 표현의 효과에 유의하여 작품을 감상한다."로 이어집니다.

여기서 잠깐! 문학 영역, [2국05-01] 성취기준의 발자취는?

이 성취기준은 2007 개정 국어과 교육과정 1학년 듣기 영역에서 "[1-듣-(3) 말의 재미를 느끼면서 시, 노래를 듣는다.", 문학 영역에서 "[1-문학-(1)] 반복적으로 나타나는 말의 재미를 느낀다.", 2학년 말하기 영역에서 "[2-듣-(3)] 여러 가지 말놀이에 즐겨 참여한다.", 2학년 문학 영역에서 "[2-문학-(4)] 재미있는 말이나 반복되는 말을 넣어 글을 쓴다."로 제시하였습니다. 2009 개정 국어과 교육과정 1~2학년군 듣기·말하기 영역에서는 "(6) 여러 가지 말놀이에 즐겨 참여한다.", 문학 영역에서는 "(1) 동시를 낭송하거나 노래, 짧은 이야기를 들려준다.", "(2) 말의 재미를 느끼고 재미를 주는 요소를 활용하여 자신의 경험을 표현한다."로 제시하였습니다. 2015 개정 국어과 교육과정 1~2학년군 문학 영역에서는 "[2국 05-01] 느낌과 분위기를 살려 그림책, 시나 노래, 짧은 이야기를 들려주거나 듣는다.", "[2국 05-03] 여러 가지 말놀이를 통해 말의 재미를 느낀다."로 제시하였습니다. 위에서 제시한 교육과정의 성취기준과 연계하여 현재의 성취기준을 살펴볼 필요가 있습니다.

나 성취기준과 관련된 배경지식

성취기준 해설에서 단서 찾기

2022 개정 국어과 교육과정에서는 이 성취기준을 다음과 같이 해설하고 있습니다.

- **[2국05-01] 말놀이, 낭송 등을 통해 말의 재미와 즐거움을 느낀다.**

(2022 개정 국어과 교육과정 1~2학년군 문학 영역 성취기준)

이 성취기준은 흥미로운 말놀이와 분위기를 살린 낭송을 통해 언어 활동의 재미와 즐거움을 느끼며 언어적 감수성을 기르게 하기 위해 설정하였다. 일상에서 쉽게 접할 수 있는 작품은 물론 일상적 대화 등을 통해 언어의 놀이적 성격을 인지하도록 하고, 의성어와 의태어, 규칙적으로 반복되는 소리, 언어유희, 재치 있는 문답, 수수께끼, 끝말잇기 등에서 말놀이의 재미와 가치를 느끼게 한다. 또한 작품의 느낌과 분위기를 살려 낭송해 보면서 목소리 크기나 말의 속도, 어조 등을 달리함에 따라 다양한 느낌을 전달할 수 있음을 알고 문학을 즐겨 향유하도록 한다.

이 성취기준이 담고 있는 내용의 핵심은 '언어적 감수성'입니다. 가령 일상생활이나 시, 노래 등에서 학생들이 쉽게 마주할 수 있는 반복되는 말은 그 자체로 즐거움을 줄 수 있고, 학생들이 말에 흥미를 가질 수 있도록 합니다. 그리고 반복되는 말은 그 말을 반복하는 과정에서 쉽고 오래 기억할 수도 있습니다. 유행하는 노래나 유행어를 떠올려 보면 우리가 쉽게 흥얼거리는 가사나 떠올리는 유행어는 반복되는 말로 이루어진 경우가 많습니다. 학생들은 일상생활이나 문학 작품에서 쓰이는 운율이 사용된 말을 찾고 즐기는 활동을 할 필요가 있습니다. 그런데 여기서 운율(韻律)이란 주로 소리(음운)의 반복과 관련된 '운[rhyme]'과 음악의 박자 개념과 유사한 '율[meter]'의 합(合)으로 이해되는 엄밀한 학문적 개념이라기보다 1~2학년 학생들에게 어렵지 않게 주목할 수 있는 '규칙적으로 반복이 일어나는 말' 정도로 비교적 느슨하게 이해하는 것이 좋습니다.

이 성취기준에서 살펴볼 핵심어는 '말놀이', '낭송', '언어적 감수성'입니다.

성취기준에 포함된 핵심어, 차근차근 풀어 가기

이 성취기준이 담고 있는 핵심어는 '말놀이', '낭송', '언어적 감수성'으로 볼 수 있습니다. 이들 각각을 자세히 살펴보겠습니다.

먼저 '말놀이'를 살펴보고자 합니다. 성취기준 해설에서 말놀이의 예시로 '의성어와 의태어, 규칙적으로 반복되는 소리, 언어유희, 재치 있는 문답, 수수께끼, 끝말잇기 등'을 제안하고 있습니다. 의성어는 사람이나 사물의 소리를 흉내 낸 말로 '쌕쌕', '멍멍', '땡땡' 따위가 있습니다. 의태어는 사람이나 사물의 모양이나 움직임을 흉내 낸 말로 '아장아장', '엉금엉금', '번쩍번쩍' 따위가 있습니다. 의성어와 의태어의 예시에서 보는 것처럼 이들은 규칙적으로 반복되는 소리인 경우가 많습니다. 그렇지만 규칙적으로 반복되는 소리는 의성어와 의태어가 아니라도 단순히 같은 말을 반복하면서 말의 재미를 높이는 경우도 있습니다. 예를 들어 어떤 사람을 축하할 때, "많이 축하해."라고 할 수 있지만 "많이많이 축하 축하해."라고 하며 축하의 의미를 덧붙일 수 있습니다.

언어유희는 말이나 글자를 소재로 하는 놀이로, 말 잇기 놀이나 어려운 말 외우기, 새말 만들기 따위가 있습니다. 넓은 의미에서 재치 있는 문답, 수수께끼, 끝말잇기 따위도 모두 언어유희라고 할 수 있습니다. 예를 들어 '곰'을 아래위로 뒤집으면 '문'이 된다거나 '수고'를 많이 하면 '고수'가 된다는 것도 일종의 언어유희입니다. 이 밖에도 끝말잇기 놀이, 중간말 잇기 놀이, 초성으로 낱말 맞히기, 발음하기 어려운 말을 빨리 말하기, 새말 만들기 따위가 있습니다. 재치 있는 문답이나 수수께끼는 어떤 사물에 대하여 바로 말하지 아니하고 빗대어 말하여 알아맞히는 놀이의 일종입니다. 말이나 글자를 소재로 하는 놀이인 언어유희는 사물을 새롭게 바라볼 수 있는 관점을 제공하고 그 관점을 다양하게 표현할 수 있는 기회를 줍니다.

다음으로 '낭송'을 살펴보고자 합니다. 낭송은 보통 크게 소리를 내어 글을 읽거나 외는 것을 의미합니다. 교육과정에서는 대체로 시나 짧은 글을 소리 내어 읽을 때 낭송이라고 하고, 긴 글을 소리 내어 읽는 경우는 낭독이라고 합니다. 낭송은 작품의 느낌과 분위기를 살려 읽어야 하며, 작품의 느낌과 분위기에 따라 목소리 크기나 말의 속도, 어조 등을 달리하여 다양한 느낌을 표현할 수 있도록 합니다. 시의 경우, 시의 느낌과 분위기를 알기 위해서 시의 내용을 이해하고 화자의 목소리에 귀를 기울이는 활동이 필요합니다. 이렇게 작품의 느낌과 분위기를 살려 낭송을 하면서 독자는 작품에 대한 감상을 다른 독자와 공유할 수 있고 다른 작품을 감상할 때 도움을 받을 수 있습니다.

이 성취기준에서 말놀이와 낭송 등의 언어 활동을 하는 이유는 '언어적 감수성'을 기르기 위한 것입니다. 언어적 감수성은 언어를 익숙하고 습관적인 대상으로 여기지 않고 낯설게 하여 민감성을 가진다는 의미입니다. 비단 문학뿐만 아니라 일상생활에서 평소에 익숙하게 사용하거나 습관적으로 사용하는 언어라고 하더라도 자신의 생각이나 마음이 잘 반영되어 있는지를 민감하게 살펴볼 수 있어야 합니다. 예를 들어, '살색'의 경우 현재는 '살구색'으로 쓰고 있습니다. 피부의 색을 하나로 볼 수 없다는 생각을 하면서 언어를 바꾸는 사례로 언어적 감수성을 발휘한 사례입니다. 언어적 감수성을 기르기 위해서 말놀이와 낭송 따위의 언어 활동을 하면 언어에 대한 흥미를 일으키며 언어를 낯설게 하여 민감성을 가질 수 있는 기회를 제공합니다.

말놀이와 낭송 등의 언어 활동에 대한 자세한 활용은 '다 성취기준 내용 상세화'에서 설명합니다.

학생들이 '낭송하기, 말놀이하기, 말의 재미를 느끼기'를 왜 배워야 할까요?

낭송하기, 말놀이하기, 말의 재미를 느끼기가 왜 언어적 감수성과 연관이 있을까요?

문학 영역의 핵심 아이디어에서 "문학은 인간의 삶을 언어로 형상화한 작품을 통해 즐거움과 깨달음을 얻고 타자와 소통하는 행위이다."라고 밝히고 있습니다. 문학은 인간의 삶과 밀접한 관련을 가지고 있으며 특히 작품을 통해 즐거움과 깨달음을 얻고 타자와 소통하려는 행위가 문학이라고 할 수 있습니다. 낭송하기, 말놀이하기, 말의 재미를 느끼기 등의 언어 활동은 단순히 문학으로 한정할 것이 아니라 일상생활의 언어적 감수성과 연계될 수 있습니다.

먼저 낭송하기는 노래 부르기, 짧은 이야기 들려주기 등과 함께 문학을 즐겁게 소통한 경험을 학생들에게 제공합니다. 이러한 언어 활동은 문학을 즐겁게 소통하면서 문학에 대한 호기심과 관심을 불러일으킬 수 있으며, 특히 발상이나 표현이 짧고 재미있는 작품은 학생들이 문학 활동에 즐겁게 참여하는 기회를 제공합니다. 또한 자연스럽게 문학 형식을 익히고 표현 욕구를 충족함으로써 문학을 즐겨 향유하려는 태도 형성에도 도움이 됩니다.

말놀이하기를 통해 일상생활에서 학생들이 언어에 대한 관심을 높이고 언어의 놀이적 성격을 인지함으로써 어휘력, 추론력, 사회적 상호 작용 능력을 향상할 수 있습니다. 이러한 말놀이하기는 일상의 언어생활에서 언어적 감수성을 키울 수 있습니다. 가령, 학생들이 의성어와 의태어, 두운이나 각운, 율격이 두드러진 말, 언어유희, 재치 있는 문답, 수수께끼, 끝말잇기 등에서 재미를 느끼게 할 필요가 있습니다.

낭송하기, 말놀이하기를 통한 말의 재미 느끼기는 문학에서 언어적 감수성을 지녀서 문학을 풍부하게 감상할 수 있는 토대가 됩니다. 그리고 이러한 언어 활동을 통해 일상생활에서 언어적 감수성을 지니면 차별적 언어를 피할 수 있고 자신의 언어 습관을 되돌아볼 수 있는 기회를 제공합니다. 예를 들어, 우리가 일상생활에서 사용하는 언어 표현의 어원이나 전제를 들여다보면 비하·차별·혐오 등이 숨어 있는 경우가 있습니다. '땡깡(뗑깡)'은 일상에서 쉽게 접할 수 있으며 귀엽다는 느낌까지 듭니다. 그런데 땡깡은 뇌전증(옛 간질)을 뜻하는 일본어 '덴칸'에서 비롯한 말입니다. 뇌전증 환자 또는 장애인의 발작 증상을 아이가 떼 부리는 모습과 동일시한 셈입니다. 우리가 일상생활에서 무심결에 쓰는 표현이 누군가를 비하하거나 차별하는 표현이 아닌지 살피는 능력도 언어적 감수성에 해당합니다.

2국
05
01

다 성취기준 내용 상세화

문학에서 '재미'나 '즐거움'은 엄밀한 학문적 개념으로 접근하기보다 그 의미를 폭넓게 보고 유연하게 접근하는 것이 필요합니다. 특히 말놀이의 경우는 놀이 요소를 가지는 말을 통해 말의 재미와 즐거움을 느끼고 문학을 향유할 수 있도록 유도하는 언어 활동입니다. 문학 작품 이외에도 일상생활에서 언어 활동을 통해 말놀이의 규칙을 찾고 실제로 체험할 수 있는 기회를 제공하는 것이 중요합니다.

낭송 역시 시나 노래, 짧은 이야기 등을 소리 내어 읽는 경험을 통해 문학의 즐거움을 느낄 수 있도록 하려는 것입니다. 낭송을 할 때 작품의 내용이나 표현에서 오는 느낌과 분위기를 살려 소리 내어 읽는 것에 그치지 않고 작품의 수용 능력을 향상할 수 있어야 합니다. 시나 노래, 이야기 등 다양한 갈래의 작품을 두루 활용하여 목소리의 높낮이, 성량, 속도 등에 대한 감각을 기르도록 해야 합니다. 이는 운율과 정서 및 운율과 분위기가 조화로운 작품, 다양한 분위기를 엿볼 수 있는 작품을 통해 내용과 표현이 서로 연관된다는 점을 이해하도록 하는 데 중점을 둔 것입니다. 특히 낭송을 할 때 작품의 특정한 느낌과 분위기가 있더라도 낭송하는 과정에서 또 다른 느낌과 분위기를 표현할 수 있으므로 허용적 분위기가 필요합니다. 말놀이와 낭송하기 모두 단순히 그 활동으로만 머무는 것이 아니라 언어적 감수성을 기를 수 있도록 점검할 기회도 제공해야 합니다. 이와 관련된 내용은 [표 2-50]의 내용을 참고할 수 있습니다.

[표 2-50] 성취기준 내용

성취기준 내용	내용 세분화	관련 활동
말놀이	말놀이를 통해 말의 재미와 즐거움을 느낀다.	• 의성어와 의태어 • 규칙적으로 반복되는 소리 • 언어유희 • 재치 있는 문답 • 수수께끼 • 끝말잇기
낭송	낭송을 통해 말의 재미와 즐거움을 느낀다.	• 운율에 맞춰 표현하기 • 목소리의 높낮이, 성량, 속도 따위로 표현하기 • 느낌과 분위기를 살리기

내용 상세화와 국어 수업 연결 따라 가기

이 성취기준이 반영된 단원을 수업할 때 예시로 사용할 말놀이나 작품은 다음과 같습니다.

말놀이[51)]

첫째, 말을 배우는 어린아이를 위해 부모가 신체적 접촉이나 흉내 내기를 통해 말놀이를 합니다. 예로 어린아이가 보는 앞에서 "코코코." 하면서 손가락으로 코를 가리키다 "입."이라고 하면서 입을 가리킵니다. 아이는 이를 따라 합니다. 한 단계 발전하면 "코코코." 하다 "입."이라고 하면서 손가락으로 귀를 가리킵니다. 아이는 그대로 따라 하게 되고, 이내 잘못되었음을 알아차리고 웃게 됩니다. 아이들에게 언어를 익히도록 하면서 동시에 집중력을 키워 줄 수 있는 방식의 놀이입니다.

둘째, 끝말잇기는 일명 말꼬리따기라고도 하는데, 앞에서 말한 끝말을 뒤에 이어서 하는 것입니다. 말놀이는 일정한 가락을 붙여 노래로 부르기도 합니다. 일명 민요의 어희요[52)]에 해당합니다. 옛날 어른들은 혼자서 다음과 같이 끝말잇기를 하는데, "이 산에 꼬박꼬박 허는 건 뭐꼬(뭐냐) / 미우쟁이(삘기)여 / 미우쟁인 흰다 / 흰 건 할애비여 / 할애빈 등굽나(등이 휘어진다) / 등 굽은 건 쇠질매(소길마)여 / 쇠질맨 네 고망(구멍)난다.(이하 생략)"와 같이 문장으로 이어 갑니다. 근래 어린아이들은 "원숭이 엉덩이는 빨강 / 빨강은 사과 / 사과는 맛있다 / 맛있는 건 바나나 / 바나나는 길다.(이하 생략)"와 같이 달라진 시대상을 반영한 말들이 등장하는 말놀이를 합니다. 이처럼 혼자서 끝말을 이어 가는 방식이 있는가 하면 여러 사람이 차례를 정

2국 05 - 01

해 한 단어씩 끝말을 이어 가는 놀이도 있습니다. 이 경우 여러 사람이 차례를 정하고 한 단어를 말하면 그 단어의 끝말을 이어서 새로운 단어를 댑니다. 정해진 시간 내에 새로운 단어로 잇지 못하면 승부에서 지게 되고 벌칙을 받습니다. 이때 놀이의 재미를 위해 '화학 원소 기호는 제외하기', '항상 세 글자 단어를 대기' 등의 제약 조건을 두어 난도를 높이기도 합니다.

셋째, 숫자놀이는 1, 2, 3, 4 … 10까지 순서대로 말하면서 첫 글자를 숫자에 맞춰 말을 꾸며 가면서 노는 놀이로, 오늘날 삼행시와 같은 방식의 놀이라고 할 수 있습니다.

넷째, 스무고개는 문제를 내는 사람이 마음속에 정답을 정해 놓고 문제를 맞힐 사람이 질문을 하면 "네." 또는 "아니요."로 대답하여 주고, 문제를 맞힐 사람은 질문이 20개를 넘기기 전에 답을 맞혀야 하는 놀이입니다.

다섯째, 수수께끼 방식의 말놀이도 많이 행해졌습니다. "묵은 묵이라도 못 먹는 묵은 뭣고? / 굴묵(불 때는 아궁이), 바진 바지라도 못 입는 바진 뭣고? / 대바지(작은 물 긷는 용기)."와 같이 이어 갑니다.

여섯째, 동음이의어를 활용하는 언어유희 방식의 말놀이도 있습니다. 예로 "나 미치기 일보 직전이야. / 그럼 너 '파' 쳐."를 보면, '미치다'를 피아노 '미'를 치는 것으로 해석하고, 대답을 '파'를 치라고 하는 식입니다.

일곱째, 띄어쓰기 약속을 벗어난 해석으로 재미를 주는 놀이도 있습니다. "넌 예쁜 천사. / 난 재봉틀 살게."처럼 '천사'를 '천을 사라'는 뜻으로 해석하여 '재봉틀 살게'라고 답하는 방식으로 놀이가 진행됩니다.

[낭송을 위한 작품]

다람쥐[53)]

박목월

다람다람 다람쥐
알밤 줍는 다람쥐
보름보름 달밤에
알밤 줍는 다람쥐
알밤인가 하고
솔방울도 줍고
알밤인가 하고
조약돌도 줍고

바람이 불면[54)]

정유경

바람이 분다, 부 부
바람이 분다, 쉬 쉬
바람이 분다, 휭 휭
바람이 분다, 숭 숭
바람이 분다, 쟁 쟁
바람이 분다, 댕 댕
바람이 분다, 솨-아-아
바람이 분다, 차-아-아
바람이 분다, 덜커덩
바람이 분다, 펄러렁
바람이 불면, 훌 훌
세상은 살아 있는 악기가 된다.

2국 05 - 01

[2국05-01] 성취기준과 관련된 오개념 중재 방안 알아보기

이 성취기준과 관련된 오개념을 살펴보고자 합니다.

첫째, 학생들이 하는 말장난은 말놀이가 아닐까요? 말장난은 언어적 감수성을 기를 수 없을까요? 학생들이 일상에서 하는 말장난은 말놀이가 될 수 있습니다. 다만 상대방의 기분을 해치는 언어 활동까지 말놀이가 되는 것은 아닙니다. 말놀이는 소리나 어휘뿐만 아니라 문장, 재담을 이용한 말놀이까지 범위가 다양합니다. 그러므로 일상생활에서 학생들이 친구들과 주고받는 언어 활동은 모두 말놀이의 속성을 지니고 있습니다. 학생들이 말놀이를 통해 언어에 대한 관심을 가지고 어휘력, 추론력, 사회적 상호 작용 능력을 향상하고 언어적 감수성을 키울 수 있도록 유도하는 것이 중요합니다.

둘째, 학생들이 작품을 낭송할 때 선생님 혹은 전문가의 낭송에만 따라야 할까요? 다른 분위기로 읽으면 안 될까요? 저학년의 경우 문식성 발달 과정에 있기 때문에 기본적인 통사 구조의 파악 능력에 개인차가 있을 수 있으며, 시어의 뜻을 잘 파악하지 못하는 경우도 있습니다. 낭송을 할 때 선생님이나 전문가의 낭송을 먼저 들려주고 따라 읽게 하면 학생들이 시의 분위기나 정서를 표현하는 방법을 체험할 수 있습니다. 이는 선생님의 목소리를 통해 전달되는 소리의 크기와 높낮이, 장단, 어조 따위를 통해 시의 분위기와 정서를 이해할 수 있는 좋은 방법입니다. 다만 시의 전체적인 분위기나 정서는 개별적으로 다르기 때문에 학생들이 자신의 목소리에 귀를 기울이면서 낭송을 할 수 있도록 해야 합니다. 그러므로 선생님이나 전문가의 낭송을 따라 하면서 학생들이 스스로 자신의 목소리로 낭송할 수 있도록 해야 합니다.

셋째, 낭송을 할 때 몸짓으로 표현하면 안 될까요? 시를 낭송할 때 일부분을 몸짓으로 표현하며 낭송하면 시의 장면을 상상하는 데 도움을 줄 수 있습니다. 특히 동시의 경우에는 몸짓을 활용하여 표현할 수 있는 시적 상황, 의성어나 의태어를 사용한 시어가 종종 있습니다. 몸짓으로 표현하며 시를 낭송하면 다른 학생들에게 자신이 시에서 느낀 감정이나 정서를 효과적으로 표현할 수 있는 장점도 있습니다.

[2국05-02] 작품을 듣거나 읽으면서 느끼거나 생각한 점을 말한다.

가 성취기준 개요

이 성취기준이 담고 있는 내용의 핵심은 학습자들이 작품을 주체적으로 수용하는 능력을 기르는 것입니다. 이를 위해서 1~2학년에서 학습자의 발달과 정서적 측면을 고려하여 시, 노래, 이야기 등 다양한 갈래의 작품을 대상으로 느끼거나 생각한 점을 다른 학습자와 나누는 과정을 강조합니다. 이 과정을 통해 학습자들은 문학에 대한 흥미를 느낄 수 있고 자신의 감상을 이해할 수 있습니다. 이때 학습자는 다른 학습자의 감상을 존중하며 경청하는 자세를 지닐 필요가 있습니다.

문학 영역의 내용 체계표에서 꼼꼼하게 살펴보기

[표 2-51]과 같이 2022 개정 국어과 교육과정의 문학 영역 내용

체계표에서 [2국05-02] 성취기준의 내용 요소를 자세히 살펴볼까요?

[표 2-51] 2022 개정 국어과 교육과정의 내용 체계표에서 살펴보기

범주		내용 요소		
		초등학교		
		1~2학년	3~4학년	5~6학년
과정·기능	작품 읽기와 이해	• 낭송하기, 말놀이하기 • 말의 재미 느끼기	• 자신의 경험을 바탕으로 읽기 • 사실과 허구의 차이 이해하기	• 작가의 의도를 생각하며 읽기 • 갈래의 기본 특성 이해하기
	해석과 감상	• 작품 속 인물 상상하기 • 작품 읽고 느낀 점 말하기	• 인물의 성격과 역할 파악하기 • 이야기의 흐름 생각하며 감상하기	• 인물, 사건, 배경 파악하기 • 비유적 표현에 유의하여 감상하기
	비평		• 마음에 드는 작품 소개하기	• 인상적인 부분을 중심으로 작품에 대해 의견 나누기
	창작	• 시, 노래, 이야기, 그림 등 다양한 형식으로 표현하기	• 감각적 표현 활용하여 표현하기	• 갈래 특성에 따라 표현하기
가치·태도		• 문학에 대한 흥미	• 작품 감상의 즐거움	• 문학을 통한 자아 성찰 • 문학 소통의 즐거움

이 성취기준은 문학 영역 내용 체계에서 초등학교 1~2학년군 과정·기능 범주의 하위 범주인 '해석과 감상'에 속하는 '작품 읽고 느낀 점 말하기' 항목과 관련이 있습니다. 이 성취기준은 3~4학년군의 "[4국05-03] 작품을 듣거나 읽고 마음에 드는 작품을 소개한다."와 5~6학년군의 "[6국05-04] 인상적인 부분을 중심으로 작품에 대한 의견을 나눈다."로 이어집니다.

여기서 잠깐! 문학 영역, [2국05-02] 성취기준의 발자취는?

이 성취기준은 2007 개정 국어과 교육과정 1학년 문학 영역에서 “【1-문학-(2)】 문학 작품에서 재미있는 내용을 그림이나 말로 표현한다.”, “【1-문학-(3)】 그림 동화 속의 그림을 이야기와 관련지어 이해한다.”, 2학년 말하기 영역에서 “【2-듣-(3)】 여러 가지 말놀이에 즐겨 참여한다.”, 2학년 문학 영역에서 “【2-문학-(1)】 느낌을 살려 노래를 부르거나 시를 낭송한다.”로 제시하였습니다. 2009 개정 국어과 교육과정 1~2학년군 문학 영역에서는 “(3) 이야기의 시작, 중간, 끝을 파악하며 작품을 이해한다.”, “(5) 글이나 말을 그림, 동영상 등과 관련지으며 작품을 수용한다.”로 제시하였습니다. 2015 개정 국어과 교육과정 1~2학년군 문학 영역에서는 “[2국05-04] 자신의 생각이나 겪은 일을 시나 노래, 이야기 등으로 표현한다.”로 제시하였습니다. 위에서 제시한 교육과정의 성취기준과 연계하여 현재의 성취기준을 살펴볼 필요가 있습니다.

나 성취기준과 관련된 배경지식

성취기준 해설에서 단서 찾기

2022 개정 국어과 교육과정에서는 이 성취기준을 다음과 같이 해설하고 있습니다.

- **[2국05-02] 작품을 듣거나 읽으면서 느끼거나 생각한 점을 말한다.**
  (2022 개정 국어과 교육과정 1~2학년군 문학 영역 성취기준)

2국 05-02

이 성취기준은 학습자들이 작품에 대해 느끼거나 생각한 점을 다른 이들과 나누는 과정에서 문학에 대해 더욱 흥미를 느끼고, 주체적으로 작품을 수용하는 능력을 기르게 하기 위해 설정하였다.

학습자의 발달과 정서적 측면을 고려하여 시, 노래, 이야기 등 다양한 갈래의 작품을 제시하고, 학습자가 이들 작품을 대상으로 자신의 생각이나 느낌을 표현할 수 있도록 한다. 이 과정에서 학습자로 하여금 작품에 대한 다른 학습자들의 말을 경청하게 하고, 사람마다 작품을 다르게 받아들일 수 있다는 점을 이해하게 한다.

이 성취기준이 담고 있는 내용의 핵심은 '주체적으로 작품을 수용하는 능력'입니다. 학습자가 작품을 감상할 때 옳고 그름을 평가하기보다는 다른 학습자들과 감상을 나누는 과정에서 자신의 생각과 느낌을 스스로 점검할 수 있어야 하며 자신의 감상을 이해할 수 있어야 합니다. 같은 작품을 읽더라도 학습자들에 따라 생각과 느낌은 다를 수 있습니다. 그리고 작품에 대한 반응과 감상을 나누는 것은 매우 중요합니다. 이를 위하여 학습자의 발달과 정서적 측면을 고려하여 다양한 갈래의 작품을 감상하며 공감하거나 그렇지 않은 부분에 대해 자신의 생각을 다른 학습자와 공유할 기회를 가질 필요가 있습니다. 이를 통해 감상의 공감대를 이룰 수도 있고, 생각의 차이를 이해할 수도 있습니다. 이는 학습자가 주체적으로 작품을 수용하는 데 도움이 됩니다. 작품에 대한 반응과 감상을 공유하는 방법은 다양합니다. 예를 들어, 시, 노래, 이야기 등의 갈래를 감상한 후에 다양한 형식의 감상문이나 음악, 미술, 신체 등의 활동으로 표현하며 공유할 수 있습니다. 또는 생각이나 느낌을 주고받는 토의 등의 활동을 통해 반응이나 감상을 공유할 수도 있습니다. 이를 통해 학습자는 다른 학습자와 감상을 공유하는 즐거움을 누릴 수 있으며, 다른 사람의 반응과 감상을 존중하고 자신의 감상 능력을 신장할 수 있도록 생활화할 필요가 있습니다.

성취기준에 포함된 핵심어, 차근차근 풀어 가기

이 성취기준이 담고 있는 핵심어는 '감상의 공유', '경청', '주체적 작품 수용 능력'으로 볼 수 있습니다. 이들 각각을 자세히 살펴보겠습니다.

먼저 '감상의 공유'를 살펴보고자 합니다. '감상의 공유'는 '학습자들이 작품에 대해 느끼거나 생각한 점을 다른 이들과 나누는 과정'이라고 할 수 있습니다. 그리고 이 과정이 문학에 더욱 흥미를 느낄 수 있는 활동임을 알 필요가 있습니다. 작품을 감상할 때, 스스로 작품을 이해하고 해석하는 과정이 1차적인 감상의 과정입니다. 1차적인 감상의 과정은 작품에 대한 개인적인 이해와 흥미를 갖추는 것입니다. 그리고 2차적인 감상의 과정은 작품에 대한 개인적인 생각이나 느낌을 확장하는 것입니다. 2차적인 감상의 과정은 다른 사람과 자신의 생각이나 느낌을 나누는 활동을 통해 감상의 확장을 일으키는 것입니다. 즉 개인적인 감상의 즐거움에 더하여 다른 사람의 감상을 공유하며 감상의 확장을 느낄 필요가 있습니다. 이렇게 '감상의 공유'가 이루어질 때 '경청'이 필요합니다.

'경청'은 "귀를 기울여 들음."[55]이라는 의미를 지니고 있습니다. 학습자가 사람마다 작품을 다르게 받아들일 수 있다는 점을 이해하기 위해서는 가장 기본적으로 다른 사람의 말에 귀를 기울이는 것이 필요합니다. 이는 다른 사람을 존중한다는 의미이고 다른 사람의 의견을 받아들일 수 있다는 열린 태도입니다. 학습자가 감상한 작품을 다른 사람과 공유할 때 다른 학습자들의 말을 경청하며 자신의 감상을 확장할 수 있어야 합니다. 이는 학습자의 '주체적 작품 수용 능력'과 관련이 있습니다.

학습자가 작품을 듣거나 읽으면서 느끼거나 생각한 자신의 감상을 이해하는 과정, 그리고 이를 다른 이들과 공유하는 과정은 결국 학습자의 '주체적 작품 수용 능력'을 기르기 위한 것입니다. 문학 영역의 핵심 아이디어 중에 "인간은 문학을 향유하면서 자아를 성찰하고 타자를 이해하며 공동체의 일원으로 성장한다."가 제시되어 있습니다. 이때 학습자는 자아의 성찰과 타자의 이해를 위해 작품을 이해하는 과정에서 주체적으로 작품을 수용할 수 있는 능력이 필요합니다. 주체적으로 작품을 수용한다는 것은 단순히 자신의 감상을 고집하는 것이 아니라 다른 사람의 감상을 이해하고 공유하는 과정에서 자신의 감상을 확장하는 것을 의미합니다. 이를 통해 학습자는 문학을 향유할 수 있고 공동체의 일원으로 성장할 수 있는 계기를 마련할 것입니다. 감상의 공유, 경청 등과 관련한 언어 활동에 대한 자세한 내용은 '다 성취기준 내용 상세화'에서 설명합니다.

학생들이 '감상의 공유, 경청, 주체적 작품 수용 방법'을 왜 배우고 수용 능력을 키워야 할까요?

문학을 경험한다는 것은 기본적으로 개인적인 반응에서 시작합니다. 더 나아가 문학의 즐거움과 이해를 증가시키기 위해서는 다른 사람들과 대화를 나누는 일이 필요합니다. 페리 노들먼(2001)은 문학을 경험할 때 다른 사람들과 문학에 대한 대화를 나누는 것이 문학의 즐거움 중 하나임을 강조합니다.

텍스트의 색다른 즐거움도 결국 한 가지로 향한다. 다른 사람들과 대화를 나누는 일이 그것이다. 이야기나 그림에 반응하는 것은 서로 다른 개성과 경험을 전달하는 텍스트를 만나는 것이다. 우리가 어떤 텍스트를 경험하고 나서 다른 사람과 그 텍스트에 대해 이야기를 나누는 것은 다른 마음들을 만나는 것이다. 전에 알지 못했던 것들, 혹은 우리에게 낯익은 생각이나 경험을 최소한 낯설게 바꾸어 놓은 것들을 경험하기 위해 우리는 문학을 읽는다. 우리는 다른 사람들과 문학에 대한 대화를 나누기 위해 문학을 이야기한다. 좋은 이야기와 시, 그림들은 새로운 생각을 듣거나 새로운 경험을 나누거나 그것에 비견할 만한 새로운 텍스트를 접할 때마다 새로운 보상을 해 주기 때문이다. 바꿔 말하면, 문학의 즐거움은 대화의 즐거움이다. 독자와 텍스트 사이의 대화, 텍스트에 대한 독자와 다른 독자의 대화 말이다.[56]

페리 노들먼(2001)은 어른이나 아이 모두 문학을 읽는 이유를 즐거움에서 찾고 있습니다. 비록 많은 사람이 어린이는 무언가를 배우기 위해 독서를 해야 한다고 생각하기도 합니다. 그렇지만 어린이가 책을 읽는 이유 역시 어른들과 마찬가지로 "유익해서가 아니라 기본적으로 즐겁기 때문에 독서"(57쪽)를 한다는 것입니다. 물론 "가끔은 유익하기 때문에 독서를 할 때도 있지만, 그럴 때조차 독서가 우리를 생각하고 느끼게 만드는 방식에서 즐거움"(57쪽)을 찾아야 한다고 합니다. 이에 책을 읽으며 느낄 수 있는 문학의 즐거움 목록[57]을 몇 가지 제시하고 있습니다. 이러한 즐거움을 얻기 위해 무엇보다 중요한 것이 바로 '감상의 공유, 경청, 주체적 작품 수용'입니다.

우리는 개인적인 감상에서 얻은 즐거움을 다른 사람들과 공유하면서 즐거움을 확장할 수 있습니다. 1~2학년군에서는 특히 학생들에게 다른 사람들과 감상을 공유하는 과정, 즉 다른 사람들이 느낀 즐거움을 듣고 자신이 느낀 즐거움을 말하는 과정이 재미있고 새로움을 발견할 수 있는 '대화의 즐거움'임을 알도록 할 필요가 있습니다. 1~2학년군에서는 다른 사람들과 문학에 대한 감상을 공유하는 대화의 과정이 즐거운 활동임을 이해하며 문학에 흥미를 가지는 것이 중요합니다. 그 후에 텍스트와 독자의 대화, 텍스트와 텍스트를 연결하는 대화 등을 이어 가며 즐거움을 찾을 수 있습니다.

다 성취기준 내용 상세화

초등학교 저학년의 경우 문학 작품을 듣거나 읽고 난 후에 느끼거나 생각한 점을 말하도록 할 때 허용적인 분위기가 무엇보다 중요합니다. 물론 학생들이 느끼거나 생각한 점을 말할 때 그렇게 느끼거나 생각하게 된 근거를 제시하는 것은 중요합니다. 그렇지만 저학년의 경우에 그렇게 느끼거나 생각한 근거를 찾기 어려운 경우가 많습니다. 오히려 자신의 느낌이나 생각을 자유롭게 말하고 난 후에 작품을 함께 보면서 그 근거가 될 장면이나 사건, 인물의 행동 등을 찾을 필요가 있습니다.

학생들이 작품에 대한 자신의 느낌이나 생각을 찾는 것은 무엇보다 중요합니다. 그렇지만 자신뿐만 아니라 다른 친구들의 느낌이나 생각을 아는 것도 중요합니다. 이렇게 다른 친구들의 느낌이나 생각을 통해 자신의 느낌이나 생각의 변화 및 확장이 일어날 수 있는 기회가 생깁니다. 이때 친구들의 말에 귀를 기울여 듣는 자세를 갖추어야 합니다. 친구들이 표현하는 작품의 느낌이나 생각을 경청하고 자신의 느낌이나 생각과 비교하는 활동을 통해 주체적인 작품 수용 능력의 향상을 꾀할 수 있습니다. 이와 관련된 내용은 [표 2-52]를 참고할 수 있습니다.

[표 2-52] 성취기준 내용

성취기준 내용	내용 세분화	관련 활동
느끼거나 생각한 점	주체적 작품 수용 능력	• 감동적인 장면 찾기 • 자신의 생각 표현하기 • 장면 떠올리기 • 이어질 이야기 상상하기 • 흥미(관심) 가지기
말한다	경청, 작품의 공유	• 느낌이나 생각 나누기 • 낭송하기 • 즐거움 나누기 • 친구들과 이야기하기

내용 상세화와 국어 수업 연결 따라 가기

이 성취기준을 위해 국어 수업을 할 때 함께 생각해야 할 점을 살펴보고자 합니다. 이 성취기준은 학생들끼리 감상을 공유하고, 타인의 말을 경청하며 주체적 작품 수용이 이루어질 수 있어야 합니다. 그리고 학생들끼리 작품의 감상을 공유하는 과정이 문학에 대한 흥미와 즐거움을 느낄 수 있는 활동임을 아는 것이 중요합니다. 물론 이때 수업 과정에서 자유로운 분위기를 만들어 대화하는 것이 필요합니다. 자유로운 분위기에서 학생들은 자신의 감상을 충분히 말할 수 있고 타인의 감상을 잘 들을 수 있습니다.

수업에서 학생들은 자신의 감상을 찾고 다른 학생들의 반응을 경청하며 때로는 찬성하고 때로는 반대하며 자신의 감상을 발전할 수 있도록 배워야 합니다. 가령 교실에서 학생들은 모둠을 만들고 모둠

원이 쓴 감상문을 읽은 후에 각자 자신의 감상과 비교하여 유사점과 차이점을 찾고 토론하도록 할 필요가 있습니다. 이때 학생들은 자신의 의견에 도전을 받으면 상처를 받거나 자신의 의견을 쉽게 포기하는 경우도 있습니다. 이러한 경우에 학생들은 자신의 의견과 다른 의견이 자신에 대한 비난이나 공격이 아니라 새로운 생각을 이끌어 내는 자극임을 알아차릴 필요가 있습니다. 그리고 논리적으로 토론하는 과정에서 자신을 방어하고 표현하는 힘을 기를 수 있습니다.

수업 시간에 개별 학생들에게 어떤 반응이 일어나는지 주의를 기울이며 꾸준하게 관찰해야 합니다. 문학에 흥미를 가지고 즐길 수 있는 방법을 가르치려고 노력하는 것과 동시에 학생들이 스스로 자신의 감상을 뒷받침할 수 있는 특정한 장면이나 사건 등을 텍스트에서 찾아낼 수 있도록 유도합니다. 그리고 이미 읽었던 다른 텍스트에서도 자신의 감상을 뒷받침할 수 있는 비슷한 예를 가져올 수도 있음을 안내합니다. 이를 통해 학생들은 자신의 감상 과정뿐만 아니라 다른 학생들의 감상 과정도 알아차릴 수 있습니다. 학생들은 이런 과정을 경험하면서 자신의 감상과 다른 학생의 감상을 공유하는 과정에 즐거움을 느끼고 문학에 흥미를 가질 수 있습니다.

[2국05-02] 성취기준과 관련된 오개념 중재 방안 알아보기

이 성취기준과 관련된 오개념을 살펴보고자 합니다.

첫째, 작품을 듣거나 읽은 학생들의 느낌이나 생각은 모두 옳은 것일까요? 작품에 대한 감상을 표현할 때 허용적인 분위기라고 하여 흔히 학생들이 발표하는 느낌이나 생각을 모두 옳다고 하는 경향이 있습니다. 학생들의 느낌이나 생각을 자유롭게 표현하는 것은 중요하기 때문에 허용적인 분위기를 가지는 것은 필요합니다. 그렇다고 학생들의 느낌이나 표현이 모두 옳은 것은 아닙니다. 자신의 생각이 옳은 것이라고 한다면 다른 친구의 생각은 그른 것으로 여기며 자신의 생각을 강요할 우려가 있습니다. 오히려 자신의 느낌이나 생각이 있음을 이해하고 다른 친구들의 느낌이나 생각에 호기심을 가지도록 하는 것이 중요합니다. 그리고 자신의 느낌이나 생각이 작품에서 비롯된 이유를 선생님과 함께 찾아볼 필요가 있습니다.

둘째, 학생들에게 보여 주는 작품은 책으로 출간된 문학 작품만 가능할까요? 매체 자료인 애니메이션이나 웹툰 등은 안 될까요? 책의 형태를 지닌 문학 작품 이외에도 애니메이션, 웹툰 등 문학 장르의 다양한 변환을 보여 주는 것이 가능합니다. 오히려 다양한 매체를 쉽게 접하고 있는 학생들에게 문학의 형식이 다양화되고 있음을 이해시킬 수 있는 기회라고 생각합니다. 다만 애니메이션이나 웹툰 등에서 자료를 선정할 때 선생님은 그 작품의 제한 연령이나 실제 내용을 미리 살핀 후에 학생들과 함께 활동하면 좋겠습니다.

[2국05-03] 작품 속 인물의 모습, 행동, 마음을 상상하여 시, 노래, 이야기, 그림 등으로 표현한다.

가 성취기준 개요

이 성취기준은 학습자가 작품에 등장하는 인물에 흥미를 가지고 인물의 모습, 행동, 마음을 파악하며 인물에 공감하는 내용이 핵심입니다. 그리고 파악한 내용을 시, 노래, 이야기, 그림 등을 활용하여 구체적으로 표현하도록 합니다. 이때 문학적으로 표현하는 활동의 즐거움을 경험하도록 하고 표현 활동에 자신감을 갖도록 합니다. 특히 시, 노래, 이야기, 그림 등으로 표현할 때 각각의 요건에 맞춰 표현하도록 강요하지 않고 창의적으로 표현하도록 유도할 필요가 있습니다.

문학 영역의 내용 체계표에서 꼼꼼하게 살펴보기

[표 2-53]과 같이 2022 개정 국어과 교육과정의 문학 영역 내용 체계표에서 [2국05-03] 성취기준의 내용 요소를 자세히 살펴볼까요?

[표 2-53] 2022 개정 국어과 교육과정의 내용 체계표에서 살펴보기

범주		내용 요소		
		초등학교		
		1~2학년	3~4학년	5~6학년
과정·기능	작품 읽기와 이해	• 낭송하기, 말놀이하기 • 말의 재미 느끼기	• 자신의 경험을 바탕으로 읽기 • 사실과 허구의 차이 이해하기	• 작가의 의도를 생각하며 읽기 • 갈래의 기본 특성 이해하기
	해석과 감상	• 작품 속 인물 상상하기 • 작품 읽고 느낀 점 말하기	• 인물의 성격과 역할 파악하기 • 이야기의 흐름 생각하며 감상하기	• 인물, 사건, 배경 파악하기 • 비유적 표현에 유의하여 감상하기
	비평		• 마음에 드는 작품 소개하기	• 인상적인 부분을 중심으로 작품에 대해 의견 나누기
	창작	• 시, 노래, 이야기, 그림 등 다양한 형식으로 표현하기	• 감각적 표현 활용하여 표현하기	• 갈래 특성에 따라 표현하기
가치·태도		• 문학에 대한 흥미	• 작품 감상의 즐거움	• 문학을 통한 자아 성찰 • 문학 소통의 즐거움

이 성취기준은 문학 영역 내용 체계에서 초등학교 1~2학년군 과정·기능 범주의 하위 범주인 '해석과 감상'과 '창작'에 속하는 '작품 속 인물 상상하기' 항목, '시, 노래, 이야기, 그림 등 다양한 형식으로 표현하기' 항목과 관련이 있습니다. 이 성취기준은 3~4학년군의 "[4국05-01] 인물과 이야기의 흐름을 중심으로 작품을 감상한다.", "[4국05-04] 감각적 표현에 유의하여 작품을 감상하고, 감각적 표현을 활용하여 자신의 생각이나 감정을 표현한다."와 5~6학년군의 "[6국05-03] 소설이나 극을 읽고 인물, 사건, 배경을 파악한다.", "[6국05-05] 자신의 경험을 시, 소설, 극, 수필 등 적절한 갈래로 표현한다."로 이어집니다.

여기서 잠깐! 문학 영역, [2국05-03] 성취기준의 발자취는?

이 성취기준은 2007 개정 국어과 교육과정 1학년 듣기 영역에서 "【1-듣-(4)】 인물의 모습을 상상하면서 이야기를 듣는다.", 1학년 문학 영역에서 "【1-문학-(2)】 문학 작품에서 재미있는 내용을 그림이나 말로 표현한다.", 2학년 듣기 영역에서 "【2-듣-(4)】 인물의 말과 행동에 주의하면서 인형극을 본다.", 2학년 말하기 영역에서 "【2-말-(4)】 문학 작품에 나오는 인물의 말을 실감 나게 표현한다.", 2학년 문학 영역에서 "【2-문학-(2)】 문학 작품 속 인물의 모습과 행동을 상상한다."로 제시하였습니다. 2009 개정 국어과 교육과정 1~2학년군 문학 영역에서는 "(4) 작품 속 인물의 마음, 모습, 행동을 상상한다.", "(6) 일상생활에서 겪은 일을 동시나 노래, 이야기로 표현한다."로 제시하였습니다. 2015 개정 국어과 교육과정 1~2학년군 문학 영역에서는 "[2국05-02] 인물의 모습, 행동, 마음을

2국 05 - 03

상상하며 그림책, 시나 노래, 이야기를 감상한다.", "[2국05-04] 자신의 생각이나 겪은 일을 시나 노래, 이야기 등으로 표현한다."로 제시하였습니다. 위에서 제시한 교육과정의 성취기준과 연계하여 현재의 성취기준을 살펴볼 필요가 있습니다.

나 성취기준과 관련된 배경지식

성취기준 해설에서 단서 찾기

2022 개정 국어과 교육과정에서는 이 성취기준의 해설을 따로 제시하지는 않습니다. 그렇지만 2009 개정 국어과 교육과정에서 이 성취기준과 관련한 해설을 살펴볼 수 있습니다.

- **(4) 작품 속 인물의 마음, 모습, 행동을 상상한다.**(2009 개정 국어과 교육과정 1~2학년군 문학 영역 성취기준)

  작품에 등장하는 인물에 흥미를 가지고 그 특성을 파악하며 파악한 내용을 구체적으로 표현하도록 한다. 동시나 동화 등의 작품을 듣거나 읽고 '그 상황에서 작품 속 인물은 어떤 마음이었을까?', '작품 속 인물은 어떤 모습일까?', '그 상황에서 작품 속 인물의 행동은 어떠했을까?' 등 구체적인 질문을 통해 인물을 이해하고 그 인물에 공감할 수 있도록 유도한다. 역할놀이, 묘사하기, 그림 그리기 등 다양한 방법으로 자신이 상상한 인물의 특성을 창의적으로 표현하도록 한다.

- **(6) 일상생활에서 겪은 일을 동시나 노래, 이야기로 표현한다.**(2009 개정 국어과 교육과정 1~2학년군 문학 영역 성취기준)

  일상생활에서 겪은 일을 운율에 맞추거나 시간적인 흐름에 따라 표현하는 등의 간단한 활동을 함으로써 문학적으로 표현하는 활동의 즐거움을 경험하도록 하고 그러한 표현 활동에 자신감을 갖도록 한다. 동시나 노래, 이야기의 특성이나 요건에 맞춰 표현하도록 강요해서는 안 되며, 자신의 일상 경험을 이전에 배운 동시나 노래, 이야기를 흉내 내어 표현하는 것도 허용하도록 한다.

이 성취기준이 담고 있는 내용의 핵심은 '인물의 특성'과 '문학적 표현'입니다. 먼저 '인물의 특성'은 작품을 이해할 때 중요하게 작용합니다. 학습자가 작품에 등장하는 인물에 흥미를 가지고 인물의 모습, 행동, 마음 등을 통해 인물의 특성을 파악하면 인물을 이해하고 공감할 수 있습니다. 왜냐하면 서사 갈래나 극 갈래에서 인물의 모습, 행동, 마음을 상상하는 것은 문학 작품에서 표현하고자 하는 정서나 생각을 담고 있기 때문입니다. 즉 어떤 인물이 느끼는 정서나 행동, 마음 등을 통해 문학 작품의 정서나 생각을 구체적으로 나타내는 경우가 많습니다.

'문학적 표현'은 학습자가 자신이 읽은 느낌을 시, 노래, 이야기, 그림 등으로 표현하는 능력을 기르기 위함입니다. 학습자의 문학적 능력을 향상하기 위해 작품을 수용하고 수용한 내용을 다양한 방식으로 표현하며 즐거움을 느끼는 것이 필요합니다. 이를 통해 문학 작품에 대한 관심과 흥미를 느낄 수 있으며 학습자로 하여금 활동 자체에 즐거움을 느끼게 하여 자발적인 활동이 이루어질 수 있습니다. 그리고 학습자로 하여금 표현된 내용에 대해 다시 생각하게 함으로써 성찰의 기회를 가지게 할 수 있습니다. 이는 학습자가 표현 행위 자체의 기쁨을 느끼고 동시에 이를 반성적으로 사고할 수 있는 기회입니다.

성취기준에 포함된 핵심어, 차근차근 풀어 가기

이 성취기준이 담고 있는 핵심어는 '인물', '상상력'으로 설정할 수 있으며 각각을 자세히 살펴보겠습니다.

먼저 '인물'을 살펴보고자 합니다. 문학에서 이야기를 이끌어 가는 중심에는 인물이 있습니다. 인물은 문학의 세계에 등장하는 허구적 존재로 볼 수 있습니다.[58] 인물이 허구적 존재라는 뜻이 단순하게 거짓이나 현실과 아무런 관련이 없는 존재를 의미하는 것은 아닙니다. 오히려 인물은 우리가 사는 세계와 끊임없이 교류하며 현실 세계에 살아가는 인간 이상으로 진실하고 실재적인 모습을 드러내는 존재입니다. 즉 인물은 허구 세계에 존재하지만 현실을 살아가는 인간에 기초하여 창조되기 때문에 현실 세계의 인간과 마찬가지로 독립적으로 행동하고 생각하고 느끼며 다른 사람들과 관계를 맺기도 합니다. 그러므로 학습자는 인물의 모습이나 태도, 생각이나 감정, 말이나 행동, 다른 사람들과 맺는 관계, 사건을 대하는 형태 등을 살필 수 있어야 합니다. 이렇게 인물은 분명 서사의 기본 요소 중 하나이지만 학생들은 인물을 이해하기 위해 인물의 말과 행동, 마음, 인물의 행동에 영향을 미치는 사건과 흐름, 그리고 이를 둘러싼 배경까지 고려해야 합니다. 특히 학생들이 인물을 이해한다고 할 때, 인물에 한정하여 인물의 말과 행동, 마음을 살피는 것이 아니라 작품 전체의 구조와 주제를 활용하여 인물을 이해할 수 있어야 합니다.

'상상하기'는 문학 교육의 의의 가운데 하나인 문학적 상상력의 세

련과 관련하여 살펴볼 필요가 있습니다. 문학에서 상상력은 언어적인 상상력이라 할 수 있습니다. 언어적 상상력은 언어를 활용하여 이미지를 만드는 것입니다. 상상력의 종류와 기능에 대해 간단하게 제시하면 다음과 같습니다.

> 상상력이 이성과 정서 모두를 포함하는 종합적 정신 능력이고, 그것은 언어의 속성에서 비롯된다면, 언어의 용법에 따라 상상력의 종류를 추론해 볼 수 있다. 프라이(N. Frye: 1912~1991)는 언어의 용법을 세 가지로 나누어 분류하고 있다. 즉, 인간이 자기가 처한 세계에 대한 의식과 자각을 표현하는 자기표현(自己表現)의 언어가 하나이고, 세계에 대한 작용 혹은 역할을 하면서 작업을 수행하는 언어로서 실용적 감각의 언어가 다른 하나이며, 마음속의 비전 혹은 모델을 구축하는 언어인 문학적 언어가 마지막 하나이다. 이러한 언어의 용법이 종합적으로 작용하여 상상력을 형성하는데, 그는 상상력을 구성적 능력으로 파악한다. (중략)
>
> 상상력을 구성적 능력으로 규정하고 나면 그것이 어떻게 작용하는가에 따라 상상력의 종류를 구분해 볼 수 있게 된다. 우리는 언어를 통하여 다음과 같은 일을 한다. 첫째는 세계에 대한 인식이고, 인식을 통해 발견된 세계의 실상에 적응하기 위해서 세계와 조정 작용(調整作用)을 한다. 그리고 세계와의 상호 작용을 검토하면서 가능한 모델을 구축하는 지향적 단계에 이르게 되는데 이는 현실보다는 이상적 세계와 더 관련이 깊다. 언어와 상상력의 관계는 이처럼 복잡하게 얽혀 있다. 이러한 관계를 고려하여 상상력의 종류를 다음과 같이 구분해 볼 수 있다. ① 인식적 상상력[imagination of awareness]으로 세계에 대한 형식화 기능, ② 조응적 상상력[imagination of world ordering]으로

현실에 대한 비판 기능, ③ 초월적 상상력[imagination of world making]으로 가능한 모델 창조의 기능, 세계에 대한 비전을 마련하는 일, 즉 세계를 재구성하는 능력 등이 그것이다.[59)]

앞에서 제시하는 바와 같이, 상상력은 이성의 요소와 정서의 요소를 모두 포괄하는 구성적 능력으로 현실에 대한 인식뿐만 아니라 현실을 재조정하고 새로운 가능성까지 모색할 수 있는 힘이 있습니다. 물론 이 성취기준에서는 인물과 연관하여 인물의 모습이나 마음, 말이나 행동 등을 이해하고 인물에게 공감할 수 있도록 상상할 수 있어야 합니다. 이때 학생들이 언어로만 접근할 것이 아니라 표정이나 몸짓, 노래나 그림 등으로 자연스럽게 표현할 수 있도록 합니다.

인물, 상상력에 관련한 언어 활동에 대한 자세한 활용은 다음의 '다 성취기준 내용 상세화'에서 설명합니다.

학생들이 '문학에서 인물'을 왜 배워야 할까요?

문학에서 인물은 서정보다 서사에서 주로 주목하는 경향이 있습니다. 서사에서 인물은 사건이나 배경 따위를 포함하여 구성 요소로 삼고 있습니다. 서사의 구성 요소로 인물, 사건, 배경을 설정하고 작품에서 이들의 서로 밀접한 연관성을 파악하여 작품의 의미를 살피고자 합니다. 즉, 학생들이 작품을 이해하기 위해서 인물을 중심으로 사건과 배경을 파악합니다. 작품에서 인물은 사건을 일으키고 진행하는 행위자이며 동시에 자율성을 지닌 존재입니다. 그렇지만 인물은 사건이나 배경과 동떨어진 것이 아닙니다. 인물은 사건, 배경과 유기적으로 관련이 있으며 역동적이고 상호 보완적인 관계로 작용합니다.

학생들이 작품을 읽을 때 인물의 외모, 성격, 마음, 태도 등을 이해하기 위해 먼저 작품에 드러난 명시적인 정보를 찾을 수 있어야 합니다. 이는 인물의 말과 행동, 표정, 사건을 대하는 태도 등에서 살필 수 있습니다. 그렇지만 인물의 마음이나 가치관 등을 파악하기 위해 이러한 명시적인 정보로는 부족합니다. 학생들은 인물의 말과 행동, 태도 등과 연결된 사건과의 개연성을 살피고 서사적 의미를 추측할 필요가 있습니다.

문학에서 인물은 서사 전체의 전개 과정에서 핵심적인 역할을 합니다. 그리고 인물을 대하는 서술자의 태도 및 방식 등에서 작품이 반영하고 있는 사회적 현실이나 시대적 의미 등을 담을 수 있습니다. 이처럼 인물은 언어적 구조물에서 가상적 존재이면서 동시에 현실을 반영한 인물로 등장하여 학생들이 인물을 통해 인간에 대한 성찰을 키울 수 있는 존재의 역할을 합니다.

다 성취기준 내용 상세화

초등학교 저학년의 경우, 문학 작품에 인물을 마음이나 모습, 행동을 상상하고 이를 다양한 방식으로 표현할 때 자유롭게 상상하고 창의적으로 표현할 수 있도록 하는 것이 무엇보다 중요합니다. 작품에 등장하는 인물에 흥미를 가지고 인물의 마음, 모습, 행동을 상상할 때 언어적으로 표현하는 것은 어려울 수 있습니다. 먼저 작품을 듣거나 읽고 '그 상황에서 작품 속 인물은 어떤 마음이었을까?', '작품 속 인물은 어떤 모습일까?', '그 상황에서 작품 속 인물의 행동은 어떠했을까?' 등 구체적인 질문을 통해 인물을 이해할 필요가 있습니다. 그 후에 역할놀이, 묘사하기, 그림 그리기 등 다양한 방법으로 자신이

2국
05
-
03

상상한 인물의 특성을 창의적으로 표현하며 인물에게 공감할 수 있습니다. 그리고 학생들은 작품 속 인물에게 공감하며 시, 노래, 이야기, 그림 등으로 표현함으로써 문학적 활동의 즐거움을 경험할 수 있도록 해야 합니다. 이때 시나 노래, 이야기의 특성이나 요건에 맞춰 표현하도록 강요할 필요는 없고, 자신의 상상을 바탕으로 자유롭게 표현하는 것이 필요합니다. 물론 이때 이전에 배운 시나 노래, 이야기를 따라 표현하는 것도 좋습니다. 이와 관련된 내용은 [표 2-54]와 같습니다.

[표 2-54] 성취기준 내용

성취기준 내용	내용 세분화	관련 활동
작품 속 인물	인물의 모습, 행동, 마음	• 장면 떠올리기 • 인물의 모습과 행동 • 연극 보고 인물의 행동과 생각 알기 • 인형극 감상하고 인물의 마음 알기
표현한다	시, 노래, 이야기, 그림 등	• 인물의 마음을 생각하며 실감 나게 읽기 • 인물에게 자신의 생각 전하기 • 역할놀이하기 • 인형극하기 • 정지 동작으로 표현하기

[2국05-03] 성취기준과 관련된 오개념 중재 방안 알아보기

이 성취기준과 관련된 오개념을 살펴보고자 합니다.

첫째, 작품에서 인물의 마음, 모습, 행동을 명시적으로 파악하는 것이 가능할까요? 문학 작품은 언어적 구조물입니다. 그래서 문학 작품에서 인물의 마음, 모습, 행동 등은 언어로 표현합니다. 학생들은 인물의 마음이나 모습, 행동이 명시적으로 드러난 부분을 먼저 찾을 수 있어야 합니다. 그렇다고 하더라도 인물을 이해하기 위해 명시적인 부분에 머물러서는 안 됩니다. 오히려 이를 바탕으로 인물의 마음, 모습, 행동을 상상하여 인물의 생각이나 태도 등을 이해하는 것이 필요합니다.

둘째, 학생들이 시, 노래, 이야기, 그림 등을 표현할 때 시나 노래, 이야기의 특성이나 요건을 맞춰야 할까요? 혹시 기존 작품을 따라 표현해도 되나요? 학생들이 작품 속 인물의 모습이나 행동, 마음을 상상하여 시나 노래, 이야기, 그림 등으로 표현할 때 무엇보다 중요한 것은 자신감을 가지고 즐겁게 표현하는 경험을 갖도록 하는 것입니다. 특히 시나 노래, 이야기의 특성이나 요건에 맞춰 표현하는 것을 강요할 필요는 없습니다. 오히려 학생들이 자신이 좋아하는 시나 노래, 이야기를 따라 비슷한 형식이나 방법으로 표현하는 것을 허용할 필요가 있습니다. 이렇게 학생들이 기존의 시나 노래, 이야기, 그림 등을 따라 표현하면서 자신감을 가질 수 있고 형식적인 요건이나 특성을 자연스럽게 익힐 수 있습니다.

6장 매체 영역

01. 매체 영역 성취기준 개관

2022 개정 국어과 교육과정에서 '매체' 영역은 신설된 영역입니다. 기존 영역에 부분적으로 반영해 온 매체 관련 내용 요소를 수정·보완하여 구성되었습니다. 매체 영역은 디지털 매체를 기반으로 하여 새로운 의사소통 환경에서 중요하게 부각되고 있는 교육 내용 요소를 포함하고 있습니다. 매체 영역은 언어 사용의 실제성과 학습의 유기성을 고려하여 영역 간 연계성을 확보하여 교육 내용 요소를 구성하고 있습니다. 매체 영역의 '내용 체계'는 '지식·이해', '과정·기능', '가치·태도'의 세 범주로 구분하여 설정되어 있습니다. 매체 영역의 경우, '지식·이해'는 매체 소통 맥락과 매체 자료 유형, '과정·기능'은 의사소통의 과정과 전략, '가치·태도'는 흥미와 관심, 매체 소통 윤리, 매체 소통에 대한 성찰 등과 같은 정의적 요소를 중심으로 교육 내용 요소가 구성되어 있습니다.

2022 개정 국어과 교육과정의 매체 영역 내용 체계표는 [표 2-55]와 같습니다.

[표 2-55] 2022 개정 국어과 교육과정의 '매체 영역' 내용 체계표

핵심 아이디어	• 매체는 소통을 매개하는 도구, 기술, 환경으로 당대 사회의 소통 방식과 소통 문화에 영향을 미친다. • 매체 이용자는 매체 자료의 주체적인 수용과 생산을 통해 정체성을 형성하고 사회적 의미 구성 과정에 관여한다. • 매체 이용자는 매체 및 매체 소통의 영향력에 대한 이해와 자신과 타인의 권리를 지키기 위한 적극적인 노력을 통해 건강한 소통 공동체를 형성한다.

범주		내용 요소			
		초등학교			중학교
		1~2학년	3~4학년	5~6학년	1~3학년
지식·이해	매체 소통 맥락		• 상황 맥락	• 상황 맥락 • 사회·문화적 맥락	
지식·이해	매체 자료 유형	• 일상의 매체 자료	• 인터넷의 학습 자료	• 뉴스 및 각종 정보 매체 자료	• 대중 매체와 개인 인터넷 방송 • 광고·홍보물
과정·기능	접근과 선택	• 매체 자료 접근하기	• 인터넷 자료 탐색·선택하기	• 목적에 맞는 정보 검색하기	
과정·기능	해석과 평가		• 매체 자료 의미 파악하기	• 매체 자료의 신뢰성 평가하기	• 매체의 특성과 영향력 비교하기 • 매체 자료의 재현 방식 분석하기 • 매체 자료의 공정성 평가하기
과정·기능	제작과 공유	• 글과 그림으로 표현하기	• 발표 자료 만들기 • 매체 자료 활용·공유하기	• 복합양식 매체 자료 제작·공유하기	• 영상 매체 자료 제작·공유하기
과정·기능	점검과 조정		• 매체 소통의 목적 점검하기	• 매체 이용 양상 점검하기	• 상호 작용적 매체를 통한 소통 점검하기
가치·태도		• 매체 소통에 대한 흥미와 관심	• 매체 소통 윤리	• 매체 소통에 대한 성찰	• 매체 소통의 권리와 책임

2022 개정 국어과 교육과정에서는 디지털 기초 소양 함양을 강조하여 매체 영역이 신설되었습니다. 이는 디지털 리터러시 관련 내용을 적극적으로 도입하는 방향이라고 볼 수 있습니다. 이때 디지털 기초 소양은 '디지털 지식과 기술에 대한 이해와 윤리의식을 바탕으로, 정보를 수집·분석하고 비판적으로 이해·평가하여 새로운 정보와 지

식을 생산·활용하는 능력'을 의미한다고 볼 수 있습니다. 특히, 매체 영역의 신설은 국어 사용 능력을 함양하는 것이 국민의 기본적 차원에서 긴요한 것과 마찬가지로 디지털 리터러시나 미디어 리터러시 역시 국민의 기본권 차원에서 공교육 내에서 매체 교육을 체계적으로 교육할 필요가 있음을 명시한 것이라고 볼 수 있습니다(노은희 외, 2022: 91).

여기서 잠깐! 디지털 리터러시와 미디어 리터러시의 개념을 알아볼까요?

디지털 리터러시는 디지털 기술과 도구를 효과적으로 사용하고 이해하는 능력을 말합니다. 이는 단순한 기기 사용 능력을 뛰어넘어, 디지털 환경에서의 정보 검색, 평가, 생성, 공유, 그리고 디지털 시민으로서의 책임 있는 행동까지 포함합니다. 미디어 리터러시는 다양한 미디어 콘텐츠를 비판적으로 분석하고, 이해하며, 창의적으로 활용하는 능력을 의미합니다. 이는 텍스트, 이미지, 비디오, 오디오 등 다양한 형태의 미디어 메시지를 해석하고, 그 의미를 파악하며, 사회적·문화적 맥락에서 그 영향을 평가하는 능력을 의미합니다.

'매체' 영역은 신설된 영역으로서 타 영역과의 차별성과 통합성을 동시에 고려하여야 합니다. 특히, 디지털 매체를 기반으로 한 새로운 의사소통 환경에서 중요하게 부각되고 있는 영역입니다. 매체 영역은 의사소통의 요소를 교육 내용으로 추출하고 효과적인 교수·학습의 방법 및 평가 방안을 제안하는 데 중점을 두고자 하였습니다. 매체 영역의 내용 체계표에서는 '지식·이해', '과정·기능', '가치·태도'의 세 범주로 구분하여 설정하였습니다. 매체 영역의 경우, '지식·이해'는 의사소통의 맥락과 유형, '과정·기능'은 의사소통의 과정과 전략, '가치·태도'는 흥미, 효능감 등과 같은 정의적 요소를 중심으로 내용 요소를 구성하고자 하였습니다.

특히, 노은희 외(2022)의 「2022 개정 국어과 교육과정 시안 개발 연구」를 살펴보면 국어과 교육과정 안에서 '매체' 영역 개정의 중점을 더욱 깊이 이해할 수 있습니다.

우선, 매체 영역은 디지털 매체 기반 의사소통의 특성이 반영된 영역이라는 점입니다. 이는 매체 영역이 기존의 의사소통 방식과 비교할 때 디지털 매체 기반 의사소통의 복합적인 특성을 지니고 있음을 의미합니다. 디지털 매체 기반의 의사소통에 참여하고 있는 학습자들이 주체적으로 텍스트의 타당성을 평가해야 할 필요가 커진 시대적·사회적 요구를 반영하고 있기도 합니다. 또한 한번 공유된 텍스트는 쉽게 삭제하기 어렵다는 점에서 텍스트를 제작하거나 창조, 공유하는 과정에서 신중하고 책임감 있는 태도를 중요하게 생각하는 매체 소통 윤리의 강조 차원에서 본 영역이 신설되었음을 알 수 있습니다. 매체 영역은 교육과정에서 학습자들이 다양한 매체 환경의 의사소통의 특성을 이해하고 그 맥락에 맞는 의사소통 능력을 향상하는 데 초점을 두었다고 할 수 있습니다.

또한, 국어과 교육과정의 매체 영역은 '디지털 매체 이용자의 발달 특성과 효과적인 교육 방안에 대한 고려'를 반영하고 있습니다. 현재 초등학생들은 디지털 매체 환경에서 나고 자란 세대들로서 대체로 디지털 매체에 친숙하고 그들만의 독특한 디지털 매체 문화를 향유하고 있습니다. 그들은 디지털 매체를 감상하고 향유하는 주체자가 되어야 합니다. 이러한 측면에서 발생할 수 있는 다양한 의사소통 양상의 문제를 해결하고, 디지털 매체에 대한 지나친 의존 현상이나 바람직하지 못한 소통 현상에 대한 사회적 우려가 있다는 점을 고려하여 구성되었습니다. 학습자들이 자기 주도적인 성찰을 통해 다양한 문제를 스스로 개선할 수 있도록 방안을 탐색하고, 바람직한 소통 문화를 형성하는 데 참여할 수 있도록 유도하는 교육 내용을 마련하고자 하였다고도 볼 수 있습니다.

초등학교 1~2학년군 매체 영역의 성취기준은 다음과 같습니다.

> [2국06-01] 일상의 다양한 매체와 매체 자료에 흥미와 관심을 가진다.
> [2국06-02] 일상의 경험과 생각을 글과 그림으로 표현한다.

02. 매체 영역 성취기준 내용 상세화

> [2국06-01] 일상의 다양한 매체와 매체 자료에 흥미와 관심을 가진다.

가 성취기준 개요

이 성취기준은 학생들이 매체와 관련된 일상 경험을 주변 사람들과 나눔으로써 매체와 매체 자료에 대한 흥미와 관심을 가지고 매체의 가치와 필요성을 자연스럽게 인식하도록 하기 위해 설정하였습니다. 일상의 다양한 매체와 매체 자료? 과연 국어 수업 설계에 앞서, 그것이 무엇인지 막연하시다고요?

일상의 다양한 매체와 매체 자료는 무엇을 의미할까요? 우선, 2022 개정 국어과 교육과정에서 '매체'란 소통을 매개하는 도구, 기술, 환경으로, 책, 텔레비전, 스마트폰, 컴퓨터, 태블릿, 인터넷 등을 말합니다. '매체 자료'는 그림책, 만화, 뉴스, 광고, 웹툰, 애니메이션, 영화 등을 의미합니다. 이 성취기준에서는 학생들이 친숙한 매체와 매체 자료를 토대로 일상의 경험을 매체와 연결 지어 이야기하여 매체와 매체 자료의 개념과 쓰임을 이해하고, 다양한 매체와 매체 자료에 흥미와 관심을 지니도록 수업을 설계하는 것이 중요합니다. 그럼, 함께 이 성취기준을 깊이 있게 들여다보겠습니다.

매체 영역의 내용 체계표에서 꼼꼼하게 살펴보기

[표 2-56]과 같이 2022 개정 국어과 교육과정의 매체 영역 내용 체계표에서 [2국06-01] 성취기준의 내용 요소를 자세히 살펴볼까요?

[표 2-56] 2022 개정 국어과 교육과정의 내용 체계표에서 관련 내용 요소 살펴보기

범주		내용 요소
		초등학교
		1~2학년
지식·이해	매체 자료 유형	• 일상의 매체 자료
과정·기능	접근과 선택	• 매체 자료 접근하기
가치·태도		• 매체 소통에 대한 흥미와 관심

매체 영역의 초등학교 1~2학년군 내용 요소를 보면 이 성취기준은 지식·이해의 매체 자료 유형에서 '일상의 매체 자료', 과정·기능의 접근과 선택, 해석과 평가, 제작과 공유, 점검과 조정 범주 중, '접근과 선택'의 '매체 자료 접근하기', 가치·태도의 '매체 소통에 대한 흥미와 관심'과 관련된다는 것을 알 수 있습니다.

그렇다면 지금부터 이 성취기준의 핵심어 '일상의 매체 자료', '매체 자료 접근하기', '매체 소통에 대한 흥미와 관심'에 대해 더 깊이 있게 알아보겠습니다.

여기서 잠깐! 매체 영역, [2국06-01] 성취기준의 발자취는?

이 성취기준은 2009 개정 국어과 교육과정에서 내용 체계의 각 영역 실제의 '듣기·말하기와 매체', '읽기와 매체', '쓰기와 매체', 문법 영역의 실제인 '다양한 매체와 국어 자료', 문학 영역의 실제인 '다양한 매체와 문학'이라는 요소와 관련이 깊습니다. 2009 개정 국어과 교육과정에서 '매체' 영역은 존재하지 않지만, 각 영역 내용 체계의 실제에서 '매체'라는 용어를 제시하였습니다. 2015 개정 국어과 교육과정에서는 매체 영역이 제시되어 있지 않지만, 초등학교 1~2학년군 국어 자료의 예에서 '상상력이 돋보이는 그림책, 이야기, 만화나 애니메이션'을 제시하는 부분이 이 성취기준과 관련이 깊습니다. 2022 개정 국어과 교육과정에서 '매체 자료'는 그림책, 만화, 뉴스, 광고, 웹툰, 애니메이션, 영화 등을 의미한다고 앞서 말씀드렸습니다. 기억해 주세요.

나 성취기준과 관련된 배경지식

성취기준 해설에서 단서 찾기

- **[2국06-01] 일상의 다양한 매체와 매체 자료에 흥미와 관심을 가진다.**
  (2022 개정 국어과 교육과정 1~2학년군 매체 영역 성취기준)

이 성취기준은 매체와 관련된 일상 경험을 나눔으로써 매체와 매체 자료에 대한 흥미와 관심을 가지고 매체의 가치와 필요성을 자연스럽게 인식하도록 하기 위해 설정하였다. 매체란 소통을 매개하는 도구, 기술, 환경으로, 책, TV, 스마트폰, 컴퓨터, 태블릿, 인터넷 등이 이에 속하며, 매체 자료에는 그림책, 만화, 뉴스, 광고, 웹툰, 애니메이션, 영화 등이 있다. 이 성취기준에서는 학습자가 친숙한 매체와 매체 자료를 토대로 일상의 경험을 매체와 연결 지어 이야기하여 매체와 매체 자료의 개념과 쓰임을 이해하고 다양한 매체와 매체 자료에 흥미와 관심을 갖도록 한다.

이 성취기준이 담고 있는 내용의 핵심은 '매체와 관련된 일상 경험', '매체와 매체 자료', '흥미와 관심'입니다. 초등학교 1~2학년군 학생들이 자신의 일상생활 속에서 여러 가지 매체와 매체 자료에 흥미와 관심을 가지고, '매체의 가치와 필요성'을 자연스럽게 인식하고 생각하는 기회를 마련하는 것을 강조하고 있습니다. 본 성취기준을 통해서 2022 개정 국어과 교육과정에서 '매체'와 '매체 자료'가 무엇인지 그 이해를 정확하게 형성하고, 일상생활의 경험을 담은 매체의 짧은 글이나 그림책에 흥미와 관심을 가지고, 친숙한 매체와 매체 자료를 토대로 의사소통 능력을 형성하는 것을 중요하게 지도해야겠습니다.

성취기준에 포함된 핵심어, 차근차근 풀어 가기

이 성취기준이 담고 있는 핵심어는 '매체', '매체 자료', '흥미와 관심'으로 볼 수 있습니다. 먼저, 이들 각각에 대하여 자세히 살펴보겠습니다.

먼저 '매체'에 대해 살펴보겠습니다. 2022 개정 국어과 교육과정에서 '매체'는 소통을 매개하는 도구, 기술, 환경으로 정의하고 있습니다. 그 예로는 책, 텔레비전, 스마트폰, 컴퓨터, 태블릿, 인터넷 등을 말합니다.

여기서 잠깐! 매체? 미디어? 같은 말일까?

영어인 미디어(media)를 한자어로 번역한 것이 매체(媒體)입니다. 2007 개정 국어과 교육과정의 선택 과목인 「매체 언어」를 통해 어느 정도 제도화된 개념으로 미디어보다는 '매체'라는 용어를 국어과 교육과정 안에서 사용하고 있습니다.

매체란 '중간'을 뜻하는 영어 'medium'의 복수 형태로서, 소통을 하는 당사자들 중간에 위치해 메시지를 실어 나르는 도구 역할을 하는 것을 뜻합니다. 매체는 기록과 전달, 소통의 매개체입니다. 매체는 다양한 형태의 물을 담는 그릇에 비유해 볼 수 있습니다. 오렌지 주스를 마실 때 쓰는 컵과 와인을 담는 잔이 다른 것과 같이, 그릇은 사용 목적에 따라 모양이 달라집니다. 그릇의 모양이 달라지면 이에 담기는 물의 모양과 성격도 달라질 것입니다. 이처럼 의사소통의 목적에 따라 메시지나 텍스트가 어떤 매체에 담겨 있는가를 비판적으로 이해하고, 메시지를 생산할 때도 어떤 매체를 선택할 것인지 고려하는 것이 중요합니다.[60)]

'매체'는 본래 어떤 대상을 전달하는 도구로서 물리적인 특징을 지닌 대상을 의미합니다. 그러나 매체는 이 밖에도 인간이 지닌 생각, 감정, 지식과 같은 정보를 전달하고 공유하는 일종의 매개자로서의 역할을 담당하기도 합니다. 특히, 매체는 인간의 의사소통의 수단이 되는 음성 언어나 문자 언어, 인쇄 매체, 전자 매체 등을 모두 포함하는 용어로 설명할 수 있습니다. 2022 개정 국어과 교육과정에서 '매체'는 소통을 매개하는 도구, 기술, 환경으로 당대 사회의 소통 방식과 소통 문화에 영향을 미친다고 핵심 아이디어를 통해 제시하고 있습니다.

2022 개정 국어과 교육과정에서 제시하고 있는 '매체'는 2007년 2월에 개정·고시된 국어과 교육과정의 내용 체계에서 '듣기·말하기', '읽기', '쓰기'의 지식 범주에서 '매체 특성'을 고려하도록 하고 있다는 부분에서 처음 시작되었습니다. '매체'란 그 전달성뿐만 아니라, 파급의 확산성을 주요 개념 요소로 부가하여 인식할 수 있습니다. 매체를 일대 다수의 전파성을 가지는 신문, 책, 잡지 등의 인쇄 매체와 라디오나 텔레비전 등의 초장기 기계 매체를 포함하여 현대 사회의 다양한 스마트 기기를 포괄하는 '소통을 매개하는 도구'로 정의할 수 있습니다. 또한, 매체는 기술의 고도화에 따라 나타난 컴퓨터, 태블릿, 스마트폰 등의 도구뿐만 아니라, 이와 관련된 기술과 환경을 아우르는 개념이라고 볼 수 있습니다.

'매체 자료'는 그림책, 만화, 뉴스, 광고, 웹툰, 애니메이션, 영화 등을 의미합니다. 상상력이 돋보이는 그림책, 이야기, 만화나 애니메이션, 영화를 국어 수업에 활용하는 국어 자료로서의 '매체 자료'라고 할 수 있습니다. 예를 들어, 교사가 학생들이 일상의 다양한 매체와 매체 자료에 흥미와 관심을 가질 수 있도록 알맞은 매체 자료를 선택하고 활용하여 수업을 운영할 수 있습니다. 학생 스스로가 자신이 일상생활에서 흥미와 관심을 지니고 있는 매체 자료를 선택하여 서로 공유할 수도 있습니다.

'흥미와 관심'에서 '흥미'는 기본적으로 흥을 느끼는 재미, 어떠한 사물에 대해 느끼는 특별한 관심을 의미합니다. '관심'은 어떤 것에 마음이 끌려 신경을 쓰거나 주의를 기울이거나 그런 마음이나 주의를 말합니다.

'흥미'라는 용어는 일상에서 널리 사용되며, 그 의미역과 개념역이 넓다고 볼 수 있습니다. 흥미[interest]는 포괄적이며 다양한 개념으로 사용되며 동기 등의 개념과도 혼재되어 사용되는 문제가 있습니다. 흥미는 긍정적인 정서(즐거움)로 사용되기도 하며, 개인의 선호도나 태도, 가치와 같은 동기적인 신념으로 사용되기도 합니다. 호기심과 같은 기질적인 구인으로 다루어지기도 한다고 합니다. 흥미는 연구 관점[61]에 따라 다양하게 정의될 수 있으나, 인지적·정서적인 속성을 가진 개념으로 보는 관점에서 개인과 환경의 상호 작용을 통해 발생하는 동기적인 개념이라고 정의하기도 합니다.

'흥미'는 본래 '어떤 대상에 특별한 관심이나 주의를 하게 하는 감정', '어떤 활동에 이끌리게 되는 개인의 일반화된 행동 경향', '특정한 활동에로의 욕구', '인지적인 활동에 대한 좋아함과 의도적인 참여' 등으로 정의되고 있습니다. 예를 들어, 운동에 흥미를 갖고 있는 사람은 흥미에 대한 욕구가 존재하는 것입니다. 지금까지의 흥미에 대한 연구들은 흥미를 개인의 정서적 성향으로 보는 관점과 개인과 환경의 상호 작용에서 발생하는 것으로 보는 관점으로 나누어 생각해 볼 수 있습니다.

학생들이 느끼는 흥미 중, 먼저, 개인적 흥미[individual interest]는 특정 주제나 과제에 대해 개인이 가지는 비교적 지속적이고 안정적인 동기적 상태, 성향, 선호도 등을 의미합니다. 개인적 흥미는 개인의 지식이나 가치 및 후속 행동의 선택 및 지속성 등에 많은 영향을 줍니다. 특정 대상이나 활동에 개인적 흥미를 가지는 사람은 흥미의 대상이나 활동에 지속적으로 관여하고, 더 많은 주의 집중을 보이며 의도적인 노력이나 주의가 덜 필요하며 유쾌한 감정을 수반하는 경향[62]이 있다고 볼 수 있습니다. 즉, 매체와 매체 자료에 관한 '개인적 흥미'를 느끼면 의도적인 노력이나 주의가 덜 필요할 수 있습니다.

다음으로, 상황적 흥미[situational interest]는 어떤 조건이나 대상, 자극이나 환경의 특성에 의해 즉각적으로 발생하는 흥미로, 비교적 여러 사람에게 공통적으로 나타나는 경향이 있습니다. 상황적 흥미는 다른 사람의 대화를 듣거나 매체나 매체 자료를 경험할 때, 발생합니다. 상황적 흥미는 특정 자극이나 상황에서 유발된 것으로, 자극의 정보 처리 결과 발생한다고 볼 수 있습니다.[63] 그렇다면 매체 영역의 국어 수업을 설계할 때, 학생들의 개인적 흥미, 상황적 흥미를 어떻게 점검하여 수업을 준비하면 좋을까요?

'관심'은 학생들이 어떤 것에 마음이 끌려 주의를 기울이는 정서나 감정이라고 할 수 있습니다. 예를 들어 학생들과 일상생활의 '관심사', '운동이나 외모, 공부'에 대해 이야기를 나눈다고 하였을 때, 관심사는 어떤 주제나 제재에 마음이 끌려 기울이는 정서나 감정을 끄는 일이라고 할 수 있습니다. 매체와 관련된 일상 경험을 나눔으로써 매체와 매체 자료에 대한 흥미와 관심을 가지고 매체의 가치와 필요성을 자연스럽게 인식할 수 있도록 국어 수업을 이끌어 가는 것이 중요하다고 봅니다. 즉, 흥미와 관심을 제대로 가지도록 조력하는 교사의 역할은 매체 영역 수업에 있어 매우 중요한 부분입니다.

2국 06 - 01

다 성취기준 내용 상세화

내용 상세화와 국어 수업 연결 따라 가기

초등학교 1~2학년군 학생들이 일상의 다양한 매체와 매체 자료에 흥미와 관심을 가지도록 하려면 어떻게 해야 할까요?

매체와 매체 자료에 관한 학생들의 개인적 흥미는 시간이 지남에 따라 천천히 발달하여 개인의 지식과 가치 같은 인지적 영역에 지속적으로 영향을 미치는 경향이 있습니다. 매체와 매체 자료에 관한 학생들의 개인적 흥미는 독특한 개인 정체성에 기반하며 개인적 성향이라고도 할 수 있습니다. 이는 학생들의 개인차, 교사의 시간과 노력이 필요하므로 매체 영역의 교육에서 일반적으로 적용하기 어려운 한계점도 발생합니다.

매체와 매체 자료에 대한 특정 상황이나 과제에 참여하는 동안 학생들이 겪게 되는 흥미는 '개인적 흥미'뿐만 아니라, '상황적 흥미'라고 할 수 있습니다. 특히, 상황적 흥미는 교사가 제시하는 매체 자료에서 가장 쉽게 발견할 수 있는 흥미라고 할 수 있습니다. 매체 영역에서 학생들의 흥미와 관심은 매체와 매체 자료에 대한 상황적 흥미와 개인적 흥미의 이분법적 현상이 아니며 교사와 학생, 학생과 학생이 매체 및 매체 자료들의 상호 작용으로 인해 상황적 흥미를 느끼고, 이는 개인적 흥미로 발전할 수 있습니다.

학습자가 친숙한 매체와 매체 자료를 토대로 일상의 경험을 매체와 연결 지어 이야기하고, 매체와 매체 자료의 개념과 쓰임을 이해하여 다양한 매체와 매체 자료에 흥미와 관심을 갖도록 하기 위해서는 교사가 국어 수업에서 '상황적 흥미'를 유발할 필요가 있습니다. 상황적 흥미는 주변의 지원이나 대상에 대한 지속적 참여, 학습자의 인

내심 등이 따라 주지 않을 경우 휴면 상태에 머물거나, 이전 단계로 회귀 또는 완전히 사라질 수도 있다는 특징을 지니고 있기도 합니다. '개인적 흥미'가 어떻게 지속적으로 발달하게 되는지 다음 [그림 2-10]을 참고하시기 바랍니다.(하유경 외 2021: 6. 인용)

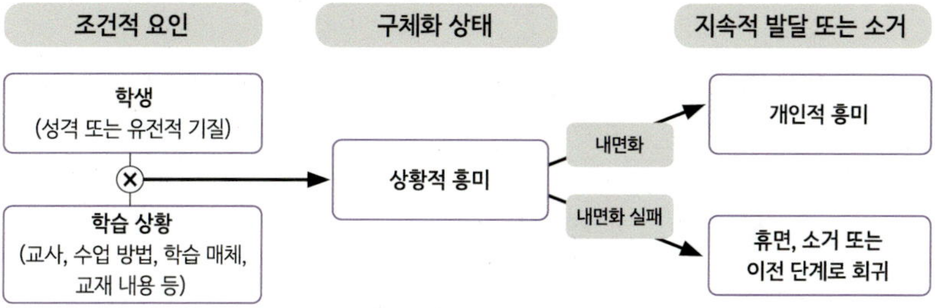

[그림 2-10] 매체와 매체 자료에 대한 상황적 흥미 발생과 내면화 성공 과정

매체와 매체 자료에 대한 서로의 경험과 관심을 공유하며 상황적 흥미를 느끼고, 이를 통해 학생들이 특정한 주제나 분야 등에 깊은 흥미가 없더라도 상황적 요소를 활용하여 매체 영역의 국어 수업에 접목할 수 있습니다.

다른 한편으로, 매체의 발명으로 인해 일상생활에서 우리의 삶은 어떻게 변화하고 더 편리한 생활을 하게 되었는지 학생들에게 생각해 보도록 하며 매체와 매체 자료에 흥미와 관심을 유발할 수도 있습니다. 앞서, 성취기준 해설에 나타난 학습자가 친숙한 매체와 매체 자료를 토대로 일상의 경험을 매체와 연결 지어 이야기하여 매체와 매체 자료의 개념과 쓰임을 이해하고 다양한 매체와 매체 자료에 흥미와 관심을 갖도록 하는 것이 중요한 것입니다.

다음 [그림 2-11]과 같은 활동지(한국언론진흥재단, 2022.)를 참고하여 매체 영역의 국어 수업을 접근해 볼 수도 있습니다.

[그림 2-11] [2국06-01]이 반영된 국어 수업 활동지의 예시[64)]

[2국06-01] 성취기준과 관련된 오개념 중재 방안 알아보기

이 성취기준과 관련된 오개념을 살펴보고자 합니다.

첫째, 본 성취기준에서 학생들의 '해석과 평가'도 중요하다는 접근은 오개념입니다. 본 성취기준은 '과정·기능' 범주의 '접근과 선택'과 관련이 깊습니다. 이 성취기준은 '해석과 평가'와 관련이 없는 성취기준이라는 점입니다. 이런 오개념을 중재하는 방안은 매체와 관련된 일상 경험을 나눔으로써 매체와 매체 자료에 대한 흥미와 관심을 학생 스스로가 강요가 아닌, 자연스럽게 '매체와 매체 자료'에 접근하도록 지도하는 것이 중요합니다. 앞서, 매체란 소통을 매개하는 도구, 기술, 환경으로, 책, 텔레비전, 스마트폰, 컴퓨터, 태블릿, 인터넷 등이 이에 속하며, 매체 자료에는 그림책, 만화, 뉴스, 광고, 웹툰, 애니메이션, 영화 등이 있다고 하였습니다. 학생들이 자신의 흥미와 관심을 고려하여 자연스럽게 다양한 매체와 매체 자료에 접근하고, 탐색하는 경험으로의 국어 수업을 지향합니다. 즉, '올바른 매체와 매체 자료의 선택'에 중요성의 초점을 두기보다는 자신의 관심사와 흥미에 적합한 매체에 자연스럽게 접근하게 하고, 알맞은 매체를 선택하는 능력을 길러 줄 수 있도록 접근하는 것이 필요합니다. 또한, 매체와 매체 자료를 통해 의미를 구성하는 읽기와 쓰기의 문식 활동보다는 일상의 경험을 매체와 연결 지어 이야기하여 매체와 매체 자료의 개념과 쓰임을 이해하고 다양한 매체와 매체 자료에 흥미와 관심을 지니도록 해야 합니다. 이때, '매체와 매체 자료의 개념과 쓰임'을 강조하기보다는 다양한 매체나 매체 자료의 제시 상황 속에서 상황적 흥미를 유발하여 자연스럽게 관심을 지닐 수 있도록 유도해야 합니다.

둘째, 매체와 매체 자료의 개념이나 매체의 지식적인 차원으로의 지도 접근은 오개념일 수 있습니다. 예를 들어 보겠습니다. 학생들이 매체와 매체 자료가 무엇인지 구분하거나 정의 내리는 매체 지식 중심의 국어 수업은 지양해야 합니다. 자신의 일상 경험에서 떠올릴 수 있는 매체와 매체 자료를 생각해 보고, 친구들과 이와 관련된 경험을 나누면서 자연스럽게 매체가 무엇인지, 우리 주변의 매체 자료에는 무엇이 있는지 접근할 수 있도록 지도해야 합니다. 이를 위해 초등학교 1~2학년군의 발달 수준에 적합한 매체와 매체 자료를 선택하고 구별하여 수업하는 것이 중요할 것입니다. 학교 누리집이나 공공 기

2국
06
-
01

관의 인터넷 소통망, 상상력이 돋보이는 만화나 애니메이션, 인쇄 매체 또는 영상 매체의 그림책 등 다양한 매체 자료를 통해 학생들이 일상의 경험을 매체와 연결 지어 이야기할 수 있도록 매체 영역의 국어 수업의 역동성을 강화하는 활동을 모색하는 것이 중요하다고 봅니다.

[2국06-02] 일상의 경험과 생각을 글과 그림으로 표현한다.

가 성취기준 개요

이 성취기준은 글과 그림으로 자신의 생각과 느낌을 표현하는 즐거움을 경험하도록 하기 위해 설정하였습니다. 글, 그림(또는 사진, 이모티콘 등)을 활용하여 자신, 친구, 가족, 학교, 교실 등 친숙한 주제에 대해 표현하거나 그림일기를 작성해 보는 활동을 통해 자신의 경험과 생각을 다양한 방식으로 표현해 보는 데 중점을 두고 있습니다.

학생들이 일상의 경험과 생각을 글과 그림으로 잘 표현하려면 어떻게 해야 할까요? 자신의 생활 속에서 겪은 일을 잘 떠올리고 경험과 생각을 정련하여 글과 그림으로 표현하려는 지식, 기능, 태도 등을 가져야 할 것입니다.

그럼, 함께 이 성취기준을 깊이 있게 들여다보겠습니다.

매체 영역의 내용 체계표에서 꼼꼼하게 살펴보기

[표 2-57]과 같이 2022 개정 국어과 교육과정의 매체 영역 내용 체계표에서 [2국06-02] 성취기준의 내용 요소를 자세히 살펴볼까요?

[표 2-57] 2022 개정 국어과 교육과정의 내용 체계표에서 관련 내용 요소 살펴보기

범주		내용 요소
		초등학교
		1~2학년
지식·이해	매체 자료 유형	• 일상의 매체 자료
과정·기능	접근과 선택	• 매체 자료 접근하기
	제작과 공유	• 글과 그림으로 표현하기
가치·태도		• 매체 소통에 대한 흥미와 관심

매체 영역의 초등학교 1~2학년군 내용 요소를 보면 이 성취기준은 지식·이해의 매체 자료 유형에서 '일상의 매체 자료', 과정·기능의 접근과 선택, 해석과 평가, 제작과 공유, 점검과 조정 범주 중, '제작과 공유'의 '글과 그림으로 표현하기'와 관련이 깊다는 것을 알 수 있습니다.

그럼, 지금부터 이 성취기준의 핵심어 '경험', '생각', '글과 그림', '표현'에 대해 더 깊이 있게 알아보겠습니다.

여기서 잠깐! 매체 영역, [2국06-02] 성취기준의 발자취는?

이 성취기준은 2015 개정 국어과 교육과정에서는 쓰기 영역의 성취기준과 관련이 깊습니다.

2015 개정 국어과 교육과정 1~2학년군 쓰기 영역에 "[2국03-04] 인상 깊었던 일이나 겪은 일에 대한 생각이나 느낌을 쓴다."가 나타나 있습니다. 이 성취기준은 인상 깊었던 일이나 겪은 일을 쓸 때는 한 편의 글이 갖추어야 하는 형식적인 측면을 지나치게 강조하

지 말고 자신의 생각을 자유롭게 표현하도록 하는 데 중점을 둔다고 하였습니다. 또한, 1~2학년군 문학 영역의 성취기준 “[2국05-04] 자신의 생각이나 겪은 일을 시나 노래, 이야기 등으로 표현한다.”라는 부분에서 일상생활의 다양한 경험을 문학적으로 표현함으로써 그 즐거움을 맛보고 문학 활동에 자신감을 가지고 시나 노래, 이야기의 특성이나 요건에 얽매이지 않고 자유롭게 표현하도록 하며, 이전에 배운 다른 작품을 모방하여 표현하는 것을 허용하며 문학이 경험의 언어적 표현이라는 점을 익히도록 하는 데 중점을 두고 있습니다. 2022 개정 국어과 교육과정에서 매체 영역이 신설되면서, 기존의 2015 개정 국어과 교육과정의 쓰기, 문학 영역에서 설정하였던 표현 영역의 교육 내용 요소가 반영된 성취기준이라고 볼 수 있습니다.

나 성취기준과 관련된 배경지식

성취기준 해설에서 단서 찾기

- **[2국06-02] 일상의 경험과 생각을 글과 그림으로 표현한다.**(2022 개정 국어과 교육과정 1~2학년군 매체 영역 성취기준)

  이 성취기준은 글과 그림으로 자신의 생각과 느낌을 표현하는 즐거움을 경험하도록 하기 위해 설정하였다. 글, 그림(또는 사진, 이모티콘 등)을 활용하여 자신, 친구, 가족, 학교, 교실 등 친숙한 주제에 대해 표현하거나 그림일기를 작성해 보는 활동을 통해 자신의 경험과 생각을 다양한 방식으로 표현해 보는 데 중점을 둔다.

이 성취기준이 담고 있는 내용의 핵심은 '경험과 생각', '글과 그림', '표현'입니다. 초등학교 1~2학년군 학생들이 자신의 일상생활 속에서 일상의 경험과 생각을 글과 그림으로 표현하며 즐거움을 경험하도록 지향하고 있습니다. 그렇다면, 친숙한 주제에 대해 표현하거나 그림일기를 작성하는 활동, 즉, 자신의 경험과 생각을 다양한 방식으로 표현해 보는 것은 무엇을 의미할까요? 다음 핵심어에서 풀어가 보겠습니다.

성취기준에 포함된 핵심어, 차근차근 풀어 가기

이 성취기준이 담고 있는 핵심어는 '경험과 생각', '글과 그림', '표현'으로 볼 수 있습니다. 먼저, 이들 각각에 대하여 자세히 살펴보겠습니다.

먼저 '경험과 생각'에 대해 살펴보겠습니다. '경험'은 우리가 직접 겪거나 해 본 일들을 말합니다. 예를 들어, 처음으로 기차를 타 보았을 때, 그 느낌이나 그때의 기억이 경험이라고 할 수 있습니다. 그래서 경험은 우리가 어떤 일을 직접 해 보면서 배우는 것이라고 할 수 있습니다. 생각은 머릿속에서 떠오르는 아이디어나 느낌을 말합니다. 예를 들어, 가족과 요리를 할 때, '오늘은 무엇을 만들까?'라고 생각합니다. 우리가 무엇을 원하는지, 어떻게 할지 고민하는 것이 바로 '생각'입니다.

이렇게 경험은 우리가 직접 겪고 배운 것이고, 생각은 우리가 머릿속으로 무엇을 떠올리는 것입니다. 두 가지 모두 우리 일상생활에서 아주 중요한 역할을 합니다. 학생들이 자신의 생활 속에서 경험한 것과 생각한 것을 표현하는 것은 매우 중요합니다.

여기서 잠깐! 초등학교 1~2학년에게 일상의 경험과 생각이 중요한 까닭은?

학생들에게 경험은 배우는 기회라고 할 수 있습니다. 우리가 여러 가지를 경험하면서 더 많이 배우게 됩니다. 예를 들어, 장난감 블록을 쌓으며 어떻게 하면 블록을 잘 쌓을 수 있는지 알게 됩니다. 이러한 경험은 우리가 성장하고 다양한 문제를 잘 해결할 수 있도록 도와줍니다. 실패를 하더라도 그 경험에서 배우면 다음엔 더 잘할 수 있습니다. 생각은 문제를 해결하는 데 아주 중요한 요소입니다. 우리가 어떤 문제를 만났을 때, 그 문제를 어떻게 해결할지 생각을 하게 됩니다. 예를 들어, 학생들은 친구와 싸운 후에 '왜 싸웠지?' 또는 '다음엔 어떻게 해야 할까?'라고 생각하면서 문제를 풀어 갈 수 있습니다. 생각을 통해 더 나은 선택을 할 수도 있습니다.

학생들이 표현하는 경험과 생각은 학생들에게 사고력을 향상할 수 있는 기회를 줍니다. 경험과 생각을 표현해 보는 활동을 통해 학생들은 어떤 일을 해 보면서 더 자신감을 얻을 수 있고, 생각을 통해 더 좋은 아이디어를 낼 수도 있습니다. 학생 스스로가 일상의 다양한 경험과 생각을 떠올리며 매일 조금씩 성장하고 있고, 자신의 경험과 생각이 더 나은 사람이 되게 도와주는 중요한 보물이 될 수 있다는 것을 깨닫게 하는 것이 중요합니다.

매체 교육에서 '글과 그림'은 우리가 정보를 전달하거나 이야기를 할 때 사용하는 두 가지 중요한 방법이라고 할 수 있습니다. 초등학교 1~2학년군 학생들에게는 이렇게 지도할 수 있습니다.

먼저, 글은 우리가 쓰는 문자입니다. 글은 책, 신문, 잡지, 편지 등에서 볼 수 있습니다. 글을 통해 사람들은 생각이나 정보를 쉽게 전할 수 있습니다. 예를 들어, 내가 친구에게 편지를 쓸 때 "너와 같은 좋은 친구가 있어 나는 행복해."라고 글로 써서 친구에게 자신의 생각이나 마음을 전할 수 있습니다.

그림은 우리가 그리거나 보는 그림, 사진, 만화 등을 말합니다. 그림은 글이 없더라도 사람들에게 정보를 전달할 수 있습니다. 예를 들어, 동물원에 가서 기린을 보고 그 모습을 그림으로 그리면, 그 그림만으로도 기린이 어떤 동물인지 알 수 있습니다. 2022 개정 국어과 교육과정 매체 영역에서는 그림에 사진, 이모티콘 등을 포함하고 있기도 합니다.

글과 그림은 함께 쓰이면 더욱 재미있고 쉽게 이해할 수 있다는 장점이 있습니다. 예를 들어, 책에서 글과 함께 그림이 있으면 우리가 그 이야기를 더 잘 이해할 수 있습니다. 글과 그림은 우리가 생각을 표현하거나 다른 사람에게 정보를 전달하는 중요한 방법이라고 할 수 있습니다.

'표현'은 우리가 생각이나 느낌을 다른 사람에게 전달하는 방법을 말합니다. 글이나 그림을 사용해서 내 생각이나 감정을 다른 사람에게 보여 주는 것이 바로 '표현'이라고 할 수 있습니다. 일상의 경험과 생각을 글과 그림으로 표현한다는 것은 즉, 우리가 매일 겪는 일이나 생각한 것들을 글이나 그림으로 나타낸다는 뜻입니다. 예를 들어, 오늘 운동장에서 있었던 재미있는 일이나 친구와 함께한 활동을 글로 써 보거나 그림으로 그려 볼 수 있습니다. 사진이나 이모티콘 등으로도 표현할 수 있습니다. 이렇게 표현하면 다른 사람들도 내가 경험한 일을 이해할 수도 있습니다.

표현은 우리가 경험하거나 생각한 것들을 다른 사람과 공유하는 방법 중 하나라고 할 수 있습니다. 글과 그림은 그 표현을 돕는 도구로, 우리가 무엇을 느끼고 생각하는지를 다른 사람에게 쉽게 전달할 수 있게 도와주는 도구나 방법이라고도 할 수 있습니다.

다 성취기준 내용 상세화

내용 상세화와 국어 수업 연결 따라 가기

초등학교 1~2학년군 학생들이 일상의 경험과 생각을 글과 그림으로 표현하려면 어떻게 해야 할까요?

초등학교 1~2학년군 학생들에게 일상의 경험과 생각을 글과 그림으로 표현하는 방법을 국어 수업에서 어떻게 지도하는지 창의적으로 구안할 수 있습니다.

경험을 글과 그림으로 표현하기

학생들에게 "오늘 학교에서 어떤 일이 있었나요?" 혹은 "주말에 재미있었던 일을 이야기해 주세요."라고 물어봅니다. 이러한 활동을 통해 학생들이 자신이 겪은 일이나 경험을 떠올리고, 그것을 글로 표현할 수 있도록 돕는 것이 중요합니다. 학생들이 자신의 경험을 간단히 이야기하게 하고, 그 경험을 '누가, 무엇을, 언제, 어디서, 어떻게, 왜' 했는지 생각하면서 문장을 만들어 보게 합니다.

그림, 사진, 이모티콘 등으로 경험 표현하기

학생들에게 "자신이 경험한 일을 그림, 사진, 이모티콘 등으로 표현해 보세요."라고 안내합니다. 글뿐만 아니라, 그림을 통해서도 자신의 생각이나 느낌을 표현할 수 있다는 것을 깨닫게 하도록 합니다. 특히, 그림일기 쓰기 활동을 통해 글을 쓰고 그림을 그린 후, 그 그림을 보면서 어떤 일이 일어났는지 설명해 보도록 합니다. 예를 들어, “이 그림일기는 제가 가족과 지난 주말 놀이공원에 간 내용입니다.” 라는 발표를 시작으로 자신의 경험과 생각을 다양하게 표현할 수 있도록 합니다.

글과 그림을 함께 사용해 이야기 만들기

글과 그림을 함께 써 보는 활동을 통해 글과 그림이 어떻게 함께 어우러지는지 보여 줍니다. 글, 그림(또는 사진, 이모티콘 등)을 활용하여 자신, 친구, 가족, 학교, 교실 등 친숙한 주제에 대해 표현하거나 그림일기를 작성해 보는 활동을 통해 자신의 경험과 생각을 다양한 방식으로 표현해 보도록 합니다.

이모티콘 활용하여 자신의 생각을 표현하기

이모티콘을 활용하여 일상에서 경험한 감정을 글과 그림으로 표현하게 합니다. 이러한 수업을 통해 자신의 감정 표현이 글과 그림에서 어떻게 달라질 수 있는지를 배우도록 합니다. 예를 들어 “오늘 집에서 기쁘거나 슬펐던 일을 떠올려 보세요. 그 생각이나 느낌을 그림으로 그리고, 글로도 써 보세요.”라고 지도합니다. 학생들이 자신이 작성한 글과 그림을 보고 “글과 그림을 통해 무엇을 느꼈나요?”라고 이야기하면서 감정을 표현하는 법을 배울 수 있습니다. 다양한 글과 그림을 함께 표현하는 활동을 통해 학생들은 자신이 경험한 일이나 생각을 창의적으로 표현할 수 있습니다. 또한, 다양한 방식으로 표현할 수 있는 능력을 키울 수 있습니다. 이는 글과 그림,

사진, 이미지 등의 복합양식 텍스트에 대한 이해도 형성하는 시작이 될 수 있습니다.

초등학교 1~2학년국 매체 교육에 적합한 접근 방법

초등학교 1~2학년군 학생들에게 매체 영역에서 지도할 '글과 그림'의 종류에는 무엇이 있을까요? 교육과정에서 초등학교 1~2학년군 학생들에게 매체 교육에서 지도할 글과 그림의 종류는 학생들이 다양한 매체를 통해 경험과 생각을 표현하고 이해할 수 있도록 돕는 중요한 요소라고 할 수 있습니다. 이 시기에 적합한 글과 그림과 관련된 접근을 알아보겠습니다.

그림책이나 동화책으로 접근하기

- 글: 이야기 형식으로 된 간단한 글이 주로 등장하는 그림책이나 동화책이 좋습니다. 단어나 문장이 짧고 간단해서 학생들이 쉽게 이해할 수 있습니다.
- 그림: 이야기를 보충하고, 감정을 표현하며, 이야기의 흐름을 돕는 삽화가 중요합니다. 그림책은 이야기를 시각적으로 풀어 주기 때문에 아이들에게 이야기의 내용을 더 잘 이해할 수 있도록 해 줍니다.

만화로 접근하기

- 글: 만화는 대화체로 이루어져 있으며, 학생들이 쉽게 따라 할 수 있는 간단한 문장 구조로 쓰여 있습니다.
- 그림: 만화의 그림은 이야기를 시각적으로 보여 주며, 감정과 상황을 강조하는 역할을 합니다. 다양한 표정과 동작이 포함되어 학생들이 만화의 내용을 잘 이해할 수 있도록 합니다.

그림일기로 접근하기

- 글: 일상적인 경험을 간단한 문장으로 표현합니다. 글과 그림의 상호 작용을 생각하며 표현할 수 있도록 지도해야 합니다.
- 그림: 일기에는 그날 있었던 일을 나타내는 그림을 그릴 수 있습니다. 그림을 통해 글에 담긴 내용을 더 생생하게 표현할 수 있습니다. 사진이나 이모티콘 등을 활용하여 그림일기를 표현할 수도 있습니다.

포스터와 공익 광고로 접근하기

- 글: 간단한 문구나 메시지를 글로 써서 사람들에게 알리고 싶은 내용을 표현합니다. 초등학교 1~2학년군 학생들에게는 간단하고 직관적인 문구를 사용하는 것이 중요합니다.
- 그림: 포스터나 공익 광고에는 강렬한 흥미나 관심이 있는 이미지나 그림을 사용하여 학생들이 재미를 느끼도록 합니다. 다양한 색감과 호기심을 일으키는 그림이 주목도를 높이기 때문에 효과적인 매체 교육이 됩니다.

이처럼 초등학교 1~2학년군 학생들에게는 글과 그림으로 자신의 생각과 느낌을 표현하는 즐거움을 경험하도록 지도할 수 있습니다. 일상의 경험과 생각을 글과 그림으로 표현하며 단순히 정보를 전달하는 수단이 아니라, 제작과 공유의 과정·기능 전략을 쌓을 수 있도록 지도하는 것이 중요하지요.

[2국06-02] 성취기준과 관련된 오개념 중재 방안 알아보기

이 성취기준과 관련된 오개념을 살펴보고자 합니다.

초등학교 1~2학년군 매체 교육을 실천하며 겪을 수 있는 오개념은 다음과 같습니다.

첫째는 매체는 꼭 '디지털'이어야 한다고 생각하는 오개념입니다.

매체 교육이라 하면 반드시 컴퓨터, 스마트폰, 인터넷 등 디지털 매체만을 다루는 것이라고 생각하는 경우가 많습니다. 매체에는 종이책, 신문, 라디오, 그림, 포스터 등 다양한 종류의 인쇄 매체가 있습니다. 디지털 매체만 매체라고 생각하면 다른 중요한 매체들이 가진 역할이나 가치에 대해 배울 수 없습니다. 학생들에게 인쇄 형태의 종이책뿐만 아니라, 그림책, 만화책, 라디오 등 다양한 매체도 일상에서 사용된다는 것을 알려 주고, 인쇄 매체와 디지털 매체를 균형 있게 이해하고 많은 종류의 매체가 있다는 점을 이해할 수 있도록 해야 합니다.

둘째는 글과 그림은 서로 독립적인 것으로 생각하며 지도하는 오개념입니다.

글과 그림은 서로 따로따로 존재하며, 그림은 단지 글을 꾸미기 위한 요소라고 생각하는 경우가 있습니다. 이것은 대표적인 오개념이라고 할 수 있습니다. 글과 그림은 상호 보완적인 관계로 함께 사용되며, 특히 어린이책이나 만화 등에서는 글과 그림이 함께 이야기를 만들어 가는 중요한 역할을 합니다. 따라서 그림책이나 만화책, 포스터, 공익 광고 등을 통해 글과 그림이 어떠한 관계를 지니고 있으며 의미를 어떻게 전달하는지 설명하고, 글과 그림이 상호 작용하며 다양한 의미를 만들어 낸다는 점을 이해할 수 있도록 지도해야 합니다.

미주

1) 이 지도안은 2024년 2학기에 작성된 지도안으로, 지도안 작성 시점에는 1~2학년군만 2022 개정 교육과정이 적용되었기에 4학년 대상 지도안은 부득이 2015 개정 교육과정에 의한 교과서를 대상으로 작성한 것을 예로 들었습니다.

2) 밑줄은 집필자가 표시한 것입니다.

3) 이 지도안은 2024년 2학기에 작성된 지도안으로, 지도안 작성 시점에는 1~2학년군만 2022 개정 교육과정이 적용되었기에 4학년 대상 지도안은 부득이 2015 개정 교육과정에 의한 교과서를 대상으로 작성한 것을 예로 들었습니다.

4) 이 부분은 전제응(2024) 논의를 발췌, 수정하였음을 밝혀 둡니다.

5) 국가 수준의 단일 문서에 제시된 성취기준의 상세화가 관여자에 따라 상이할 수 있음을 말해 줍니다. 국가 수준의 국어과 교육과정은 교육과정 개발자, 국어 교과서 수준의 국어과 교육과정은 교과서 개발자, 시·도교육청이나 지역교육지원청 수준의 국어과 교육과정은 장학사나 연구사, 학교 수준의 국어과 교육과정은 교장, 교감, 부장 교사, 교사 수준의 국어과 교육과정은 학년 담당 교사들, 교실 수준의 국어과 교육과정은 담임(담당) 교사가 성취기준 상세화에 관여합니다. 국가 수준의 국어과 교육과정 개발자의 관점은 교육과정 자체 논리에 따른 상세화를 지향하는 반면, 수업 실천자의 관점은 교수·활동 수행에 따른 상세화를 지향합니다. 교육과정과 수업이 별개인 것은 아니지만, 지향점이 다르다는 점에서 이 둘은 위상 공간의 양극단에 위치해 있다고 볼 수 있습니다.

6) 이필영·전은진·장은화(2009)의 연구에서 32개월부터 43개월까지 유아들의 발화를 종적으로 관찰하여 시간 부사어 발달 과정을 살펴본 결과, 가장 많이 사용한 것은 시점을 나타내는 부사어로 나타났습니다.

7) 이경화·최규홍(2020)

8) 차경미(2013)는 표와 같이 분류하였습니다.

9) Irwin(2012, 천경록 외 역, 2016: 13)

10) 스티븐 호킹, 김동광 저(1996), 『그림으로 보는 시간의 역사』, p.73. 까치글방.

11) '글자로'라는 말은 어떤 해석을 담지 않고 문자로[literal] 제시된 정보란 것을 강조하고자 붙여 봤습니다.

12) 교육과정에서 요구하는 수준이 이 원고에 제시된 수준을 요구하는지, 그렇지 않은지는 이 성취기준에 대한 해설이 제공되지 않아서 정확히 판단할 수 없습니다. 다만, 여기에 진술된 내용은 단어 쓰기와 관련하여 교사가 알아야 할 지식을 제공하는 데 초점이 있습니다.

13) 더 정확한 의미로는 실질 형태소와 형식 형태소입니다.

14) 여기서의 '발음'은 문자가 개입되지 않은 상황을 의미하며, 음독은 문자로 표기된 것을 소리 내어 읽는 것을 의미합니다.

15) Collingwood(1938: 221), 안수진(2022: 67)에서 재인용하였습니다.

16) 백종현(2004)의 내용을 간략하게 요약한 것입니다. 그래서 논리적 흐름이 부자연스럽게 느껴질 수도 있습니다. 자세한 내용은 백종현(2004)의 53쪽부터 65쪽까지의 내용을 참고하시기 바랍니다.

17) 설명의 흐름을 자연스럽게 이어 가기 위해 『철학의 주요 개념』에 제시된 내용 각각에 대해 직접 인용 처리를 하지 않고 집필자가 재진술하였음을 밝힙니다.

18) 이상태(2010: 73) 각주 9)에 제시된 설명처럼 엄밀하게 구분하자면 이 상태는 '연상[聯想, associations]'이라 할 수 있습니다.

19) https://search.naver.com/search.naver?where=nexearch&sm=top_sug.pre&fbm=0&acr=4&acq=%EC%8D%B8%ED%83%80%EB%8B%A4&qdt=0&ie=utf8&query=%EC%8D%B8%ED%83%80%EB%8B%A4+%EB%9C%BB&ackey=ca1dwmjo (2025년 6월 20일 검색)

20) 비고츠키 연구회 역(2014: 72)

21) 이상태(2010: 52)

22) 조경순(2018: 16)

23) 조경순(2018: 22)

24) 백종현(2004: 57)에 제시된 내용입니다.

25) 배상식(2015: 127)

26) 이러한 사실로 볼 때 실제로 사라진 것은 기본자로 만들어진 이응(ㅇ)이라고 볼 수 있습니다.

27) 이름에 쓰인 한자 중 末과 依의 두 글자는 의미(末 긑 말/依 옷 의)만 가지고 온다고 설명하고 있습니다.

28) [붙임 2]는 사전에 올릴 적의 자모 순서를 제시하고 있습니다. 이를 살펴보면 다음과 같습니다.

    [붙임 2] 사전에 올릴 적의 자모 순서는 다음과 같이 정한다.

    자음: ㄱ ㄲ ㄴ ㄷ ㄸ ㄹ ㅁ ㅂ ㅃ ㅅ ㅆ ㅇ ㅈ ㅉ ㅊ ㅋ ㅌ ㅍ ㅎ

    모음: ㅏ ㅐ ㅑ ㅒ ㅓ ㅔ ㅕ ㅖ ㅗ ㅘ ㅙ ㅚ ㅛ ㅜ ㅝ ㅞ ㅟ ㅠ ㅡ ㅣ ㅢ

29) [붙임 2]는 사전에 올릴 적의 순서를 명확하게 하려고 제시한 것입니다. 받침 글자의 순서는 다음과 같습니다.

    ㄱ ㄲ ㄳ ㄴ ㄵ ㄶ ㄷ ㄸ ㄹ ㄺ ㄻ ㄼ ㄽ ㄾ ㄿ ㅀ ㅁ ㅂ ㅃ ㅄ ㅅ ㅆ ㅇ ㅈ ㅉ ㅊ ㅋ ㅌ ㅍ ㅎ

30) 유현경 외(2018)에는 단어의 정의, 단어의 구조, 단어 구성 요소의 구분, 단어의 유형 등의 절 제목이 보이고, 고영근 외(2018)에는 형태론의 단위로 '단어'라는 표현을 사용하고 있습니다. 학술 서적에서 '낱말'로 표현한 경우도 있는데, 허웅(1986)에는 목차에서 '낱말과 그 뜻', '낱말의 시니피앙(소리)-시니피에(뜻)의 관계', '낱말의 조직' 등의 표현을 쓰고 있습니다. 이 사례를 보면, 단어와 낱말의 의미 차이는 없는 것으로 볼 수 있습니다.

31) 2022 개정 교육과정에 의한 초등학교『국어 1-1 ㉮』25쪽에는 '소리마디 수가 같은 낱말 말하기', '같은 소리로 시작하는 낱말 찾기' 등의 표현이 사용됩니다.

32) 의사소통의 과정을 간략하게 나타낸 것입니다. 의사소통을 바라보는 관점에 따라 다르게 볼 수도 있습니다.

33) 서울대학교국어교육연구소(1999)에는 '의사 소통'처럼 띄어쓰기를 하고 있습니다만 표준국어대사전에 '의사소통'이 표재어로 등재되어 있고, 다른 문헌에서는 붙여 쓰는 경우가 많으므로 이 책에서는 붙여 쓴 표기로 통일합니다.

34) 서울대학교국어교육연구소(1999: 608)

35) 서울대학교국어교육연구소(1999: 608)

36) 의사소통의 의미에 대해서는 여러 가지 관점이 있습니다. 서현석 외 역(2015)에는 메시지 전달로서 의사소통, 협력적 의미-형성으로서 의사소통을 소개하고 있습니다. 이 중에서 이 책에서는 의사소통의 구성에 관한 기본적인 요소에 초점이 있으므로 메시지 전달로서의 의사소통의 관점에서 서술합니다.

37) 여기서의 구술과 음독은 방언이 아닌 표준어 발음, 표준 발음법에 맞는 발음을 전제로 하고 있습니다.

38) 더 정확한 의미로는 실질 형태소와 형식 형태소입니다.

39) 엄밀한 의미로 '옻이'는 두 낱말입니다. '옻', '이' 각각이 낱말입니다. 그러나 낱말 읽기와 관련하여서는 '옻이'를 한 낱말처럼 인식하는 경우가 많고, 연음하여 발음하는 대표적인 경우여서 낱말 읽기에 포함하여 설명합니다.

40) 유현경 외(2018: 45)

41) 원문자 ㉠, ㉡은 집필자가 표시하였습니다.

42) 이진호(2021: 109)

43) 이진호(2021: 134-135)

44) 임지룡 외(2005: 101)

45) 임지룡 외(2005: 103)

46) 각각의 음절을 따로따로 발음하듯이 [밥만]으로 발음을 할 수 없다는 의미는 아닙니다. 일반적으로 이렇게 발음하지 않는다는 의미입니다.

47) 이경화 외(2024: 223)에서 가져온 것입니다.

48) 문장 성분과 관련된 성취기준은 초등학교 5~6학년군에 제시되어 있습니다.
   - [6국04-04] 문장 성분을 이해하고 호응 관계가 올바른 문장을 구성한다.

49) 자세한 내용은 '국립국어원/한국어어문규범/한글 맞춤법/부록 문장 부호'를 참고할 수 있습니다.

50) 문장 성분의 용어를 직접적으로 드러내지 않고 서술어의 자릿수를 중심으로 문장을 구성하는 연습을 하는 방식으로 지도할 수도 있습니다.

51) [출처] 한국학중앙연구원 - 향토문화전자대전(https://seogwipo.grandculture.net/seogwipo/toc/GC04601769)

52) [출처] '어희요'는 표준국어대사전에 "말장난으로 부르는 노래. 가볍고 해학적인 노래로, 각설이 타령 따위가 여기에 속한다."라고 정의되어 있습니다.

53) 박목월 동시집, 양상용 그림(2016), 『산새알 물새알』, 푸른책들, 10쪽.

54) 정유경(2013), 『까만 밤』, 창비, 28쪽.

55) 표준국어대사전.

56) 페리 노들먼, 김서정 역(2001), 『어린이 문학의 즐거움 1』, 시공사, 60쪽.

57) 페리 노들먼(2001)이 제시한 즐거움의 목록은 다음과 같습니다. "언어 자체의 즐거움, 감정을 이끌어 내는 즐거움, 문학 레퍼토리나 문학 이해의 전략을 쓰도록 만드는 즐거움, 레퍼토리 안에 있는 공란[gap]을 깨닫는 즐거움, 단어나 텍스트가 불러일으키는 그림, 생각의 즐거움, 스토리의 즐거움, 공식[formula]의 즐거움, 새로움[newness]의 즐거움, 스토리텔링(storytelling)의 즐거움, 구조[structure]의 즐거움, 문학 작품의 여러 요소가 어울려 전체를 형성해 내는 방법을 깨닫는 즐거움, 텍스트들이 가끔 그들 자신의 전체성을 손상시키거나 심지어 부정하는 방법을 보는 즐거움, 우리 자신을 비추는 거울을 발견하는 즐거움, 벗어남[escape]의 즐거움, 이해의 즐거움, 문학을 통해 보는 즐거움, 형식과 장르(genre)를 알아보는 즐거움, 문학을 통해 역사와 문화에 대한 통찰력을 얻는 즐거움, 텍스트에 대한 반응을 더 깊이 있게 발전시키는 즐거움"(58-59쪽).

58) "캐릭터는 텍스트나 미디어 기반의 서사물에 나오는 인간과 유사한 존재물을 가리키는 용어이다. 실재하는 '인간'과 구분하여 허구적인 이야기 세계에 참여하는 자, '유사인간'을 지칭한다." 이상진(2019), 『캐릭터, 이야기 속의 인간』, 한국방송통신대학교 출판문화원, 13쪽.

59) 구인환 외(2012), 『문학교육론』, 삼지원, 48-49쪽.

60) 최미숙 외(2008), 『국어 교육의 이해』, 사회평론.

61) 우연경(2012), 「흥미 연구의 현재와 향후 연구 방향」, 『교육심리연구』 26(4), 한국교육심리학회, 1179-1199쪽.

62) 이순영(2006), 「독서 동기와 몰입에 영향을 주는 요인에 관한 이론적 고찰」, 『독서연구』 16, 한국독서학회, 359-381쪽.

63) 유승아·김해인(2015), 「초등 독자의 그림책에 대한 흥미 비교 연구」, 『한국초등국어교육』 58, 한국초등국어교육학회, 91-118쪽.

64) 한국언론진흥재단(2022), 『초등학교 미래를 여는 미디어 교과서』, 창비.

참고 문헌

- 고영근·구본관(2018), 『개정판 우리말 문법론』, 집문당.
- 교육부(2007), 「국어과 교육과정」.
- 교육부(2009), 「국어과 교육과정」.
- 교육부(2015), 「국어과 교육과정」.
- 교육부(2022), 「국어과 교육과정」.
- 교육부(2024), 『초등학교 1~2학년군 국어 1-1 교사용 지도서』, ㈜미래엔.
- 구인환 외(2012), 『문학교육론』, 삼지원, 48-49쪽.
- 국립국어원 https://www.korean.go.kr/ 검색일 2021. 11. 11.
- 국립국어원 https://www.korean.go.kr/ 검색일 2024. 11. 19.
- 김윤옥(2017), 「초등학교 1학년 학생들의 경험적 내러티브 양상 연구」, 『청람어문교육』 64, 43-66쪽.
- 김윤옥(2020), 「'자신 있게 말하기' 지도에 대한 고찰」, 『청람어문교육』 77.
- 김정선(2012), 「아동의 말차례 끼어들기 양상에 대한 연구」, 『청람어문교육』 45, 237-262쪽.
- 김지남(2017), 「문학 학습 용어 '생각'과 '느낌'에 대한 비판적 검토 - 2011 개정, 2015 개정 초등학교 국어과 교육과정 및 교과서를 중심으로 -」, 『한국어와 문학』 제55집, 한국문학교육학회.
- 김태용·안도현(2011), 「한국어 감정표현 어휘들의 극성-각성 좌표화를 통한 해독격차 분석 및 수렴화 프로세스 제안」, 『한국언론학보』 제55집 6호, 한국언론학회.

- 김현권 역(2022), 『일반언어학 강의』, 그린비.
- 김현기(2006), 『파워스피치 특강』, 고요아침.
- 노들(2023), 「디지털 리터러시 교육을 위한 국어과 성취기준 개발」, 이화여자대학교 박사 학위 논문.
- 노은희 외(2022), 「2022 개정 국어과 교육과정 시안(최종안) 개발 연구」, 『한국교육과정평가원 연구 보고』 CRC 2022-14.
- 노초롱·김중수(2024), 「고등학교 외국인 유학생을 위한 한국어 분노 표현 교육 연구」, 『다문화사회와교육연구』 제16집, 부산외국어대학교 이주다문화연구소.
- 박목월 동시집, 양상용 그림(2016), 『산새알 물새알』, 푸른책들, 10쪽.
- 박초롱(2022), 「자연 발화에서 나타나는 말차례 교체 지점의 음성적 특징 연구」, 한양대학교 대학원 박사 학위 논문.
- 박혜림, 이경화(2023), 「외국 자국어 교육과정의 디지털 리터러시 교육 내용 반영 양상 분석」, 『교원교육』 40(1), pp. 227-242쪽.
- 방상호·윤준채(2021), 「기초 문해력으로서의 읽기 유창성 발달 - 초등학교 1학년 학생들을 중심으로 -」, 『한국초등국어교육』 72(-), 111-133쪽.
- 배상식(2015), 「L. S. 비고츠키의 언어개념 - 언어와 사고의 관계 문제를 중심으로 -」, 『철학연구』 제133집, 대한철학회.
- 백종현(2004), 『철학의 주요 개념 1·2』, 서울대학교 철학사상연구소.
- 변정민(2002), 「인지 동사의 범주」, 『한국어학』 제16집, 한국어학회.
- 비고츠키 연구회 역(2014), 『어린이 자기행동숙달의 역사와 발달 II』, 살림터.

- 서영진(2013), 「국어과 교육과정 “내용 성취기준”의 진술 방식에 대한 비판적 고찰」, 『국어교육학연구』 Vol. 46, 국어교육학회.
- 서울대학교국어교육연구소(1999), 『국어교육학사전』, ㈜대교출판.
- 서정수(1994), 『국어문법』, 뿌리 깊은 나무.
- 신윤경(2020), 「인터넷 텍스트 읽기 교육 내용 연구」, 한국교원대학교 박사 학위 논문.
- 안수진(2022), 「루소의 『에밀』에 나타난 느낌의 발달의 교육학적 시사」, 『교육철학연구』 제44집 3호, 한국교육철학학회.
- 양소은, 이지선, 김아미, 변경가(2024), 「초 · 중등 미디어 리터러시 교육을 위한 프레임워크 연구」. 『경인교육대학교 교육연구원 교육논총』 44(1), pp. 89-112쪽.
- 유현경·한재영·김홍범 외 7인(2018), 『한국어 표준 문법』.
- 이경남(2018), 「정보 텍스트의 추론적 읽기 특성 연구」, 한국교원대학교 대학원 박사 학위 논문.
- 이경남·이승미·이소라(2021), 「초등학교 1학년 읽기 유창성 진단 도구 개발 연구」, 『새국어교육』 127, 211-241쪽.
- 이경화·김혜선(2008), 「2007년 개정 국어과 교육과정 내용의 상세화 원리 체계화 연구」, 『국어교육학연구』 Vol. 33, 국어교육학회.
- 이경화·임천택·한명숙 외 10인(2024), 『미래를 여는 초등 국어과 교육 방법론』, 박이정.
- 이경화·최규홍(2020), 『초등학생 국어 오개념 바로잡기』, ㈜미래엔.
- 이계현(2014), 「유의어군을 활용한 어휘력 신장 연구」, 한남대학교 대학원 석사 학위 논문.

- 이근영·전제응(2022), 「국어과 성취기준 상세화에 대한 통시적 고찰」, 『한국초등국어교육』 제74집, 한국초등국어교육학회.
- 이상진(2019), 『캐릭터, 이야기 속의 인간』, 한국방송통신대학교출판문화원, 13쪽.
- 이상태(1978), 『국어교육의 기본 개념』, 한신문화사.
- 이상태(2010), 『사고력 함양을 위한 국어교육 설계』, 도서출판 박이정.
- 이수진 외 6인(2024), 『교실에서 바로 적용하는 초등 쓰기 교육론』, ㈜미래엔.
- 이재승(2020), 「국어과 교육과정의 작문 영역 성취기준 상세화 방안」, 『한국초등교육』 제31권 제2호, 서울교육대학교 초등교육연구원.
- 이진호(2021), 『국어 음운론 강의』, 집문당.
- 이창덕·임칠성·심영택·원진숙·박재현(2017), 『개정 화법교육론』, 역락.
- 이필영·전은진·장은화(2009), 「유아의 시간 부사어 발달에 관한 연구」, 『우리말 연구』 25, 349-385쪽.
- 이향원(2024), 「말차례 교체에서 문법 단서와 운율 단서의 역할」, 『언어와 정보 사회』 제52호, 49-71쪽.
- 임유나, 홍후조(2016), 「2015 개정 교육과정의 교과별 교육내용 제시 방식 검토」, 『아시교육연구』 17(3), 277-302쪽.
- 임지룡 외(2010), 『문법 교육론』, 역락.
- 임지룡·이은규·김종록 외 4인(2005), 『학교 문법과 문법 교육』, 도서출판 박이정.

- 전제응(2023), 「초등학교 국어 교과서 개발을 위한 국어과 성취기준 상세화 과정과 '세목' 구성 방안」, 『한국초등국어교육』 제77집, 한국초등국어교육학회.
- 정유경(2013), 『까만 밤』, 창비, 28쪽.
- 정현선 역(2014), 『발달을 선도하는 교수학습』, 솔빛길. V.V. Davydov(2008), Problems of Developmental Instruction: A Theoretical and Experimental Psychological Study, Nova Science Publishers, Inc.
- 정현선(2020), 「인공지능 시대의 미디어 리터러시의 오래된 과제와 새로운 과제」. 『새국어교육』 125, 7-37쪽.
- 조경순(2018), 「국어 감정 표현 구문에 대한 연구」, 『한민족어문학』 제82집, 한민족어문학회.
- 차경미(2013), 「감정 어휘 교육 내용 연구」, 서울대학교 대학원 석사 학위 논문.
- 천재교육(2013), 『독서와 문법』, 천재교육.
- 최현석(2011), 『인간의 모든 감정』, 서해문집.
- 페리 노들먼 저, 김서정 역(2001), 『어린이 문학의 즐거움 1』, 시공사, 60쪽.
- 하유경, 조한익(2021), 「청소년용 국어 교과 상황적 흥미 척도의 개발과 타당화」, 『교육과학습』 11(3), 숭실대학교 영재교육연구소, 1-30쪽.
- 한국어문교육연구소·국어과교수학습연구소(2006), 『독서 교육 사전』, 교학사.

- 허웅(1986), 『언어학 - 그 대상과 방법 -』, 샘문화사.
- 홍종선·정연주(2009), 「감정동사의 범주 규정과 유형 분류」, 『한국어학』 제45집, 한국어학회.
- 황현미(2016), 「국어과 교육과정 성취기준 제시 방식에 대한 비판적 고찰」, 『한국초등국어교육』 제61집, 한국초등국어교육학회.
- Barrett, T. C. (1972), 『Taxonomy of the cognitive and affective dimensions of reading comprehension. In R. C. Smith (Ed.), Handbook of reading research』 (pp. 97-130). New York: Longman.
- Ickes, W., & Cheng, Wen.(2010), How do thoughts differ from feelings? Putting the differences into words, Language and Cognitive Processes, 26:1, 1-23.
- Irwin, Judith W(2012), 『Teaching reading comprehension processes 3rd edition』. 천경록·서혁·이경화 역(2016), 『독서 교육론: 독해 과정의 이해와 지도』, 서울: 박이정.
- Klinger, E. (1977). Meaning & void: Inner experience and the incentives in people's lives. Minneapolis, MN: University of Minnesota Press.
- Mattar, J., Santos, C. C., & Cuque, L. M. (2022). Analysis and comparison of international digital competence frameworks for education. Education Sciences, 12(12), 932.
- Memon, F. N., & Memon, S. N. (2025). Digital Divide and Equity in Education: Bridging Gaps to Ensure Inclusive

Learning. In Impact of Digitalization on Education and Social Sustainability (pp. 107-130). IGI Global.

- Momdjian, L., Manegre, M., & Gutiérrez-Colón, M. (2024). Bridging the Digital Competence Gap: A Comparative Study of Preservice and In-Service Teachers in Lebanon Using the DigCompEdu Framework. Technology, Knowledge and Learning, 1-29.
- Pinker(2014), Why Academics Stink at Writing, THE CHRONICLE OF HIGHER EDUCATION The Chronicle Review. https://www.chronicle.com/article/why-academics-stink-at-writing/?utm_source=chatgpt.com(2025년 6월 20일 검색)
- Rosenblatt, L. M. (1978), 『The reader, the text, the poem: The transactional theory of the literary work』, Carbondale: Southern Illinois University Press.